성경으로 집짓기

(건축식성경연구)

장시춘 목사

도서출판
한 글

머리말

사무엘 시대에 "여호와의 말씀이 희귀하여 이상이 흔히 보이지 않았다(삼상 3:1)"고 했다. 그리고 아모스 선지자는 말하기를 "보라 이를지라 내가 기근을 땅에 보내리니 양식이 없어 주림이 아니며 물이 없어 갈함이 아니요 여호와의 말씀을 듣지 못한 기갈이라 사람이 이 바다에서 저 바다까지 북에서 동까지 비틀거리며 여호와의 말씀을 구하려고 달려 왕래하되 얻지 못하리니 그 날에 아름다운 처녀와 젊은 남자가 다 갈하여 피곤하리라(암 8:11-13)"고 했다.

우리들은 오늘날 말씀의 홍수 시대에 살고 있다. 몇 푼만 가지고 서점에 가면 원하는 대로 여러 종류의 다양한 성경을 살 수 있고, 뜻만 있으면 어디를 가나 말씀도 원하는 대로 들을 수 있다. 그럼에도 불구하고 우리들은 순수하고 원색적인 기독교 진리의 말씀을 듣기 어렵고, 맛보기 어려운 시대에 살고 있다. 자칫 잘못하면 홍수로 일어난 흙탕물과 같은 오염된 물(말씀)을 마시고 생명까지 위험해질 수 있다. 말씀의 혼합주의와 각색 이단들이 난무하는 이러한 때에 우리는 말씀을 말씀답게 잘 깨달아 알아야 한다.

그동안 부족한 종이 옛날 '에스라' 선지자를 생각하면서 '하나님의 말씀을 연구하고, 준행하기를 힘쓰며, 가르치는 일에 착념했던 말씀들을 정리하여 신·구약 요약 강해집을 발간하게 되었다. 미비하지만 성경을 체계적으로 알고자 하는 분들에게 이 『성경으로 집짓기(건축식 성경연구)』가 조금이나마 도움이 되기를 바란다.

이 책이 나올 수 있도록 인도하여 주신 하나님께 감사를 드리고, 이 책을 만들기 위하여 바쁜 중에서도 컴퓨터로 원고를 입력한 나의 아내 김현숙 사모와 원고 정리와 집필을 위해 수고한 나의 딸 장은하 전도사에게 감사드리며, 그 외에 여러 모로 도움을 주시고 수고하여 주신 분들께 감사를 드린다.

2010년 8월

미국 버지니아 훼어훼스에서

장시춘 목사

목 차

신, 구약 성경의 개론

(건축식 성경 연구)

1. 건축식 성경연구의 목적

1) 지혜로운 건축자가 되기 위하여.
2) 지혜로운 건축자는 '믿음 위에'(유1:20), 그리고 '지혜롭게(고전3:10) 신앙의 집을 짓는다.

2. 건축식 성경연구의 방법

1) 성경 66권의 목차를 이용하여 2층집을 지으며 그 내용에 담겨 있는 하나님의 계시를 구원사적으로 연구하여 성경의 핵심을 객관적으로 이해 하고자 하는 것이다.
2) 성경은 모두 짝이 있고 빠진 것이 없다(사 34:16)고 한 것처럼 66권의 목차도 모두 연결되어 있으며 이 연결되어진 것이 우리들의 신앙의 집을 짓도록 되어 있는 것이다.
3) 모세오경과 사복음서 및 사도행전으로 우리들의 신앙의 기초를 삼아야 하며 그 위에 두 기둥을 세워야 하고 목회서신 및 빌레몬서로 지붕을 덮어야 한다. 그리고 이 집의 출입문은 반드시 십자가와 같은 "좁은 문"(마 16:24)으로 들어가야 하는 것이다.

4. 건축식 성경 도해의 해설

1) 1층의 도해 해설

① 1층 기초(창세기 - 신명기)는 모세오경이라고 부르며 신구약 성경의 기초를 이루고 결국 인류의 역사가 요약되어 있다.

② 1층 우측 기둥은 모두 12권으로 되어 있으며 이스라엘의 역사를 기록한 것이다.

③ 1층 좌측 기둥은 모두 12권으로 되어 있으며 이 책들을 "소선지서" 라고 부른다.

④ 1층 중앙의 왼쪽 문짝은 모두 5권으로서 이 책들을 "대선지서"라고 부른다.

⑤ 1층 중앙의 오른쪽 문짝은 모두 5권으로서 이 책들을 "시가서"라고 부른다. 이 시가서는 구약성경에 나타난 특별한 몇 사람을 택하여 그들의 신앙행위를 본받고자 하는 데 그 목적이 있는 것이다.

선지자들은 항상 이스라엘 백성들과 지도자들에게 하나님을 의뢰하고 하나님의 말씀대로 순종하라고 "신앙"을 촉구하고 있으며 이러한 "신앙"을 갖고 있지 않으면 "하나님"의 심판이 가차 없이 내릴 것을 경고하고 있다. 그래서 1, 2층의 문을 십자가로 만들고 1층의 문짝 왼쪽은 선지자들의 메시지 중심의 신앙으로 만들고 문짝 오른쪽은 신앙에 따른 "거룩한 생활"을 붙인 것이다.

2) 2층의 도해 해설

① 2층 슬라브(마태복음 - 사도행전)
교회의 기초를 이루는 예수님의 탄생과 교훈과 행적을 기록한 4복음서와 교회 확장을 위한 사도들의 활동 속에 나타난 성령의 행적이 우리 신앙의 기초가 되어야 한다.

② 2층 우측 기둥은 모두 9권이다.(로마서-데살로니가 전후서)
이 9권은 모두 이방 땅의 지명으로 믿음(로마서. 고린도 전, 후서. 갈라디아서), 소망(데살로니가 전후서), 사랑(에베소서. 빌립보서. 골로새서)을 잘 나타내 주고 있다.

③ 2층의 좌측 기둥은 모두 9권이다.(히브리서 - 요한계시록)
이 9권은 모두 택한 백성의 인명으로서 믿음(히브리서. 야고보서. 베드로 전후서), 소망(요한계시록), 사랑(요한1,2,3서. 유다서)을 잘 나타내 주고 있다.

④ 2층의 지붕은 모두 4권으로서 목회서신(디모데 전, 후서. 디도서)과 옥중서신중 빌레몬서로 되어 있다. 목회서신은 교회의 생활 방법을 말해 주며 빌레몬서는 사랑으로 용납하라고 권면한다.

⑤ 2층 중앙의 문

가) 이 문으로 들어가야 성경에 들어갈 수 있다.

나) 이 문은 어떤 문인가? 이 문은 마태복음 7:13-14에 있는 것처럼 "좁은 문"이다.

다) "좁은 문"으로 들어가야 영생을 얻는다.

라) 영생을 얻는 "좁은 문"은 어떤 문인가? 이것은 출애굽기 12장에 나오는 "양의 피"를 바른 "유월절 문"이다.

마) 유월절 양의 피는 어린양 예수의 십자가(고전 5:7)이다.

바) 그래서 우리 주님은 "누구든지 나를 따라 오려거든 자기를 부인하고 자기 십자가를 지고 나를 따르라"(마16:24)고 하셨다.

사) "십자가의 좁은 문"은 어느 단체가 아니라 우리들의 "신앙생활"을 말한다.

아) "좁은 문의 신앙생활"은 무엇인가?
이것은 마태복음 7: 15-27까지의 좁은 문의 생활과 넓은 문의 생활을 비교해 보았다.

자) 넓은 문과 좁은 문의 비교

성 경	상 징	넓 은 문	좁 은 문
마 7 : 15	동 물 성	겉 - 양 속 - 이리	겉 - 양 속 - 양
마 7:16-20	식 물 성	가 시 나 무 엉 겅 퀴	포 도 나 무 무 화 과
마 7:21-23	인 간 성	입술로만 주여주여!	주님의 뜻대로 하는 삶
마 7:24-27	건 축 성	모래 위에 집을 세움	반석 위에 집을 세움

차) 우리들의 신앙생활은 반석 위에 집을 세우도록 해야 하며 이렇게 하기 위한 성경공부가 바로 "건축식 성경공부"의 방법이다.

신, 구약 중간사 (다니엘서의 예언적 사건)

페르시아 시대	헬라 시대			독립 유다 시대		로마시대
B.C. 404 – 331년	331년 – 301년	301년 – 198년	198년 – 167년	167년 – 143년	143년 – 63년	63년 – B.C. 4년
	알렉산더	프톨레미 왕조	셀류쿠스 왕조	마카비 혁명	하스몬 왕조	

* 구약과 신약의 중간시대는 다니엘서 7:-12:까지에서 예언적으로 기록되어 있다. (2장은 종합적 예언이다)

예수시대 (예수의 역사로 교회의 기초)

B.C. 4년 – 30년 – A.D. 27 년	3 년		한 주간	40 일 – A.D. 30년
탄생예고 - 사역전	사역 준비	예수의 사역	고난과 십자가	부활과 승천
마 1:1-2:23	마 3:1-4:25	마 5:1-20:34	마 21:1-27:66	마 28::1-20
	막 1:1-15	막 1:16-10:52	막 11:1-15:47	막 16:1-20
눅 1:1-2:52	눅 3:1-4:13	눅 4:14-19:27	눅 19:28-23:56	눅 24:1-53
요 1:1-18	요 1:19-51	요 2:1-12:11	요 12:12-19:42	요 20:1-21:25

성경의 구속사 연대표

구약성서의 흐름 (창세기-역대하)

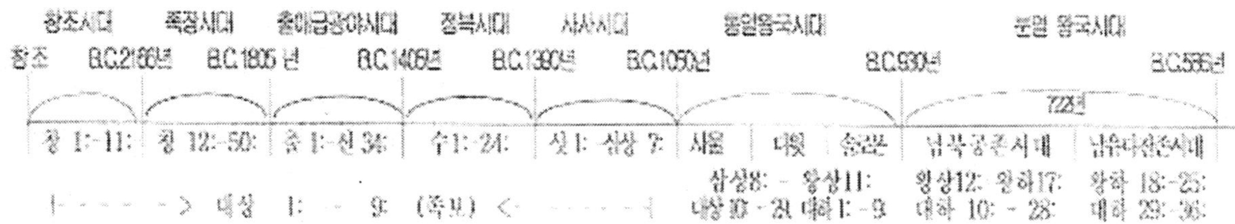

포로 귀환 시대 (에스라 - 에스더)

초대교회 시대 (성령의 역사로 교회의 확장)

A.D.30년 – 34년	34년 – 47년	47년 – 67년	67년 – A.D.100년
교회의 형성기	교회의 변혁기	교회의 번성기	교회의 시련기
(예루살렘 전도)	(유다. 사마리아 전도)	(땅끝까지 전도)	(종말까지)
행 1:1-7:60	행 8:1-12:25	행 13:1-28:31	바울,베드로 순교. 디도장군의예루살렘점령 요한의 죽음

교회사의 예언적 일곱시대

A.D.30 – 100	100 – 313	313 – 590	590 – 1517	1517 – 1730	1730 – 1900	1900 – 종말
사도시대	순교시대	국교시대	암흑시대	개혁시대	선교시대	종말시대
에배소 교회	서머나 교회	버가모 교회	두아디라교회	사데 교회	빌라델비아교회	라오디게아교회
(계2:1-7)	(계2:8-11)	(계2:12-17)	(계2:18-29)	(계 3:1-6)	(계 3:7-13)	(계 3:14-22)

* A.D. 590년에 GREGORY 1세가 교황이 됨.
* A.D. 1790에 프랑스 역명이 발발 하였음.
* A.D. 1730년에 영국의 선교운동이 전개 됨.
* A.D. 1800년에 미국의 선교운동이 일어남.

창세기

1. 성경에서 창세기의 위치

신, 구약 성경의 구성

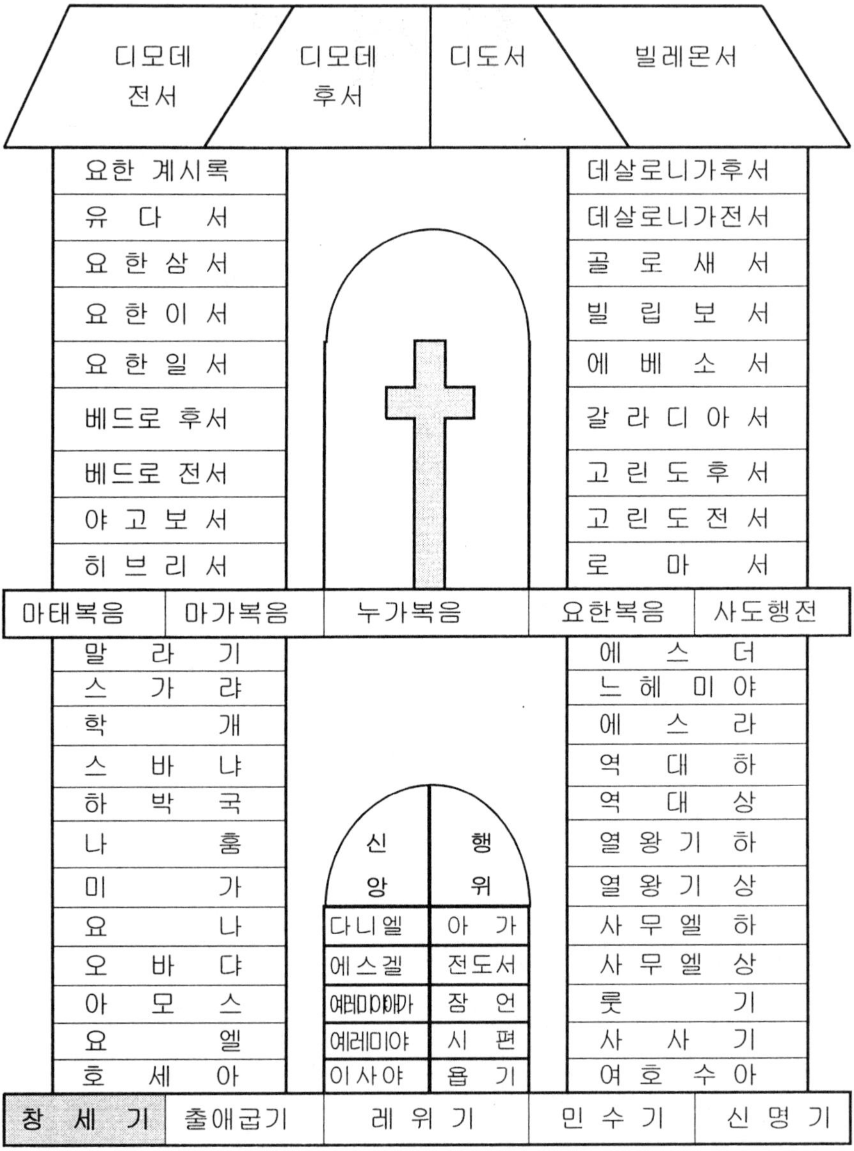

성경 역사 년대 표 (창세기 - 신명기)

창조시대 (창조 ~ B.C.2166년)	족장시대 (B.C.2166년 ~ B.C.1805년)	출애굽 광야시대 (B.C.1805년 ~ B.C.1405년)				
창 1:-11:	창 12:-50:	출 1:-출11:	출12:-24:	출25:-민10:10	38년동안	민 16:-36:
• 천지창조 • 죄가들어옴 • 구원 방법 계시 • 죄의 결과 * 살인 * 음란 * 멸애	• 믿음의 사람 아브라함 • 순종의 사람 이삭 • 은혜의 사람 야곱 • 의로운 사람 요셉 * 하나님이 먼저 역사하심	• 애굽에 들어 감 (B.C.1876년 70명 (창 46:1-27) • 430년을 지냄 (출 12 : 40, 갈 3:17) • 모세의 출생 • 모세의 소명 • 10가지 재앙 * B.C. 1446년 1월 15일 고센 땅 라암셋을 출발	• 유월절(출 12:) (십자가) • 홍해 (부활) (출 14:) • 마라의 쓴물 • 엘림 (출15:27) (성령충만) • 만나 (말씀) (출 16:) 메추라기 • 아말렉과 전쟁 (출 17:) (완전승리) • 이드로 방문 • 시내산 도착 • 시내산 율법전수(거룩한 생활)	• 1차 인구 조사(축진) (출 38:26) • 성막완성 (1:1) 낙성식(1월1일) • 시내산에서 유월절 지냄 • 레위기 전수 • 2차 군대 계수(민1:1-46) (2월1일) • 성막 헌당식 (2월8일-19일) • 시내산 출발 2월 20일\ (민 10:11) 정탐꾼을보냄 (민13:-14:)	(기록이 없슴) (광야에서 방랑생활) o 20세 이상 모두 죽었음	• 고라일당 반역 (고라. 온. 다단) (민 16:) • 아론의 싹난 지팡이 (민 17:) • 미리암, 아론의 죽음 (민 20:) • 신명기 전수 • 3차 군대 계수 (가나안 땅 건너 오기 전 두달) • 요단 동편 분배 • 모세의 후계자로 여호수아를 지명 함
죄		구원		거룩한 생활		
복 / 죄 (창1:-2:) (창 3:-11:)	족장시대 (창 12:-50:)	구 원의 준비 (출 1: - 11:)	구 원 (출 12:-24:)	거룩중심, (출 25:-40:)	예배 중심, (레 1:-27:)	교회중심 (민 1:-36:) / 말씀중심 (신 1:- 34:)

2. 창세기의 목차

Ⅰ. 창조(1:1-2:25)

1. 전 우주의 창조(1:1-2:3)
2. 인간 창조(2:4-25)

Ⅱ. 인간의 타락(3:1-24)

1. 죄가 세상에 들어옴(3:1-6)
   1) 사단(뱀)의 유혹(1)
   2) 말씀을 가, 감함(2-3)
   3) 행동으로 옮김(4-6)
2. 구원을 얻기 위한 방법(3:7-21)
   1) 구원을 얻기 위한 인간의 방법(7-14)
   2) 구원을 얻기 위한 하나님의 방법(15-21)
   3. 타락 후의 결과(3:22-24)

Ⅲ. 타락의 결과(4:1-11:32)

1. 시기 질투로 살인죄가 생김(4:1-5:32)
   1) 형제간의 불화가 생김(4:1-15)
   2) 불경건한 자손의 번창(4:16-24)
   3) 아벨 대신 셋과 자손들을 주심(4:25-5:32)
2. 음란으로 대 홍수가 생김(6:1-10:32)
   1) 홍수 심판 예고와 경건한자 구원(6:1-22)
   2) 홍수 심판과 그 결과(7:1-9:17)
   3) 홍수 후의 상태(9:18-29)
   4) 홍수 후의 인류 번성(10:1-32)

3. 교만으로 바벨탑이 생김(11:1-32)
   1) 바벨탑 같은 교만(11:1-9)
   2) 하나님이 특별히 택한 자들(11:10-32)

Ⅳ. 족장시대 시작(12:1-50:26)

1. 믿음의 사람 아브라함(12:1-25:18)
   1) 언약을 위한 소명과 분리(12:1-25:18)
   2) 언약의 체결과 증거(15:1-17:27)
   3) 언약에 대한 믿음의 시험(18:1-20:18)
   4) 언약의 성취(21:1-25:18)
2. 순종의 사람 이삭(25:19-26:35)
   1) 이삭의 가족(25:19-34)
   2) 이삭의 실수와 에서의 결혼(26:1-35)
3. 은혜의 사람 야곱(27:1-36:43)
   1) 야곱이 에서의 장자 권을 훔침(27:1-28:9)
   2) 야곱의 하란 도주(28:10-31:55)
   3) 야곱의 귀향(32:1-33:20)
   4) 야곱의 가나안 생활(34:1-35:29)
   5) 에서의 역사(36:1-43)
4. 의로운 사람 요셉(37:1-50:26)
   1) 요셉 형제의 죄악(37:1-38:30)
   2) 요셉의 고난과 영광(39:1-41:57)
   3) 요셉 가족의 애굽 이주(42:1-50:26)

3. 창세기의 총론

1) 창세기의 책 이름

본서의 이름은 히브리어로 'בְּרֵאשִׁית, 베레쉬트'히브리어 성경의 맨 처음에 나오는 단어이다. 이 '베레쉬트'는 '태초에'(in the beginning)라는 뜻이다.

70인 역에서는 본서의 제목을 'γένεσίς 게네시스' 라고 불렀는데 이 말은 시작' '기원' 이라는 말이고, 한글 개혁 성경의 "창세기"는 이 70인 역의 '게네스"를 음역한 것이다.

2) 창세기의 기록자

이 책의 기록자는 '오경'의 기록자인 '모세'이다. 이것은 구약 성경 자체가 오경의 기록자가 모세임을 증명하고(출 24:4, 레 4:12, 21, 6:11, 13:46, 14:3,민 5:2-4, 신 31:9) 예수님께서도 모세에 의해 오경이 기록되었다고 친히 증거 하셨다.(마 8:4, 19:7-9, 막 1:4, 7:10, 10:3, 눅 5:14, 요 1:17, 5:46-47, 7:19)

3) 창세기의 특징

창세기에는 모든 것의 기원(Origin)을 말해주는 책이다. 즉 창조와 죄의 기원, 가정의 기원, 인류의 기원, 종족의 발전 그리고 선택되어진 백성을 통해 하나님의 구원 계획의 시작 등 모든 것들의 기원(시작)을 분명하게 말해 주고 있다.

4) 기록 목적

본서는 죄로 말미암아 하나님께로부터 분리되었던 인간이 하나님의 자비와 은혜로 구원을 받게 되는 구속의 역사가 어떻게 시작되는 가를 보여주기 위해 기록되었다.

Ⅰ. 창조(1:1-2:25)

1. 전 우주 창조(1:1-2:3)

'태초에 하나님이 천지를 창조 하시니라'(창 1:1)성경은 이렇게 시작된다. 이것은 세상의 시작과 만물의 기원이 하나님과 더불어 시작됨을 말한다. 이 말은 곧 만물의 창조자만이 만물의 문제를 해결할 수 있다는 말이다. 그러므로 일체의 피조물들, 특히 인생들은 반드시 창조자 하나님만을 섬기고 경배해야 하는 것이다.

이제 시작과 끝의 주인이신 하나님 앞에서 인생의 허무주의는 용납될 수 없고, 범신론은 무의미 해진다. 그리고 진화론이나 다신론도 설득력을 잃어버리게 되는 것이다. 우리들은 이 성경의 첫 번째 부분에서 매우 중요한 몇 가지를 생각해 보아야 한다.

1) 태초

하나님이 천지를 창조하신 때, 즉 영원으로부터 시간이 분리되어 나온 시점, 바로 그때가 태초이다. 하나님이 천지 창조를 시작하심으로써 개시된 시간의 출발점을 의미하는 것이다.

여기 태초에 'בְּרֵאשִׁית, 베레쉬트'와 요한복음 1:1절의 태초에 'ἐν ἀρχῃ, 엔 아르케'는 그 의미가 다소 다르다. 여기 태초에(베레쉬트)는 '바로 그 시초에' 라는 단어로서 '시간의 출발점' 자체 즉 역사가 시작된 바로 그 시초를 가리키는 것이다. 그 이유는 시간도 결국 하나님의 창조 사건으로 시작된 것이기 때문이다. 그러나 요 1:1절의 태초에(엔 아르케)는 '시간을 초월한 영원 전' 이라는 뜻이다.

우리는 '시작과 끝'도 그리고 '시간과 공간'도 하나님께서 창조하신 것으로 보아야 한다.

2) 무에서 유를 창조하셨다.

하나님께서 천지를 창조하시기 전에는 세상에 아무것도 없었다. 그리고 시간과 공간도 없었다. 오직 창조주 하나님만 존재하셨던 것이다. 그러한 상태에서 하나님께서는 시간과 공간을 창조하시면서 전 우주를 창조하신 것이다.

성경은 창조에 대하여 어떠한 배경 설명이나 토론의 여지를 남겨두지 않고 그대로 받아들여야 할 믿음의 사건으로 선포하고 있는 것이다. 또한 무(無)에서 유(有)로 창조 행위를 지칭하는 신적 용어는 히브리어로 'ברא,바라'이다.

그런데 창세기 1장에서 이 말이 3번 나온다.

- 1절 - 무에서 유를 만들 때
- 21절 - 의식적 생물체를 만들 때
- 27절 - 인간 즉 영적 존재를 만들 때

3) 땅이 혼돈하고, 공허하며, 흑암이 깊음 위에 있다.

여기 혼돈 ' תהו,토후'이란 '정돈되지 않은 무질서한 상태'이고, 공허 'בהו, 보후' 란 '외적으로 볼 때 텅 비어 있는 상태', 그리고 '가치 있다고 판단될 만한 것이 하나도 없는 상태'를 말한다. 또한 흑암 ' חשך, 호쉐크 ' 이 깊음 위에 있다는 뜻은 '빛이 창조되기 이전의 근본적인 암흑 상태'로서 밑으로 깊이를 잴 수 없는 엄청난 심연이 있는 지구의 표면에 거대한 파도가 물결치는 형상이다.

4) 6일 간의 우주 창조

'하나님이 가라사대'라고 한 것은 하나님께서 말씀으로 명령하심으로 천지를 지으셨다는 것이고(10회), 창조하는 질서, 소위 하등동물에서 고등동물의 순서로 이루어졌다.

순 서	겉 창 조	순 서	속 창 조
첫째날(3-5)	빛(태양 있기 전의 빛)	넷째날(14-19)	해, 달, 별
둘째날(6-8)	궁창(우주의 넓은 공간)	다섯째날(20-27)	물고기, 새
셋째날(9-13)	땅, 바다, 식물	여섯째날(24-31)	짐승, 사람

*** 일곱째 날은 안식일 제정과 휴식하셨다.**

여기 '안식하다'는 히브리어로(שבת, 쇠바트)인데 이 말은 피곤해서 쉬는 상태가 아니라 모든 일을 뜻과 계획대로 다 마치고 쉬는 상태를 말하는 것이다.

5) 인간에게 주어진 영, 육의 축복

하나님께서는 창 1:22절에서도 '물고기와 새'를 창조하시고 복을 주셨다. 그러나 이것들은 번성하라는 복이다. 그러나 인간에게는 복을 주시되 '정복하고 다스리는 축복'까지 주신 것이다.

그래서 창 1:28절은 '육'의 축복이고, 창 2:3절은 '영'의 축복인 '안식'의 축복까지 주신 것이다.

2. 사람의 창조(2:4-25)

여기에서는 앞 부분의 1:26-31절에 기록된 '인간창조'를 새로운 관점에서 재 언급한 부분이다. 그러나 단순히 인간 창조가중요함으로 좀 더 세부적이고 구체적인 내용을 부연 첨가하기 위해서만은 아니다.

앞서 1장은 인간 창조를 전 우주의 맥락에서 다루고 있다. 즉 인간이 하나님의 형상이요 전 우주의 통치자로서 천지 창조에 있어서 최고의 존재로 창조되었다는 사건 자체에 주로 초점을 두고 기록되었다. 그러나 본 단락에서는 인간 창조만을 따로 떼어내어서 그 사건 자체뿐만 아니라 그 뒤에 이어지는 모든 역사 즉 전 역사를 통해 타락한 인간을 예수를 통해 구원하시려는 하나님의 구원의 역사 및 구속사와 보다 더 연결 시켜 기록하고 있는 것이다.

이 부분을 두 가지로 나누어 생각해 볼 것이다.

1) 창조의 대략과 에덴동산(4-17)

본 단락은 다음과 같이 나눌 수 있다.

① 인간 창조 기사의 재 진술(4-7절)

7절의 말씀은 하나님께서 사람을 지으신 과정을 말한다.

먼저 흙으로 사람을 지으셨다. 그리고 생기를 코에 불어 넣었다. 그랬더니 사람이 생령이 된 것이다.

사람의 몸은 흙으로 만드신 것이다. 그래서 인간과 땅은 같은 원소이다. 그리고 인간 육신의 근원 및 한계는 땅과 같다는 것이다.(창 3:19, 욥 4:19, 10:9, 시 139:15)

또 생기를 그 코에 넣으셨다. 여기 생기는 '생명의 호흡'이란 뜻이다. 하나님께서 그의 생기를 육신에 불어 넣으셔서 하나님을 찬양하며 하나님께 감사하는 사람이 된 것이다(시 150:6). 그리고 몸에 하나님의 생기가 들어가니까 '살아 호흡하는 생명체'가 된 것이다.

② 하나님이 원시 에덴동산에서 주신 원래의 축복(8-15)

하나님께서 동방의 에덴에 동산을 상설하시고 지으신 사람을 그 곳에 두셨다. 그리고 보기에 아름답고, 먹기에 좋은 나무를 나게 하셨는데 그 중에 생명나무와 선악을 알게 하는 나무도 있었다.

그리고 에덴에서 발원하는 강 네 개를 두셨는데 이 강들이 동산을 적시고 네 근원이 되었다.

첫째 강은 '비손'(풍부하게 흐르는 강)

둘째 강은 '기혼'(넘침, 깊이 흐름)

셋째 강는 '힛데겔'(티그리스)(화산같이 빨리 흐름)

넷째 강은 '유브라데'(잘 흘러가는, 좋고 비옥함)

③ 타락 이전 하나님과 인간이 맺었던 선악과 언약(16-17)

하나님께서는 이렇게 말씀하신다. '동산 각종 나무의 실과는 네가 임의로 먹되 선악을 알게 하는 나무의 실과는 먹지 말라 네가 먹는 날에는 정녕 죽으리라'

우리는 선악과의 나무가 어떻게 생겼는지 모른다. 그러나 그 나무의 실과는 하나님께 대한 인간의 충성과 순종을 시험하는 나무의 실과이다. 이것은 하나님의 첫 번째 인간을 향한 '언약'이다. 그런데 불행하게도 아담은 이 선악과를 따 먹었다. 그래서 하나님과 사이가 나빠졌고, 신체적 죽음이 왔고 지옥의 심판(히9:27)이 오게 된 것이다.

2) 하나님이 세우신 가정(18-25)

아담은 어떤 면에서 보나 부족함이 없었다. 하나님께서 에덴동산도 지어 주셨고, 그 안에 보기에 아름답고 먹기에도 좋은 실과들이 있었다. 그리고 온갖 종류의 육축들과 짐승들이 아담의 친구가 되었다.

그러나 모든 짐승들은 짝이 있었고 동류가 있는데 만물의 영장인 인간은 혼자였다. 그래서 하나님께서는 사람이 독처하는 것을 보시고 아담을 깊이 잠들게 하셨다. 그리고 아담의 갈빗뼈 하나를 취하여 그것으로 여자를 만드셨다.

그리고 아담에게 '이는 내 뼈 중의 뼈요 살 중의 살이라 이것을 남자에게서 취하였은즉 여자라 칭하리라'고 하셨다. 그러므로 성년 된 자의 결혼은 곧 조화요 하나님의 창조 질서에 부응하는 것이다.

Ⅱ. 인간의 타락(3:1-24)

마태 헨리는 이렇게 말했다. '창세기 3장은 성경의 모든 이야기 중에서 가장 슬픈 이야기'이다. 마땅히 에덴동산에서 영생을 얻고 즐거움과 기쁨을 누릴 수 있는 사람이 범죄 함으로 죄를 짓고 에덴동산에서 추방을 당한다.

그래서 인간은 '하나님의 첫 시험'에서 실패하였고, 결국 '예수냐? 바라바냐?'(마 27:15-21)라는 선택의 기로에서 갈팡질팡하는 고통스러운 삶을 살아가고 있는 것이다. 뿐만 아니라 아담 한 사람으로 말미암아 죄가 전 인류에게 영향을 미쳤고 원죄라는 반갑지 않은 타이틀 속에 들어간 것이다(롬 5:12).

1. 죄가 세상에 들어 옴(3:1-6)

사탄이 약한 여자인 하와를 넘어뜨리기 위하여 네 가지 술법을 썼다는 것을 알 수 있다.

1) 뱀을 사용했다.(1절)

뱀은 에덴동산에서는 아름답고 지혜로운 동물이었다. 여기 '간교하더라'라는 뜻은 원래 '슬기롭다. 지혜롭다'는 뜻이다. 그러나 사탄에게 잡히면 '간교'가 '간사하고 교활하게' 된다.(요 8:44)

2) 하나님의 말씀을 가감했다(3절).

하나님께서 하와에게 하신 말씀(창 2:17)을 하와는 뱀에게 가감해서 전했다(만지지도 말라. 죽을까 하노라).

우리는 하나님의 말씀을 일점일획도 더하든지 감하면 안 된다(마 5:17-19).성경은 하나님의 말씀을 가감하지 말라고 했다(신 4:2, 12:32). 만약 하나님의 말씀에 가감하면 여기에 대한 벌이 따른다(계 22:18-19).

3) 하나님의 말씀에 정면으로 도전 한다(4-5절).

하나님께서는 '정녕 죽으리라'고 하셨는데, 사탄은 '결코 죽지 아니 한다'고 했고, 더 나아가 '눈이 밝아 하나님과 같이 된다'고 했다.

4) 결국 실과를 따 먹게 했다(6절)

여자가 그 나무(선악을 알게 하는)를 보니 '먹음직도 하고, 보암직도 하고, 지혜롭게 할 만큼 탐스럽게' 보였다. 그래서 여자가 먼저 따먹고, 남편에게도 주어 먹게 했다.

사탄이 인간을 유혹하여 넘어뜨리려고 할 때 이 세 가지를 사용한다.

인류 최초에 아담과 하와를 넘어뜨릴 때(창 3:6)도, 인류 중간인 예수를 넘어뜨리려고 할 때(마 4:1-11), 그리고 종말을 살아가는 우리들을 넘어뜨릴 때도(요1서 2:16) 이런 술법을 쓰고 있다는 것을 알아야 한다.

2. 구원을 얻는 방법(3:7-21)

'한 사람으로 말미암아 죄가 세상에 들어오고 죄로 말미암아 사망이 왔나니 이와 같이 모든 사람이 죄를 지었으므로 사망이 모든 사람에게 이르렀느니라'(롬 5:12)

이 말씀은 반드시 구원이 필요하다는 뜻이다. 그런데 이 '구원' 문제가 우리의 뜻대로 되지 않는다는 것이다. 우리들은 이 부분에서 구원을 얻기 위한 '인간의 방법'과 '하나님의 방법'이 있다는 것을 알 수 있다. 그러나 인간의 방법으로는 안 되고 하나님의 방법만이 우리를 죄에서 구원할 수 있다는 것을 알게 될 것이다.

1) 구원을 얻기 위한 인간의 방법(7-14)

인간들은 구원을 얻기 위해 여러 가지를 써 본다.

① 자기 수양의 방법(7절)

자기들이 눈이 밝아져 자기들의 벌거벗음을 알았다. 그래서 무화과나무 잎을 엮어 치마를 해 입었다. 그러나 햇빛을 받으면 몇 시간이나 수치를 가릴 수 있을까? 이렇게 평생 동안 해야 할 것이다.

② 자기 도피의 방법(8절)

이들은 서늘할 때 하나님께서 부르시는 음성을 듣고 하나님의 낯을 피하여 동산 나무 사이에 숨었다. 하나님께서 '아담아 네가 어디 있느냐'라고 항상 부르신다. 우리는 아무 곳에도 피할 길이 없음을 알아야 한다.

③ 자기 망각의 방법(10절)

'하나님의 소리를 듣고' 이들은 숨었다. 아담은 '하나님의 소리'를 두려워 하나님의 소리를 잊어버리려고 노력한다. 그러나 한번 지은 죄가 술 먹고, 마약한다고 잊어지는가?

④ **자기 책임 전가의 방법**(12-14절)

아담이 하나님께 이렇게 말한다. '하나님께서 주신 그 여자가' 하와는 이렇게 말한다. '뱀이 나를 꾀므로',이 얼마나 궁색한 변명이며 무책임한 말인가? 아담은 하나님과 여자에게, 하와는 뱀에게……. 그런데 하나님은 뱀에게는 물어보지도 않으셨다. 그것은 사탄이요, 사탄은 원래 '거짓말쟁이'이기 때문이다(요 8:44). 그러나 무서운 벌칙이 내려졌다(14절).

2) 구원을 얻기 위한 하나님의 방법(15-21절)

앞 절(14절)에서 뱀에게 벌칙이 내려진 후 하나님께서는 이런 예언을 말씀하셨다.

① '내가(하나님) 너로(뱀) 여자(하와)와 원수가 되게 하고 너(사탄)의 후손도 여자의 후손(예수 그리스도)과 원수가 되게 하리니 여자의 후손(예수 그리스도)은 네(사탄) 머리를 상하게 할 것이요 너(사탄)는 그(예수 그리스도)의 발꿈치(십자가의 죽음)를 상하게(피를 흘림) 할 것이니라 하시고' 이것은 '최초에 선포된 복음'이다.(15절)사탄은 '예수 그리스도'를 십자가에 죽으라고 못 박았지만 예수 그리스도는 3일 만에 부활하셔서 승리하신 것이다.

② 21절의 '아담과 하와에게 '가죽옷'을 지어 입히셨는데 이것은 인간의 가죽옷을 위해 희생된 구약 시대에 인간의 속죄를 위해 희생된 숱한 희생 제물의 예표이다.

③ 더 나아가 궁극적으로 인간 구원을 위해 십자가상에서 영원한 희생 제물이 되신 예수 그리스도를 상징하는 것이다(히 10:10-14).

실제 적으로 하나님께서 가죽옷을 지어 아담과 하와에게 입히셨다. 이것은 15절의 예언이 21절에서 첫 번째로 이루어지며 앞으로도 계속 이런 예언이 이루어진다는 것이다.

공의의 하나님께서는 하와에게 벌칙을 내리신다. 하와는 '잉태의 수고와 해산의 고통'을 주신다. 원래 여인의 잉태와 해산은 하나님의 축복이었다(창 1:28). 그래서 기쁨과 환희이지 고통과 수고는 아니었다.

또 하나는 남편에 대한 사모와 복종이다. 본래 부부 관계는 피차 동등한 관계로서 사랑과 이해 및 순종의 관계였다(1:22-23).

공의의 하나님께서는 아담에게도 벌칙을 내리셨다. 저주 받은 땅을 위해 수고하여 먹고 살고 얼굴에 땀을 흘려야 할 것이고, 후에는 흙으로 돌아가게 될 것이다.

3. 에덴에서 쫓겨난 인간(3:22-24)

하나님과의 언약을 어기고 죄를 지은 인간은 에덴동산에서 쫓겨났다. 하나님께서는 인간이 생명나무의 실과를 따먹고 영생할까 하여 에덴동산에서 추방하시고 동산 주위에 화염검을 두시고 그룹들과 불칼을 두어 생명나무의 길을 지키도록 명령하셨다. 이로써 인간은 다시는 스스로 영생할 수 있는 기회를 얻지 못하게 되었고 모든 축복의 환경으로부터 완전히 소외된 것이다.

1) 하나님께서 타락한 인간을 생명나무로부터 단절시키는 것은 죄악에 대한 징벌이 아니라 오히려 하나님의 은혜의 방안이었다.
2) 원래 인간은 에덴동산에서 먹을 것을 위하여 고통을 당하지 않도록 된 것이다. 그러나 이 축복은 언약의 파기로 없어졌다. 그리고 이마에 땀을 흘려야 살게 된 것이다.
3) 이제 예수 그리스도만이 유일한 생명나무로 갈 수 있게 되었다. 성경은 예수 이름 외에는 구원 받을 만한 이름을 준 적이 없다고 했다. 이제 아담이 상실한 낙원을 그리스도께서 재림하실 때 성도들이 들어가게 될 것이다. 이는 예수 그리스도께서 믿는 자들에게 약속하신 구원의 길이 되는 것이다.

Ⅲ. 타락의 결과(4:1-11:32)

아담과 하와가 낙원에서 추방당한 후부터는 이 땅에 죄가 득실거리기 시작했다. 화평과 사랑 대신에 살인이 일어나고, 하나님의 아들들과 사람의 딸들이 서로 자기의 기분대로 행동하는 음란죄가 만연하고, 심지어 하나님만큼 높아지며 이 땅에 자기의 이름을 떨치려는 교만과 명예가 득실거리기 시작한 것이다.

1. 시기 질투로 살인죄가 생김(4:1-5:32)

1) 형 가인이 동생 아벨을 죽임(1-8)

최초의 가정인 아담 가정에서 형이 아우를 죽이는 살인 사건이 일어났다. 이 사건은 인간과 인간 사이에서 선인과 악인의 구별을 가능케 하는 최초의 사건이다. 그런데 이 사건에서 가인과 아벨을 구별하는 결정적인 기준은 하나님의 판단이다. 그리고 인간의 측면에서는 믿음(히 11:4)이다.

하나님께서 인간을 에덴동산에서 추방하실 때 가죽 옷을 지어 입히셨다(창 3:21). 이 가죽옷을 입히기 위해서 짐승의 희생이 요구된다. 그러므로 이 가죽옷 사건에는 그리스도의 희생이 암시되어 있음을 알 수 있다(고전 5:7).

따라서 아벨의 제사가 가인의 제사보다 더 낫다는 것은 대속의 원리에 대한 믿음의 차이이고, 이런 시점에서 아벨의 제사를 피 제사라고 할 수 있다.

이것이 구속 계시인 것이다.

2) 드러나는 범죄(9-15)

여호와께서 가인에게 '네 아우 아벨이 어디 있느냐'라고 물었다. 이것은 하나님께서 전말을 아시고 물어보는 말씀이다. 그러나 가인은 이렇게 대답했다. '내가 알지 못하나이다. 내가 내 아우를 지키는 자이니까' 그러나 하나님은 계속 가인에게 추궁하신다. '네가 무엇을 하였느냐 네 아우의 핏소리가 땅에서부터 내게 호소하느니라'

그리고 하나님께서는 가인에게 살인의 대가로 저주하신다. 하나님께서 가인이 더 이상 수고하여도 땅이 다시는 그 효력을 주지 않도록 저주하셨고, 가인의 후손은 영원히 땅에서 유리하는 자가 되도록 하셨다. 그러나 그 중에서도 가인이 더 이상 다른 사람들에 의해 죽임을 당하지 않도록 표를 주심으로 은혜를 베푸셨다.

3) 타락한 세상의 문화(16-24)

살인으로 하나님과의 관계가 단절된 가인은 에덴 동편 놋 땅에 거하였다. 그리고 아들 에녹을 낳고 우거하는 그 성을 에녹 성이라고 붙였다. 그리고 후손인 라멕은 두 아내를 취하여 자녀를 낳았는데 이들이 새로운 문화를 개발시켰다. 그러나 이 인간 문화는 인류에게 행복을 갖다 주는 것이 아니라 타락한 문화와 인간사회에 더 심한 갈등과 폭력을 가져다주는 비극의 문화이었다.

야발은 육축 치는 자의 조상이요, 유발은 수금과 퉁소를 잡는 모든 자의 조상이요, 두발가인은 동철로 각종 날카로운 기계를 만드는 자였다.

4) 하나님의 의로운 맥을 이어가는 셋(25-26)

하나님께서는 절대로 악이 승리하게 내버려 두지는 않으신다. 그래서 아벨을 죽인 가인을 추방시켰고 대신 의인 아벨의 죽음을 대신하여 셋을 주셨다. 셋은 에노스라는 아들을 낳았고, 그때부터 사람들이 비로소 여호와의 이름을 불렀다고 했다.

5) 홍수 이전의 인류 계보(5:1-32)

이 부분은 아담으로부터 노아에 이르기까지의 계보를 짤막하고 함축성 있게 소개하고 있다.

- 아담 - 셋(1-5절)
- 셋 - 라멕(6-27절)
- 라멕 - 노아(28-32절)

2. 음란으로 대홍수가 생김(6:1-9:29)

하나님께서는 가인이 죽인 아벨 대신 셋을 주었다. 그래서 인류의 역사는 하나님을 잘 믿는 셋을 비롯해서 에녹 같은, 그리고 노아 같은 사람들이 나타났다. 그러나 세월이 흘러감에 따라 믿음의 후손들까지 점점 타락하여 불신앙의 사람들과 어울리기 시작했다(1-2). 세상은 온통 죄악으로 물들었고, 마침내 하나님께서는 이 세상을 지으신 것을 후회하시고 사람으로부터 모든 짐승들까지 물로 심판하시기로 작정하셨다. 이것이 대홍수의 심판이다.

1) 인류의 타락(1-8절)

생육하고 번성하라(창 1:28)는 신적 축복으로 이 땅위에 인구가 급속도로 확산

되어졌다. 그러므로 셋의 의인의 후손인 '하나님의 아들들'과 가인의 악인의 후손인 '사람의 딸들' 간에 적지 않은 방탕생활이 일어났다. 그래서 하나님께서는 120년 후에 이 땅의 사람과 짐승과 새까지 쓸어버리기로 결정하셨다.

2) 방주를 짓는 노아(9-22)

인간의 타락함을 보시고 세상을 심판하시기로 작정하신 하나님께서는 당세에 완전하고 하나님과 동행하는 의인 노아에게 가족과 함께 방주 지을 것을 말씀하셨다. 이에 노아는 하나님의 명령대로 방주를 짓기 시작했고, 홍수 기간 동안 자신과 식구들과 짐승들이 먹을 양식을 저축하기 시작했다.

특히 18절에 '너와는 내가 내 언약을 세우리니……'라는 말씀을 본다. 여기 '언약'은 성경에 처음 나오는 낱말인데 이 뜻은 '…… 자르다' 혹은 '먹는다'라는 뜻으로 희생동물을 잘라 두 줄로 놓고 그 사이를 언약자가 지나감으로 언약이 체결되는 것이다. 만약 언약을 어기면 이 짐승처럼 자름을 당하게 되는 것이다.

*** 구약에서 '언약'의 체결은 다음과 같다.**

- 아담과의 언약(창 2:16) - 전 인류와의 언약
- 노아와의 언약(창 9:8-13) - 전 인류와의 언약
- 아브라함과의 언약(창 12:1-3, 15:18-21) - 선민과의 언약
- 모세와의 언약(출 19:5) - 율법의 언약
- 다윗과의 언약(삼하 7:16) - 메시아 왕통의 언약
- 새 언약(렘 31:31-34, 히 8:8)

* 모든 언약들은 새 언약에서 완성된다.

3) 생명을 보존하시는 하나님(7:1-5)

여호와께서 노아에게 이렇게 말씀하셨다. '너와 네 온 집은 방주로 들어가라 네가 이 세대에 내 앞에서 의로움을 내가 보았음이니라'

하나님께서는 의로운 자를 보호하신다. 그리고 하나님께서는 정결한 짐승 암수 일곱씩, 부정한 짐승 암수 둘씩, 또한 공중의 새도 암수 일곱씩 취하여 그 씨를 온 지면에 보존하게 하셨다. 이와 같이 하여 심판 중에서도 생명을 보존하시는 하나님의 사랑을 보여주고 있는 것이다.

4) 하나님의 심판과 구원(6-24)

방주에 들어갈 것은 모두 들어갔다. 드디어 하나님께서 이 땅에 홍수를 일으키셨

다. 노아의 나이가 600세였다. 그 날에 큰 깊음의 샘들이 터지며 하늘의 창들이 열려 사십 주야를 비가 쏟아졌다. 이로 인하여 이 땅에 산들까지 완전히 물에 잠겼다. 그리고 땅위에 움직이는 생물들이 모두 죽었다. 하나님의 심판이 그대로 이루어졌다.

5) 방주에서 나온 노아 가족(8:1-22)

하나님께서 이 땅에 40일 동안 주야로 비를 내리시어 백오십 일 동안 땅에 물이 덮여 있었다. 이 때 하나님께서 바람을 땅위에 불게 하사 물이 점점 물러가게 하셨다. 마침내 백오십 일 후에 방주가 아라랏 산에 머무르게 되었다. 방주가 아라랏 산에 정착한 후 사십일을 지나서 노아는 까마귀와 비둘기를 놓아 지면에 물이 감한 여부를 알아보고자 하였다

마침내 육백일 년 정월에 지면에 물이 걷히고 노아는 하나님의 명령으로 가족들과 함께 방주에서 나왔다. 그리고 방주에서 나온 노아는 맨 처음 여호와께 단을 쌓고 정결한 짐승과 새 중에서 취하여 번제로 제사를 드렸다. 이에 하나님께서는 다시 사람으로 인해 생물을 저주하지 않겠다고 약속하셨다.

6) 대홍수의 진행과정

순서	사건내용	날자	소요기간	비고
1	방주 탐선	2월 10일경	7일간	창 7:6-10 . 노아 600세
2	폭우 개시	2월 17일	40일간	창 7:11, 12
3	폭우 종결	3월 26일경		창 8:1-3
4	아라랏산 정박	7월 17일	10일간	창 8:4
5	산봉우리들이 목격됨	10월 1일	150일간	창 8:5
6	까마귀 방출	11월 10일경		창 8:6, 7
7	비둘기 방출과 귀환	11월 11일경		창 :8:8, 9
8	비둘기의 감람잎시귀	11월 19일경		창 8:10. 11
9	비둘기의 불 회귀	11월 27일경		창 8:12
10	지면에 물이 걷힘	12월 17일경	70일간	창 8:13
11	방주 뚜껑 열림	1월 1일		창 8:13
12	방주 하선	2월 27일		창8:14-19, 노아 601세

① 방주 내에서 지난 시간은 비 오기 전 7일, 물이 창일한 것은 150일, 물이 감

한 것은 150일, 땅이 마른 것은 70일이므로 모두 합치면 377일로 추정됨.

② 이것은 음력으로는 1년 17일 간이고, 태양력으로는 1년 12일이다.

③ 이 기간은 노아에게는 '인내와 간구'의 기간이고 하나님에게는 온전한 보호와 사랑의 순간이다.

7) 홍수 후의 축복과 언약(9:1-19)

하나님께서는 노아가 제단을 쌓고 제사를 드리자 은혜롭게 복을 내려 주셨다. 노아와 그의 자녀들에게 '땅에서 생육하고 번성하여 충만한 축복'을 주신 것이다. 그리고 하나님께서는 인간들에게 피조물을 지배하고 다스리는 권능을 주셨다. 더 나아가 살아있는 모든 동물들은 인간의 식물이 되도록 하셨다.

그러나 '고기를 그 생명 되는 피 채 먹지 말 것'을 명령하신 것이다.

그리고 이어 인간과 교제하기를 기뻐하시는 하나님은 은혜롭게도 언약이라는 방법을 통해 그의 은총을 드러내 보였다. 하나님께서는 다시는 물로 심판을 하지 않겠다는 증표로 구름 속에 '무지개' 를 두겠다고 하셨다.

8) 노아의 실수와 죽음(20-29)

노아는 죄악이 관영한 세대에 살고 있으면서도 당대에 완전한 자라고 일컬음을 받았었다. 그렇지만 죄악의 세대에 태어나 훌륭하게 어려움을 극복한 노아도 실수하고 말았다.

그는 홍수 후에 농사를 짓기 시작하였는데 자신이 경작한 포도주를 먹고 술에 취하여 벌거벗은 몸으로 잠을 잤다. 이 때 그의 아들 함이 이것을 조롱했다. 이런 이유로 함의 아들 가나안에게 저주를 하게 된다.

'가나안은 저주를 받아 그 형제의 종들의 종이 되기를 원한다'(25절) 그러나 셈과 야벳에게는 축복을 한다(26-27절). 그 후 노아는 950세 죽었다.

3. 교만으로 바벨탑이 생김(10:1-11:32)

인간들은 하나님을 떠나 인위적 방법으로 통일을 유지하고자 시날 평지에서 하늘 꼭대기까지 닫는 성을 쌓아 자기들의 이름을 내걸고 사람들이 온 지면에 흩어지는 것을 방지하려고 했다.

그러나 이것은 하나님의 뜻이 아니었다. 하나님은 그들의 언어를 혼잡케 하셨다.

언어가 통하지 않는 인간은 더 이상 공사를 계속할 수 없게 되고 결국 사방으로 분산되게 되어 공사는 중단되었다. 이런 까닭에 이 성을 혼잡이라는 의미에서 '바벨'이라고 이름하는 탑이 된 것이다.

1) 세상 민족들의 형성(10:1-32)

32절에 보면 '이들은 노아 자손의 족속들이요, 그 세계와 나라대로라 홍수 후에 이들에게서 땅의 열국 백성이 나뉘었더라' 이 말은 노아의 세 아들을 통해서 세상 민족들이 형성되어 가는 과정을 볼 수 있다는 것이다. 특히 인류 번성에 대한 하나님의 축복이 실제로 실현되어 감을 보여 주고 있다.

① 야벳의 후손들(2-5)

이전에 홍수로 심판하셨던 하나님은 그 약속대로 번성하는 축복을 주셨다. 특히 야벳의 후손들은 여러 나라 백성으로 나뉘어 각기 방언과 종족과 나라대로 바닷가의 땅에 머물렀다.

여기 '바닷가의 땅'이란 당시 이방인의 섬들을 말하는 곳인데 구약의 섬들은 보통 소아시아 지방에서 스페인까지의 유럽 해안에 있는 지중해 연안의 섬들을 가리키는 것이다.

② 함의 후손들(6-20)

함의 아들은 구스, 이스라임, 붓, 가나안 등 네 명인데, 이들의 거주지는 후에 남 아라비아, 에디오피아, 이집트, 가나안, 붓(렘 46:9) 등이다.

함의 족보 가운데 특이한 인물은 '니므롯'이다. 이 니므롯은 '세상의 처음 영걸'이라고 했다. 그리고 니므롯의 이름의 뜻은 '반역하다'인데 이름 그대로 조상들이 대대로 신망해 왔던 여호와 하나님께 대하여 자신의 독립을 선언한 배교자로서 거친 성격의 소유자이다.

③ 셈의 후손들(21-31)

21절에 보면 '셈은 에벨의 온 자손의 조상이요 야벳의 형'이라고 기록되어 있다. 그런데 이 에벨은 셋의 증손자이다.

여기 왜 증손자인 에벨을 들어서 설명한 것일까? 그것은 하나님께서 언약하신 백성이 에벨을 통해 계승될 것임을 알리기 위함이었음을 말하고자 하는 것이다(창 11:14, 27).

25절에 에벨은 두 아들을 낳았는데 벨렉과 욕단이라고 했다. 그리고 둘째 아들 욕단의 족보가 26-31절까지 계속된다. 그런데 이 욕단이 우거하는 곳은 30절에 보면 메사에서부터 스발로 가는 길의 동편 산(지금의 우랄산맥 동쪽)이었다고 했다. 그리고 벨렉의 족보는 창 11:10-26절까지에서 또 나오고 있다. 이 벨렉의 후예에서 아브라함이 나오는 것이다.

2) 바벨탑 사건 - 인간 분열의 시작(11:1-9)

하나님께서는 인간이 기술을 발전시키고 문명을 발전시키는 것을 기뻐하고 좋아하셨다. 그러나 문제는 이들의 목적이 다른데 있다는 것이다. 즉 그들은 그들의 기술을 이용하여 하나님께 순종하지 않고, 영광을 돌리지 않고 오히려 하나님의 뜻을 거스르는 일을 하려고 했던 것이다.

그들은 이렇게 말했다. '자 성과 대를 쌓아 대 꼭대기를 하늘에 닿게 하여 우리 이름을 내고 온 지면에 흩어짐을 면하자'. '하늘에 닿게 하자'는 교만과, '자기들의 이름을 내자'는 명예와, '지면에 흩어짐을 면하자'는 하나님을 반역하는 것이다.

하나님께서는 이런 사특한 인간의 본성을 그대로 두고 볼 수 없었다. 그래서 '언어를 혼잡하게 하고 그들이 서로 알아듣지 못하게 하고 온 지면에 흩으셨다'.

그래서 이 이름을 혼잡이라는 뜻으로 '바벨'이라고 했다.

3) 셈의 후예(10-26)

후에 셈의 후예의 족보가 나온다. 이것은 하나님께서 아브람을 선택하셨기 때문이다. 그리고 아브람이 성경에서 중요한 위치를 차지하기 때문이다.

4) 아브람의 가정(27-32)

아브람의 아버지는 데라이다. 그런데 이 데라는 세 아들을 두었는데 아브람, 나홀, 하란이다. 그리고 데라가 거주했던 곳은 갈대아 우르였다. 이곳은 당시 고대 문화의 중심지이고 이방 종교들의 집결지였다(수 24:2)

Ⅳ. 족장시대 시작(12:1-50:26)

성경이 타락한 인간을 향한 하나님의 구속 역사를 전하기 위해 기록된 것이라고 볼 때 족장시대는 구속의 문을 여는 출발점에 서 있다고 볼 수 있다.

하나님께서 최초로 인간들에게 던진 계약은 인간 스스로 파기 하였다. 그러나 인간의 능력으로 원 상태로 회복된다는 것은 불가능하다. 단지 유일한 희망이라면 구속에 대한 하나님의 암시적 언약뿐이다. 그러나 인간으로는 그것을 확인할 방법이 없다는 것이다. 그리고 언약의 중요성까지 깨닫지 못했다.

이런 시점에서 아브람이라는 한 인간을 부르시고 전 인류의 구원이라는 축복을 주신 것은 하나님의 놀라운 은혜라고하기에 송구한 엄청난 사건이다.

인간은 어두움 가운데서 빛을 발견한 것이다. 뿐만 아니라 족장 시대를 통해 나타난 하나님의 섭리와 보호는 우리들에게 희망이요 찬란한 구원의 성광인 것이다.

1. 믿음의 사람 아브람(12:1-25:18)

하나님께서는 이제 창조 시대를 마감하시고 새로운 족장 시대를 시작하신다. 그런데 이 족장 시대는 구약 전체에서 매우 중요한 위치를 차지하고 있다. 그 이유는 창세기 3장에서 암시된 하나님의 구속 계획이 역사 속에서 실제로 실현되기 시작한 시점이고, 더 나아가서는 족장들을 다루시는 하나님의 섭리를 예표하기 때문이다.

이런 의미에서 족장 시대를 여는 아브람의 소명 또한 중요한 의미를 지니는데, 갈대아 우르(창 11:31)란 이방 땅에서 아브람이란 한 개인을 부르신 것은 은혜로 성도들을 구원하시는(갈 1:15) 하나님의 무조건 적 구원의 모형이기 때문이다.

1) 언약을 위한 소명과 분리(12:1-14:24)

우리들이 크게 오해하는 것의 하나는 우리들이 불신 상태에서 예수를 믿게 될 때 우연한 기회나 자신의 결단으로 복음을 받아들이는 것처럼 생각한다는 것이다.

그러나 한 사람이 복음을 믿어 구원에 이르게 되는 것에는 하나님의 놀라운 역사가 있었다는 것을 알아야 한다.

하나님께서 아브람을 부르시는 것에서 이것을 분명히 알 수 있다. 아브람을 통해 장차 큰 복을 내리시고 가나안 땅을 주시기 위해 아브람을 부르신 것이다.

아브람이 갈대아 우르를 떠날 때 아버지 데라의 인도 하에 아브람과 손자 롯과 사래와 함께 떠났음을 알 수 있다(11:31)

그리고 이들은 일단 하란에서 머물러 얼마간 있었음을 알 수 있다. 또한 아버지 데라는 이 하란에서 이백오 세에 죽었다(행 7:2, 창 11:32).

그 후 아브람은 하란에서 여호와의 말을 듣고 아내 사라와 조카 롯과 하란에서 모은 모든 소유와 얻은 사람들을 이끌고 떠났다.

그런데 우리들이 꼭 알아야 할 것이 있다. 그것은 왜?

① 하나님께서 아브람을 왜 부르셨는가? 그 목적이 무엇인가?

- "내가 네게 지시할 땅으로 가라"이다.

  원래 아브람이 거하는 땅은 갈대아 우르였다. 그런데 이 땅은 우상을 숭배하는 땅이었다(수 24:2).그리고 그의 아버지는 우상을 섬겼다. 그래서 하나님께서는 이런 땅을 떠나라는 것이다.

- "내가 너로 큰 민족을 이루어"이다.

  두 번째 이유는 아브람으로 큰 민족을 이루게 하기 위한 것이다.

  하나님께서 수많은 사람 중에서 한 사람을 불러내어 그 사람부터 구원이 이루어지며 나중에 이스라엘 나라가 생긴다는 것이다.

- "땅의 모든 족속이 너로 인하여 복을 얻을 것이다"이다.

  하나님은 한 사람을 택하시고, 이 한 사람으로 한 집이 나왔고 한 집으로부터 한 나라가 이루어졌으며, 한 나라로부터 땅의 모든 족속이 이루어진다. 그리고 모든 족속이 아브람을 통하여 복을 받게 될 것이다.

  이 세 가지가 하나님께서 아브람을 부르신 목적이었다.

② 단을 쌓는 아브람

아브람은 가나안 땅에 들어와 곧 하나님 앞에 세 번의 단을 쌓았다.

- 세겜에서 단을 쌓았다(12:6-7).

  세겜이란 '능력'이란 뜻이다. 곧 가나안 땅은 하나님의 능력이 있는 곳이다.

- 벧엘에서 단을 쌓았다(12:8).

  벧엘이란 '하나님의 집'이다. 가나안 땅은 하나님의 집이 있는 곳이다. 이런 하나님의 집에 머물러야 한다.

- 헤브론에서 단을 쌓았다(13:18).

헤브론이란 '교통'이란 뜻이다. 가나안 땅은 항상 살아계신 하나님과 교통이 있어야 하는 곳이다.

③ 세 가지 시험받는 아브람

아브람은 가나안 땅에 들어와 3가지 시험을 당한다. 우리는 이 시험을 이겨야 할 것이며 이런 시험을 이길 때 하나님의 능력, 교제는 계속 유지되는 것이다.

- 기근으로 인한 시험(12:10-20)

하나님께서는 가나안 땅 세겜에 들어온 아브람에게 이렇게 말씀하셨다. '내가 이 땅을 네 자손에게 주리라'(7절). 그러나 아브람은 벧엘을 지나 직접 남방으로 옮겨갔다. 이것이 원인이 되어 '기근'을 만났고, 급기야 아브람은 아내를 보호하기 위해 거짓말을 했고 애굽인에게 책망까지 들을 수밖에 없는 수치를 당했다.

- 땅 분배로 인한 롯의 시험(13:5-18)

두 번째 시험은 아브람의 가축의 목자와 롯의 가축의 목자 사이에서 일어난 다툼이다. 여기서 아브람은 조카 롯에게 '네 앞에 온 땅이 있지 아니 하냐 나를 떠나라 네가 좌하면 나는 우하고 네가 우하면 나는 좌하리라'(9절) 라는 훌륭한 양보를 했다.

이런 아브람의 결정은 놀라운 축복으로 거두어 지는 결과를 볼 수 있다(14-17절).

- 롯을 구하기 위한 연합군과의 싸움 시험(14:1-24).

11절-12절에 싸움의 원인이 나온다. '네 왕이 소돔과 고모라의 모든 재물과 양식을 빼앗아 가고 소돔에 거하는 아브람의 조카 롯도 사로잡고 그 재물까지 노략하여 갔더라' 이것이 세 번째 아브람에게 닥친 시험이다.

아브람은 집에서 기른 연습한 자 318명을 끌고 가서 승리하고 돌아왔다. 그 후 소돔왕의 호의를 물리치고 깨끗이 빈손으로 돌아왔다. 그런데 아브람은 살렘왕 멜기세덱에게 축복도 받고 십분의 일도 주고 온 것이다(18-20).

2) 언약의 체결과 증거(15:1-17:27)

아브람은 메소보다미아의 4개 연합군을 물리치고 롯을 비롯한 사해 연안 국가들을 구출했으나 언제 어떻게 재침략 공격이 올지 모르는 가능성으로 승리의 기쁨보다는 오히려 보복의 두려움이 컸었다.

이런 상황에서 하나님이 아브람에게 나타나 '두려워 말라 나는 너의 방패요 너의 지극히 큰 상급 이니라'고 위로의 말씀을 하신다.

이런 상황에서 하나님이 아브람에게 나타나 '두려워 말라 나는 너의 방패요 너의 지극히 큰 상급 이니라'고 위로의 말씀을 하신다. 그러면서 아브라함(The Abrahamic Covenant) 즉 후사의 언약(15:1-6), 기업의 언약(15:7-21) 및 이스마엘의 출생(16:1-16)이 나온다.

① **후사의 언약**(15:1-6)

아브람은 하나님께 이렇게 묻는다. '여호와여 무엇을 내게 주시려고 합니까 나는 주께서 씨를 아니 주셨으니 우리 집에서 기르는 엘리에셀을 후계자로 지목할 것입니다'

그러나 하나님의 대답은 달랐다. '그 사람은 너의 후사가 아니라 네 몸에서 날 자가 네 후사가 되리라'고 하시면서 아브람을 끌고 밖으로 나가 말씀하시기를 '하늘을 우러러 별을 셀 수 있나 보라 또 그에게 이르시되 네 자손이 이와 같으리라'고 하신 것이다.

아브람은 이런 여호와의 말씀을 믿었다. 그리고 하나님께서는 아브람의 이런 믿음을 의로 여기셨다고 했다. 아브라함은 믿음의 사람이다. 그래서 창 12:1절에서도 '네가 지시할 땅으로 가라'라고 했을 때 그 길이 어디로 가는지를 몰랐지만 떠났고, 여기 본문에서도 '네 몸에서 날 자가 네 후사가 된다'고 했을 때 그것을 그대로 믿었다.

이런 아브라함의 믿음을 보시고 그 믿음을 의로 여기셨다(히 11:8) 그래서 히브리서 기자는 '믿음이 없이는 기쁘시게 못하나니 하나님께 나아가는 자는 그가 계신 것과 또한 그가 자기를 찾는 자들에게 상주시는 이심을 믿어야 할지니라(히 11:6)고 했다.

② **기업의 체결**(7-21)

또 하나님께서 아브람에게 '이 땅을 네게 주어 업을 삼게 하려고 너를 갈대아 우르에서 이끌어 냈다'고 말씀하신다.

아브람은 이렇게 반문했다. '내가 이것을 어떻게 압니까'

이때 여호와께서 하나의 일을 보여 주셨다.

그 내용이 9-21절까지의 내용이다.

- 3년 된 암소, 3년 된 암 염소, 3년 된 수양, 산비둘기, 집비둘기 새끼,
- 중간을 쪼개고 그 쪼갠 것을 마주 대하여 놓고
- 해가 져서 어둘 때 풀무가 보이며 타는 횃불이 쪼갠 고기 사이로 지나간다.
- 여호와께서 아브람과 '언약을 체결 한다'.

* 이방(애굽)의 객이 되어 400년을 괴롭게 한다(13절).
* 큰 재물을 끌고 나온다(14절).
* 평안히 조상에게로 돌아간다(15절).
* 4대만에 이 땅으로 돌아온다(16절).

이것은 영적으로 **십자가**를 의미한다.

바울도 아브라함의 믿음을 정의 할 때 '아브라함의 믿음은 행위도 아니고 할례도 아니고 율법도 아니라 십자가와 부활이라고 정의하고 있다(롬 4:1-25).

③ 이스마엘을 낳은 하갈(16:1-16)

아브람은 끊임없는 하나님의 약속을 믿어야 했다. 그러나 성급한 아브람은 사래의 권면대로 애굽의 여자 즉 사래의 여종 하갈과 동침한다.

이때부터 사래와 아브람에게는 근심과 걱정이 생겼고 하갈을 쫓아내는 지경에 이른다. 아브람은 하나님의 약속을 가다려야 했다. 이와 같이 어리석은 인간의 생각과 의지대로 행하는 것은 모두에게 불행한 결과를 가져온다는 것을 교훈해 준다. 우리들은 인간의 능력과 지혜를 믿을 것이 아니라 역사의 주관자이신 하나님을 의지하고 그의 뜻을 기다려야 한다.

한편 하나님께서는 잘못된 인간의 의지의 결과인 이스마엘에게도 자손의 축복을 해 주셨다. 이것은 악인과 의인에게도 동일한 햇빛으로 축복하시는(마 5:45) 하나님의 사랑을 보여주고 있는 것이다.

④ 아브람의 개명과 할례 식(17:1-27)

하나님께서는 아브람에게 두 가지 일을 해 주셨다. 첫째는 아브람의 이름을 아브라함으로 바꾸신 일이고, 둘째는 할례의시행이였다.

여기서 이름을 바꾼 것은 단지 호칭의 변경이 아니라 개인의 성품과 전 인생의 의미를 규정하는 것이다. 따라서 하나님께서는 아브람의 이름을 아브라함(열국의 아비)으로 고치게 하신 것은 아브라함에게 처음 부르실 때 주신 약속

을 확증함과 동시에 그를 통해 이루실 구원의 대 사역을 역사 속에서 시작하심을 선언한 것이다. 그러므로 아브람의 개명은 그의 개인적인 삶의 전환점을 넘어 타락한 인류에게 새로운 소망을 갖게 하는 대 사건이었다.

할례는 고대 근동의 다른 지역에서도 시행되었으나 아브라함에게 있어서는 특별한 의미를 지니고 있다. 이것은 구원받은 자로서의 거듭남을 상징하는 것이다.

하나님의 백성으로서의 확증의 표인 것이다. 그런데 신약에서는 더 깊은 의미가 있다. 골 2:11절을 보면 '또 그 안에서 너희가 손으로 하지 아니한 할례를 받았으니 곧 육적 몸을 벗는 것이요 그리스도의 할례니라'고 했고, 빌 3:3절을 보면 '하나님이 성령으로 봉사하며 그리스도 예수로 사랑하고 육체를 신뢰하지 아니하는 우리가 곧 할례당이라고 했다.

이 두 구절은 할례가 무엇인가를 말해주고 있다. 즉 할례는 육체를 제하는 것이다. 육체가 처리되지 않고는 결코 하나님의 언약에 참여할 수 없다. 육체가 처리되지 않고는 하나님의 백성이 될 수 없다.

그래서 하나님께서는 아브라함에게 이렇게 말씀하고 계시는 것인데 '아브라함아 너는 14년 전에 육체를 따라 이스마엘을 낳았지. 그러나 그 아이는 내가 말하는 아이가 아니다. 이제 99세가 되었지. 너는 육체로는 낳을 수 없지, 그런데 이삭을 낳을 것이다. 그래서 육체는 죽었지만 언약의 아이는 태어날 것이다. 이것이 하나님의 말씀이다. 우리는 육체가 처리되는 할례를 받아야 한다.

3) 언약에 대한 믿음의 시험(18:1-20:18)

오정쯤 장막 문에 앉아있는 아브라함에게 천사 세분이 찾아왔다. 그 세 분 중 한 사람은 하나님이시다. 아브라함은 기쁜 마음으로 영접하고 음식을 만들어 대접했다.

① 후손의 약속에 대한 시험(18:1-15)

하나님의 약속을 믿지 못하는 사라를 하나님께서는 부드럽게 꾸짖으셨다. 그리고 하나님의 약속을 또 한 번 반복 하신다.

이제 의심이 믿음에 의해 극복되고 하나님의 말씀이 더욱 분명하게 들려왔다. '여호와께 능치 못할 일이 있겠느냐' 우리는 이 말씀에서 사라에게 믿음을 주시는 하나님의 자비하심을 눈으로 보게 된다.

② 소돔에 대한 경고와 의인의 간구(18:16-33)

하나님의 두 명의 사자는 소돔을 향해 갔다. 하나님께서는 아브라함에게 말씀하신 그 일을 이루기 위하여(19절 하반) 소돔성의 심판에 대한 비밀을 아브라함에게 알려 주려고 하신다.

첫째 : 언약(12:1-3, 15: 전체) 을 재확인 하므로 아브라함과 그 자손들을 통해서 이 땅의 온전한 역사를 펼쳐갈 것임을 확신 시켜주기 위해서이다(18절).

둘째 : 여호와의 도 즉 여호와의 신앙을 경주해 나가는 것이야 말로 진정한 축복과 참된 번영에 이르는 첩경임을 믿음의 가문에게 확신시켜 주기 위해서이다(19절).

셋째 : 여호와의 거룩한 의지를 실현하는데 필수적으로 악인들은 제거되어야 함을 알리기 위해서이다(20절).

아브라함은 '의인을 악인과 함께 멸할 수 없다'고 생각해서 하나님께 매달려 기도했다. 그러나 이 성안에는 의인 열 명 조차 없었다.

③ 소돔과 고모라의 멸망(19:1-33)

색욕을 일으켜 남자를 상대하여 관계를 하겠다는 소돔 사람들을 진정시키기 위해 롯은 자기의 딸들까지 내어 주겠다고 제의한다. 특히 이들뿐만 아니라 롯의 사위까지도 '하나님의 말씀을 농담'으로 들었다. 농담이란 '희롱하다' 혹은 '우습게 여기다'라는 말이다(19:24).

그러나 하나님께서는 '롯과 그의 아내와 두 딸'만은 구원하기로 결정하시고 '소알' 땅으로 가라고 했다. 그 후 하늘에서 '유황과 불'을 비같이 내려 소돔과 고모라는 완전히 멸망됐다. 롯의 처는 뒤에 놓고 온 재물 까닭에 뒤를 돌아본 연고로 '소금기둥'이 되었고, 주님께서는 세상을 사랑하는 자는 천국 백성으로 합당치 못하다는 비유를 들어 '소금기둥' 이야기를 하신다(눅 17:31-32)

그 후 롯의 두 딸은 롯 가문의 수치를 범했는데 만약 이들이 진정한 후사를 가지고 싶었다면 하나님께 간구했어야 했는데 그렇지 못했다. 그 이유는 그들은 죄악의 도성 소돔에서 듣고 보고 성장했기 때문에 이런 타락한 행동을 낳았고, 또한 재물에 연연한 어머니(26절), 술에 만취하는 아버지(33-34절)로부터 올바른 신앙 교육을 받지 못했을 것이다.

우리는 '악은 모든 모양이라도 버려야 한다'(살전 5:22)

이렇게 해서 두 딸이 아들을 낳는데 큰 딸이 낳은 아들은 모압이고, 둘째 딸이 낳은 아들은 암몬이다.

④ **아브라함의 그랄 우거**(20:1-18)

여기 20장의 내용은 지난 24년 전 애굽의 바로 왕을 속인 것과 비슷한 내용이다(창 12:10-16). 아브라함은 20년이나 정착하여 살던 헤브론의 마므레 땅을 떠나 남방 그랄 땅으로 이주했다. 아브라함은 자기의 생명을 보존키 위해 아내 사라를 누이라고 속임으로 사라가 그랄 왕 아비멜렉의 첩이 될 뻔했다. 그러나 하나님께서는 사라의 순결을 보존키 위해 적극 개입하셔서 아비멜렉의 손에서 사라를 지켜 주셨다. 실로 하나님께서는 인간과 맺은 언약을 신실하게 이행해 주신다.

본문에 보면 그랄 왕 아비멜렉이 아브라함을 책망하는 장면(8-10절)과, 또 아브라함이 변명하는 장면(11-13절), 그리고 아비멜렉의 후한 선물과 호의와 아브라함의 중보기도로 말미암아(14-18절) 모든 사건이 정리된다.

결국 하나님께서는 자기 꾀에 빠져 아내를 빼앗길 뻔한 아브라함을 건져서 그를 중보기도자로 삼으시므로 아브라함의 위신을 세워 주시는 모습을 볼 수 있다.

4) 언약의 성취(21:1-24:67)

후사에 대하여 '주의 언약'은 사라로 하여금 불신과 의심의 웃음을 자아냈다(창 18:12-15).그러나 지금 사라의 아들이 태어났다. 그리고 그 이름을 이삭(웃음)이라고 한 것이다. 아브라함과 사라는 진정한 환희와 기쁨의 웃음을 웃었고, 나아가 장차 언약을 좇아 이 땅에 오실 메시아를 대망하는 소망과 예언의 웃음을 웃을 수가 있었다.

① **하갈과 이스마엘의 축출**(21:1-21)

이삭이 젖을 떼는 날에 아브라함은 하갈과 이스마엘을 그의 집에서 쫓아냈다. 그러나 이들도 하나님의 보호를 받는다. 한편 이 사건을 통하여 바울 사도는 하나님의 구속사적 계시를 갈라디아서 4:22-31절에서 이렇게 설명하고 있다.

성 경	하 갈	사 라
22, 31절	계집종	자유 하는 여자
23절	육체	약속
24절	지상의 예루살렘	천상의 예루살렘
| 28절	시내 산 종의 자녀	약속의 자녀
29절	육체를 따라 난 자	성령을 따라 난 자
30절	계집종과 그 아들	자유 하는 여자와 그 아들

② 아브라함과 아비멜렉의 계약(21:22-34)

아브라함은 아비멜렉이 서로 동맹을 맺자는 불가침 조약을 받아 들였다. 실로 하나님의 도움과 보호의 손길로 이제 아브라함의 길이 환해지고 있는 것이다.

③ 아브라함의 시험(22:1-19)

하나님께서 아브라함을 시험하기 위하여 인간적으로는 이해하기도 어렵고, 감당하기도 어려운 문제를 놓고 아브라함을 부르셨다.

가) '네 아들' '네 사랑하는 독자' '이삭'을 모리아 산에서 번제로 드리라는 말씀이었다. 이 시험(test)은 그 어느 누구도 인간으로서는 이기기가 어려운 문제였던 것이다. 그러나 아브라함은 하나님의 명령이 떨어지자 '왜 하나님 이러십니까?' 혹은 좀 생각해 봅시다' 등의 구차한 답변을 하지 않고 날이 밝자 하나님의 명령에 즉시 실천에 옮겼다.

나) 그리고 모리아 산까지의 3일 길(약 70km)을 불평 없이 갔다. 하나님의 명령이 떨어진 4일째 되던 날은 유월절 희생양이 4일 동안 정결한 상태에서 예배 되어야 하는 것을 상기 시켜 주는 것이다(출 12:1-6). 그리고 이삭이 자신을 불사를 나무를 짊어지고 모리아 산으로 올라가는 장면은 흡사 십자가를 짊어지고 골고다 언덕까지 묵묵히 걸어가신 주님의 순종의 길을 연상시키는 장면이다.

다) 한편 '번제할 어린 양은 어디에 있나이까'라는 아들의 질문이나, 8절의 '하나님이 자기를 위하여 친히 준비하시니라'라는 아버지의 대답은 오늘날 형식적인 예배자들을 향한 도전적 질문과 대답이다.

라) 그리고 9-10절에서 긴박한 상황에서도 침착하게 이삭을 제물로 드리기

위해 칼을 뽑아 든 아브라함의 모습에서 순종하는 신앙인의 모습을 읽을 수 있으며(히 11:17), 노쇠한 부친의 결박에 반항하지 않고 순응하는 이삭의 모습은 참된 헌신과 충성이 얼마나 갸륵한가를 보여 주며 나가서 하나님 아버지의 뜻에 묵묵히 순종하고 십자가를 진 주님의 모습을 연상케 한다(사 53:7).

마) 아브라함은 그의 변함없는 순종에서 그의 신앙과 믿음을 하나님께 보여 드렸다(12절) 그리고 하나님의 배려로 대신 한 수양을 아들 대신에 드릴 수가 있었다(13절) 그래서 아브라함은 이 땅의 이름을 '여호와 이레'라고 부른 것이다.

바) 15-18절은 아브라함이 하나님의 시험을 통과하여 받는 축복을 보여 주고 있는데 '네 씨로 크게 번성하여 하늘에 별과 바닷가의 모래같이 성할 것을 보여준다(창 12:2-3, 13:14-17, 15:1-5, 17:1-21, 18:18)

④ **나홀의 후손들**(22:20-24)

이 부분은 나홀과 그 후손들의 족보가 나온다. 왜 나홀의 족보가 나오는가 하면 이삭이 취한 '리브가'가 나홀(아브라함의 형제)의 후손이라는 것을 보여주기 위해서 기록한 것이다.

⑤ **아브라함이 막벨라 굴을 사서 사라를 장사지냄**(23:1-20)

사라는 아브라함보다 38년 먼저 세상을 떠났다. 아브라함은 헷족속 에브론의 밭을 은 사백 세겔에 사서 장사 지냈다. 이 장지는 마므레(헤브론)에 있는 막벨라밭이다.

⑥ **이삭의 결혼**(24:1-67)

아브라함은 자기 집의 늙은 종에게 이삭의 결혼을 위하여 자부를 구하여 올 것을 부탁한다. 그리고 아브라함은 환도뼈 맹세를 한다. 또한 세 가지를 당부한다.

첫째는 가나안 족속의 딸 중에서 아들을 위하여 아내를 택하지 말 것(3절)- 여호와 신앙의 순수성을 보존 .

둘째는 아브라함의 고향의 친척 족속에게 가서 취할 것 - 순수한 혈통을 보존키 위하여(4절).

셋째는 만약 여자가 가나안 땅으로 시집오고자 아니할지라도 이삭을 본토 땅으로 데려가지 말 것(7절) 그래서 늙은 종은 리브가를 만나 데리고 온다.

5) 아브라함의 후손과 죽음(25:1-18)

아브라함의 혈통을 타고 났지만 언약에서 제외된 그두라의 후손(1-6)들과 이스마엘의 후손들(12-18)이 나오며 그 중간에 아브라함의 죽음과 장사(7-8)가 간략하게 나온다.

① 아브라함의 후처와 자손들(1-6)

아브라함의 후처 그두라 사이에서 태어난 자녀들은 아들들이 여섯 명이고, 손자들이 일곱 명이고, 증손자들이 세 명이었다. 이들은 후일에 아람 각 족속들의 선조가 된 것이다. 그리고 이들에게도 재물을 나누어 주어 이삭을 떠나 동방 즉 동국(지금의 아라비아 일대)으로 옮겨 살도록 한 것으로 적자 이삭과 마찰할 것을 염려하여 구별한 것이다.

② 아브라함의 죽음(7-11)

아브라함은 '수가 높고'(백발의 노인) '나이 많아(만족했다) 죽었다는 것이다. 그런데 이 말은 '의의 면류관(잠 16:31)을 쓰고 '만족하게' 생을 마쳤다는 것이다. 아브라함의 장례식에는 이삭과 이스마엘이 참석하여 장례를 치르었다. 그리고 아브라함이 죽은 후에 하나님께서 이삭에게 복을 주셨다고 했다(11절).

③ 이스마엘의 아들들(12-18)

하나님께서는 일찍이 하갈의 소생 이스마엘을 낳고 크게 번성할 것을 약속해 주셨는데(17:20) 그 약속이 신실히 성취되어졌다.

이 이스마엘의 후예들은 항상 선민 이스라엘 즉 이삭의 후예들과 밀접히 관계되어 선민 이삭의 후예들을 괴롭혔다. 그리고 그들의 거처는 동으로 하윌라(현재의 예멘 북부지방)에서부터 서로는 애굽에 가까운 술 광야(16:7)에 이르기까지 넓은 아라비아 사막지역에 흩어져 살았다.

2. 순종의 사람 이삭(25:19-26:35)

성경을 구속사적으로 보아야 한다는 말은 하나님의 주권과 역사가 타락한 인간을 구원하기 위해 그 기쁨과 주권에 따라 움직이며 진행되고 있음을 인정해야 한다는 것이다. 아브라함을 선택하신 하나님은 두 번째로 이삭도 선택하신다. 이 이삭은 아브라함의 아들로서 아브라함이 노력하고 준비한 것을 그저 얻기만 하면 되는 것이다. 그리고 이삭은 하나님의 아들 예수 그리스도를 상징케 하는 인물이다.

1) 이삭의 후예 야곱과 에서(19-34)

① 이삭의 기도(19-21)

사십 세에 결혼한 이삭은 60세가 되어 아들을 낳게 된다. 이런 과정에서 '여호와께 간구하매'(21절)라는 문구를 볼 때 얼마나 간절하게 기도했는가를 알 수 있다.

② 두 국민 두 민족의 격투(22-26절)

매사에 하나님께 물어 보고 행동하는 리브가는 22절에서 '태속에서 서로 싸우니 내가 어찌 할꼬'라고 여호와께 물었더니 하나님께서는 곧 이루어질 예언적인 답을 해 주셨다.

'네 태중에 두 국민이 그리고 두 족속이 있다.' 그리고 '이들은 네 복중에서부터 나누일 것이다' 그리고 이 족속이 저 족속보다 강하겠고 큰 자는 어린 자를 섬기리라' 하였다. 사도 바울은 '하나님의 주권적인 선택'교리를 로마서 9:10-24절에서 응용하고 있다. 실제로 에서의 후손 국가인 에돔은 야곱의 후손 국가인 이스라엘을 항상 괴롭혔다.

③ 장자권의 명분을 소홀히 생각한 에서(27-34)

장자권의 명분을 소홀히 여긴 에서의 생각은 이들이 어머니 태중에 있을 때의 하나님의 예언을 명중시킨다.

팥죽 한 그릇에 장자의 특권을 팔아버린 에서의 행동은 그 어떤 이유에서도 변명될 수 없다. 후대에 가면 갈수록 에서와 야곱의 후손들은 그칠 줄 모르는 적대감의 갈등이 빗발치게 일어난다. 그리고 이러한 적대감은 야곱의 후손인 예수를 에서의 후손인 헤롯왕이 필사적으로 잡아 죽이려고 한데서 그 절정을 이룬다(마 2:16). 그리고 히브리서 기자는 히 12:16절에서 이렇게 말하고 있다. '음행하는 자와 혹 한 그릇 식물을 위하여 장자의 명분을 판 에서와 같이 망령된 자가 있을까 두려워하라'

2) 흉년 까닭에 그랄로 내려가다(26:1-11)

이삭은 아버지 아브라함 때와 같이 흉년을 만나 자기가 거하던 '브엘라해로이'(25:11)를 떠나 블레셋 족속의 땅 '그랄로 이주했다. 그리고 이곳을 지나 애굽으로 갈 심산이었다. 그러나 하나님께서 나타나셔서 아버지 아브라함에게 약속하신 것을 말씀하시면서 가나안 땅의 상속자는 이삭이라는 것을 재약속하신다.

① 그의 아버지가 당했던 유혹(1-5)

아버지 아브라함은 창 12:10절 이하를 보면 그 땅에 기근이 들었다는 이유로 애굽으로 피난했다. 그리고 아내 사라를 누이동생으로 속이는 추태를 범한다. 물론 하나님께서 그 위험에서 건져 주셨지만 이것은 믿음의 사람이 못할 짓을 한 것이다(12:13, 20:2).

아들 이삭도 아버지와 똑같은 일을 답습했다. 오늘을 살아가는 성도들은 어떠한가? 우리는 일어선 자는 넘어질까 조심하라고 하신 말씀을 기억하면서(고전 10:12) 항상 경건한 생활에 힘써야 할 것이다.

이삭은 여기서 육신적인 물질의 축복은 받았으나(12-14) 영적으로는 축복을 받지 못했다. 이곳을 떠나야 영적인 축복을 받는 것이다(23-25).

② 그는 아버지와 똑같은 죄를 반복했다.(6-11)

창 12:10-20절과 20:1-5절은 아버지 아브라함의 부끄러운 행동을 보여주는데 이곳도 아버지와 비슷한 부끄러움이 나타난다. 우리들은 이와 같은 죄들을 반복하지 않았는지 생각해 보고 고쳐야 할 것이다.

3) 아버지가 팠던 우물을 다시 판 아들(12-33)

그랄에서 번성하고 창대해 감으로(13절) 원주민들이 이를 시기하여 이삭이 판 우물을 매입하고 탈취한다. 그러나 이삭은 악을 악으로 대항하지 않고 온유한 마음으로 거주지를 옮겨가며 계속 새로운 우물을 팠다.

에섹(억압하다. 강탈하다. 다툼), 싯나(원수, 대적, 사탄), 르호봇(넓은 공간)이란 우물을 계속 팠다. 급기야 이삭은 참고 견디므로 승리했다(14-22절).

하나님께서는 이와 같은 이삭을 축복하셨고(23-25), 결국 이삭을 핍박하던 블레셋 사람들이 스스로 이삭을 찾아와 화친 동맹을 제의하고 이삭과 동맹을 맺는다

(26-33).이삭은 이들을 위하여 잔치를 배설하고 그들을 평안히 보냈다. 그 후 이곳의 우물을 세바(맹세)라 하였고, 이곳도 아버지 아브라함이 판 우물이다(창 21:31). 이삭은 이 우물을 브엘세바(맹세의 우물)라 하였다.

4) 에서의 결혼(34-35)

에서는 40세에 결혼했는데 두 가지 잘못을 하여 아버지와 어머니를 근심케 했다. 첫째는 중혼이고, 그 다음은 이방인과의 결혼이다. 이것은 일부일처의 하나님의 원 뜻을 거슬린 것이고 신앙을 떠난 결혼이다.

3. 은혜의 사람 야곱(27:1-36:43)

야곱의 생애는 4단계로 나누어 생각해 볼 수 있다. 첫째는 속이는 자로서의 야곱(브엘세바에서), 둘째는 속고 속이는 생애(밧단아람에서), 셋째는 성자로서의 생애(헤브론에서), 넷째는 선견자로서의 생애(애굽에서)이다.

1) 브엘세바의 속이는 자로서의 야곱(27:1-18:22)

27장은 잘못된 인간의 얄팍한 몇 가지의 방법들을 소개한다.

① 이삭의 성급하고 인위적인 판단(27:1-4)

지금 이삭의 나이는 137세이다. 그런데 그는 180세까지 살았다(창 35:28). 물론 그의 육체는 약했고 눈이 잘 안 보였다. 그래서 그런지 에서에게 축복해 줄 것을 약속하고 사냥하여 별미를 만들어 올 것을 말한다.

그러나 이삭은 전에 리브가가 잉태했을 때의 일(창 25:23)을 잘 알고 있었을 것이다.

② 하나님의 약속을 의심하는 어머니(27:5-13)

리브가도 전에 아이들을 잉태했을 때 하나님께서 하신 말씀을 잘 알고 있었을 것이다. 그러나 얄팍한 생각으로 혹시 이삭이 에서에게 축복할 것을 염려하여 야곱을 시켜 선수를 쳐서 축복을 받게 했다. 리브가는 죄의 값으로 야곱을 밧단아람으로 떠나보낸 후 보지 못했고, 에서의 고의적 행동으로 고통을 많이 받았을 것이다.

③ 속이는 야곱의 행위(27:14-29)

야곱은 자기의 생애가 하나님의 약속대로 될 것을 잘 알고 있었을 것이다. 그러나 그는 어머니와 합작하여 아버지와 형을 속였다. 27:19절을 보면 세 번 즉" 나는 에서입니다" "내가 하였사오니" "내 사냥 고기를 잡수시고" 라고 했고, 27절에서의 '입맞춤'도 속임수였다.

야곱은 이 대가를 받는다. 아내를 맞이할 때 대가를 받고(29:26-27), 또 라반에게서 열 번이나(31:41) 속았다.

그리고 야곱의 아들들이 염소를 죽이고(37:31) 그 피를 요셉의 옷에 묻혀 아버지를 속인다.

④ 절망하나 회개할 줄 모르는 형에서(27:30-46)

에서는 눈물로 장자의 축복을 호소했다(히 12:17). 그러나 자기 죄를 진실로 회개하는 행동이 없었다. 오히려 자기 아내들과의 문제로 고의적으로 부모의 마음을 상하게 한 것이다. 에서는 하나님의 은혜를 얻는데 실패하고 말았다.

⑤ **야곱의 도피와 에서의 세 번째 결혼**(28:1-9)

이삭은 야곱에게 재차 축복하고 외삼촌 라반의 딸들과 결혼하라고 당부한다. 이어서 아브라함에게 허락하신 복이 야곱에게 그리고 야곱의 자손에게 줄 것을 원한다고 했다. 그러나 에서는 가나안 족속과 세 번째 결혼으로 부모들의 근심거리를 더 만들어 준다.

⑥ **벧엘의 꿈과 하나님의 약속**(28:10-22)

야곱은 브엘세바에서 벧엘까지 여행했다. 아마도 3일 정도 갔을 것이다(약 70마일, 112.6km). 흰 돌을 취하여 베개 하여 거기 누워 잤다. 꿈에서 한 환상을 본 것이다.

한 사닥다리가 땅에서 하늘까지 닿았는데 하나님의 사자가 그 위에서 오르락 내리락 하고 있었다.

✓ 이 환상은 요한복음 1:43-51절로 설명이 될 수 있다.

- 땅에서 하늘까지 닿는 사닥다리는 그리스도이시다.
- 야곱은 잃어버린 영혼을 말한다.(유대인)
- 요한복음의 나다나엘은 진실한 성도이다.
- 야곱은 자기가 외롭고 황량한 들판에 있다고 생각했으나 잠을 깨고 보니 천국문에 있음을 알 수 있다.

✓ 그리고 주님의 음성이 들려왔다.

- 너 누운 땅을 네가 너와 네 자손에게 주리라. 이것은 아브라함(13:14)에게, 또 이삭(26:1-5)에게 주셨던 말씀이다.
- 자손의 번성이다. 이 말씀도 이미 약속하신 것이다(13:16, 22:17)
- 네가 어디를 가든지 너를 지켜 주신다. 끝까지 지켜 주신다(빌 1:6, 롬 8:28-29).

✓ 야곱은 잠을 깨어 하나님 앞에 서약을 한다.

- 이곳은 하나님의 집이다.
- 하나님은 나의 하나님이 될 것이다.
- 십분의 일을 바치겠다.

2) 속고 속이는 자로서의 생애(29:1-32:21)

① 라반의 만남과 결혼(29:1-30)

야곱은 벧엘 언약(28:13-15)에서 계시된 대로 야곱과 함께 동행하시는 하나님의 인도하심을 본다. 야곱도 장차 아내가 될 라헬과 상봉하는 것은 옛날 아브라함의 명령대로 이삭의 신부 감을 구하기 위하여 이곳으로 온 아브라함의 노종의 경험을 연상시킨다(24:10-32)

그리고 야곱은 라헬과 결혼하기 위하여 외삼촌 라반에게 속아가면서까지 무려 14년을 일했다. 그리하여 얻은 아내 즉 레아와 그의 여종 실바와 둘째 딸 라헬과 그의 여종 빌하를 아내로 얻는다.

그런데 야곱은 25절에서 '외삼촌이 나를 속이심을 어찜이니이까'라는 말을 한다. 이 말은 속았다는 말이다.

② 야곱의 자녀들(29:31-30:24)

하나님께서는 공의로우시다. 그러므로 남편의 사랑을 받지 못하는 레아에게는 불쌍히 여겨 은총을 베풀어 주셨고, 야곱의 사랑을 받는 라헬에게는 오래 동안 무자하다 말년에 두 아들을 얻게 하신다.

여기 31절의 '총이 없음'이란 문자적으로는 '미움 받다'라는 말인데 이 뜻은 레아가 라헬에 비해 상대적으로 야곱의 사랑을 적게 받았다는 말이다. 좌우간 야곱의 열두 자녀는 이스라엘의 열두 지파를 형성하며 이것으로 이스라엘의 기원과 번성이 된 것이다.

③ 야곱과 라반의 계약에 나타난 하나님의 축복(30:25-31:16)

야곱은 14년 동안 라반을 위해 봉사했다. 이제 야곱은 자신의 소유와 고향으로 돌아가고자 외삼촌 라반에게 자기의 의지를 피력한다. 그러나 라반은 여호와의 이름을 사용하면서 자기의 나쁜 생각을 그럴싸하게 말하면서 야곱을 설득시킨다(27절).

결국 야곱은 품삯을 정한다. 한 마디로 순백인 양과 순흑의 염소는 라반의 것이고 아롱지고 점 있고 검은 자는 내 것이라는 것이다. 대개의 경우 동양의 양떼는 흰색이며, 염소는 갈색이거나 검은 색이다. 그러므로 라반이 볼 때 이 야곱의 청은 어리석고 미련해 보였다.

✷ 야곱의 자녀들

• 르우벤(보라 아들이라)(32절) • 시므온(들으심)(33절) • 레위(연합)(34절) • 유다(찬송함)(35절)	레아의 소생
• 단(판단하심)(30:6) • 납달리(경쟁함(30:8)	라헬의 시녀 빌하의 소생
• 갓(복됨)(30:11) • 아셀(기쁨, 만족)(30:13)	레아의 시녀 실바의 소생
• 잇사갈(값, 보상)(30:18) • 스불론(거함)(30:20)	레아의 소생
• 요셉(씻음, 더함)(30:24) • 베냐민(내 오른 손의 아들)(35:18)	라헬의 소생

✷ 이외 야곱은 딸을 두었는데 디나와 다른 딸들(46:7)이다.

야곱은 버드나무 살구나무 신풍나무의 푸른 가지를 취하여 그것들의 껍질을 벗겨서 흰 무늬를 내고 이것들을 교묘히 이용했다. 그러나 이 미신적인 방법일지라도 하나님께서는 이 방법을 이용하셔서 야곱에게 축복을 해 주신다. 야곱은 부자가 되었다(30:43-31:1).

라반은 31:7-8을 보아 야곱의 양떼가 늘어나는 것을 보아 계약 조건을 여러 차례 바꾸되 열 번이나 바꾸었다고 기록한다. 그런데 야곱은 자기가 거부가 된 것이 자기의 묘략이나 자기의 재주가 아니라 옛날 하나님께서 이렇게 해 주시겠다고(28:15-16) 약속하신 것이고 계속 하나님께서 지켜 주셨다는 것이다(31:3, 5, 9, 11, 16).

④ 야곱의 귀향과 라반의 추격(31:17-42)

야곱은 하란의 외삼촌 라반의 곁에 거한 지 20년(38, 41절)만에 라반 곁을 탈출하여 가나안 고향으로 향한다(17-20절). 그러나 사흘 후에 이 소식을 들은 라반이 뒤를 추격하여 7일 만에 야곱의 일행을 따라 잡았다(21-23절). 라반은 몰래 도망가는 야곱에게 '왜 몰래 도망하느냐'를 따지고 또 '가정을 지키는' 드라빔을 훔쳐 갔다고 말한다(26-30절). 이제 야곱은 자기의 결백성을 이야기하면서(31-37절) 내가 과거 20년 동안 라반의 집을 위해 헌신 봉사한 것과 자신이 받은 푸대접을 강력히 항변한다(38-42절). 우상 숭배자 라반과 꾀쟁이, 수단꾼, 타락한 야곱 사이에는 적절한 합의점이 없을 것이다.

그러나 다행히 야곱에게는 자기가 이제껏 살고 이제껏 지나온 것을 생각하면 하나님께서 자기를 감찰하고 인도하셨다고 하나님께 영광을 돌렸고, 그리고 이 하나님이 어제 밤에 외삼촌에게 나타나셔서 외삼촌을 책망하셨다고 했다.

⑤ 야곱과 라반의 언약(31:43-55)

'선악 간에 말하지 말라'(31:24)라고 외삼촌 라반은 간밤에 나타나셔서 말씀하신 하나님의 현몽과 야곱의 유창한 항변(36-42절)을 듣고 화친하기로 결정한다. 소위 '미스바 언약'(49절)이 그것이다.

이 언약의 증표는 길르앗 산지에다 세운 '돌기둥과 쌓아올린 돌무더기'(45-46절)였고, 언약의 내용은 '야곱은 라반의 딸들 외에 다른 여자를 아내로 더 취하지 말 것과 이 돌기둥과 돌무더기를 경계로 침범치 못한다'(50-52절)는 언약이다.

이런 상황 변화는 전적으로 배후에 하나님의 인도하심이 있었다는 것이다. 야곱은 하나님께 산에서 제사를 드리고 그 후 같이 식사를 하고 헤어진다.

⑥ 야곱의 불안한 마음과 에서에게 바치려고 준비한 예물(32:1-21)

- 야곱은 갈 길을 진행할 때 하나님의 사자(천사)들을 만난다. 그리고 나는

'하나님의 군대'라 한다. 그러므로 그곳은 마하나임이라고 했다.

- 야곱은 사자(종)들을 먼저 보내 에서의 형편을 살피도록 했다.
- 종들이 형 에서가 400명을 이끌고 주인에게 오고 있다는 소식을 전한다.
- 소식을 들은 야곱은 두렵고 답답하여 이제 전적으로 하나님을 의뢰하고 하나님께 매달린다(7-12절).
- 이제 야곱은 형에게 바칠 '예물'을 철저하고 계획적으로 준비한다.
- 그 당시 가축이 재산이었는데 모두 550 마리를 예물로 준비한다.
- 이것을 1차 2차 3차로 보낸다.
- 이것은 '야곱의 생각'이며 예물로 형의 감정을 푼 후 대면하면 형이 혹시 나를 받아 주시리라 믿었다.

⑦ **씨름꾼 야곱**(32:22-32)

야곱의 생각으로 짜인 예물과 순서는 불안한 야곱의 마음을 안정시킬 수가 없었다. 그리하여 야곱은 밤에 두 아내와 두 여종과 열한 아들을 인도하여 얍복 나루를 건네고, 모든 소유를 건넸다. 그리고 24절을 보니 야곱은 혼자 남았다. 그리고 씨름이 시작된 것이다.

- 결사적인 씨름

여기 그 사람이란 하나님이시다. 하나님께서 야곱을 이기지 못한다는 뜻은 '도움을 청하는 야곱의 필사적인 간구를 말해준다. 그리고 야곱의 환도 뼈를 쳤다는 것은 몸의 중심 부분으로서 힘과 생명을 상징하는 그곳을 쳤다는 것이다.

- 결사적인 요구

나를 가게 하라고 하니 야곱은 내게 축복하지 아니하면 가게 하지 아니 하겠다고 결사적으로 요구한다.

- 나는 '야곱'이니이다.

하나님께서는 야곱이란 이름을 몰라서 물어보신 것은 아니다. 이는 야곱에게 너는 속이는 자, 빼앗는 자, 사기꾼이라는 극히 인간적인 요소를 드러내고자 물어 보신 것이다. 이것을 상기시키신 후에 네 이름을 다시는 야곱이라 부르지 말고, 이스라엘이라 하라고 하셨다. 이 이스라엘이란 '하나님과 겨루어 이긴 자'란 개념이 있다. 하나님께서는 야곱에게 축복해 주었다. 야곱은 이 축복을 받고 그곳을 '브니엘(하나님의 얼굴)'이라고 했다.

3) 야곱과 에서의 다시 만남(33:1-20)

① **야곱이 형 에서를 만나게 된 원인**(1-17)

야곱이 철저하게 하나님을 붙잡았을 때 야곱은 형을 만날 수 있었다. 결국 야곱과 에서의 화해는 야곱이 생사의 기로에서 철저한 눈물의 기도를 통해(32:24-29) 이루어 진 것이다. 그러므로 우리는 먼저 나와 하나님과의 관계가 바로 정립되어야 함을 알아야 한다. 그리고 야곱은 에서와 헤어진 후 세겜으로 옮겨 그곳에서 오래 동안 정착한다.

② **'세겜'이란 의미**(18-20)

세겜은 아브라함이 하나님의 소명을 받고 가나안에 왔을 때 처음으로 단을 쌓고 예배를 드렸던 곳이다(창 12:6-7).이 세겜의 뜻은 '능력'이란 뜻이 있다. 우리는 하나님을 철저하게 만날 때 '능력'이 생기는 것이다. 야곱은 제단을 쌓고 예배를 드린 후 이곳을 '엘 엘로헤 이스라엘'이라 칭했다. 이 뜻은 '전능자' 즉 '이스라엘의 전능자'란 뜻이다.

4) 디나의 수욕과 세겜 족의 할례(34:1-31)

우리들의 신앙의 길은 완성자나 완벽이란 말이 있을 수 없다. 야곱은 옛날 밧단아람에서 브니엘까지 와서 하나님을 만났고, 그 후 '능력'의 원천인 세겜에서 능력을 쌓았다. 그런데 여기에서 문제가 또 찾아온 것이다. 그것은 성을 구경하러 나간 딸 디나가 히위족속 세겜에게 욕을 당하는 사건이다.

이로 인하여 야곱의 아들들 즉 시므온과 레위가 성스러운 할례를 이용하여 세겜의 모든 족속들을 살해하는 끔찍한 사건이다. 이것은 오늘날에도 우리 성도들에게 거룩한 생활을 방해하려는 사단의 역사들이 도사리고 있음을 깨우쳐 주는 것이다.

① **야곱의 딸 디나의 수욕사건**(1-5)

야곱이 레아에게서 낳은 딸 디나(30:21)가 세겜 성읍의 히위족속 하몬의 아들 추장인 세겜이 디나를 강간한 것이다. 그리고 이 소녀와 결혼하겠다고 아버지 하몰에게 청했다.

그런데 이 사건 배후에는 사랑하시는 자를 채찍질하고 경계하시는 하나님의 깊은 뜻이 내포되어 있다(잠 3:11, 히 12:6).즉 야곱은 비록 밧단아람 시절과 얍복 강 씨름 사건을 거치는 동안 하나님을 '엘 에로해 이스라엘'(33:20)이라고 부를 만큼 성숙한 신앙인으로 성장했지만, 그럼에도 불구하고 야곱의 신앙은 하나님 보시기에 보잘것없는 것이었다. 왜냐하면 야곱은 하나님의 은총과 인도로 가나안 땅에 무사히 귀환하여 정착 하였음에도 불구하고 하란으로 도피 중 벧엘에서 하나님께 행한 서원(28:20-22)을 망각 또는 보류한 채 여전히 세겜 땅에 안주하면서 육신의 편의를 좇아 생활하고 있었기 때문이다.

따라서 하나님은 징계의 채찍을 드사 디나 수욕 사건을 통해 야곱을 깨우치고 그의 신앙이 더 높은 곳을 향하여 진일보하도록 독려하신 것이다.

② 세겜 아버지와 세겜의 청혼(6-12)

본문은 디나를 강간했던 세겜과 그 집안에서 간곡히 청혼한다. 그러나 들에서 일하고 돌아온 오빠들이 이 말을 듣고 심히 노했으나 이 수욕을 참고 견디며 복수의 그 때를 기다린다.

③ 세겜 족이 할례를 받는다(13-24)

야곱의 아들들이 혼인의 전제 조건으로 세겜 족에게 할례 받을 것을 요구한다. 그리고 세겜 족은 이 조건을 받아들인다. 이제 야곱의 아들들은 살인할 것을 결심한다.

하나님의 신성한 언약의 표징인 할례를 이용하여 살인을 한다는 것은 매우 잘못된 것이다. 그러므로 야곱 아들들의 속임수와 기만은 할례의식이란 신성한 종교의 허울을 뒤집어쓰고 살육의 범죄를 저지르고자 하는 더 나쁜 악행이요 만행이었다. 실로 하나님의 거룩한 증표는 오직 하나님의 뜻에 맞게 신성하고도 거룩하게 취급되어야 하는 것이다.

④ 야곱 아들들의 끔찍한 복수(25-31)

본문은 디나 수욕 사건에 대한 대가로 야곱의 아들들이 세겜 족속에게 철저하게 복수하는 장면이다. 즉 약속을 좇아(14-17절) 혼인의 조건으로 할례를 시행한 세겜족을 야곱의 아들들, 특히 레위와 시므온이 주동이 되어서 세게 성주민을 무참히 학살하고 재산을 노략한 후 동생 디나를 구해 온다. 이것은 매우 잘못된 복수이다. 따라서 두 형제는 후일 야곱의 저주를 받았음을 알 수 있다(49:5-7). 그래서 우리는 이 사건을 통하여 무익한 분노와 혈기가 낳은 비극적 결과가 무엇인지 배울 수 있다. 즉 그것은

첫째 : 가증스러운 거짓을 낳는다(13-17절).

둘째 : 불타는 증오와 피비린내 나는 살인을 낳는다(25-29절).

셋째 : 또 다른 무서운 보복의 위험성을 낳는다(30절).

그래서 신앙인은 이웃의 잘못에 대하여 무익한 분노를 가지며 혈기로 일을

처리하기보다는 먼저 하나님께 나아가 무릎 꿇는 절제의 지혜가 필요하다.

5) 우리도 벧엘 신앙을 잡아야 한다(35:1-29)

① 우리의 신앙을 잘 지키자(1-2).

야곱은 이미 브니엘의 체험(32:24-32)을 가졌었다. 그리고 형 에서를 만나 극적인 화해도 도출해 냈다(33:1-20). 또한 세겜(능력)에 장막을 치고 거기서 단을 쌓고 하나님을 높였다.

그런데 딸 디나가 욕을 당하고, 그리고 성스러운 할례예식을 사람 죽이는 도구로 사용하는 불경스러운 일이 벌어진 것이다(34:1-31)

우리는 이런 사건을 통해서 우리들의 신앙을 항상 돌아보면서 조심해야 한다. 하나님의 능력(세겜)이 있다고 자만하지 말고 우리의 신앙을 늘 점검하며 부족한 점을 찾아내야 한다.

② 벧엘로 가기 위한 마음가짐(3-8).

하나님께서는 야곱에게 이렇게 말씀하셨다. '너는 일어나 벧엘로 올라가라 그리고 네 형 에서의 낯을 피하여 도망하던 때에 네게 나타나셨던 하나님께 거기서 단을 쌓으라' 하나님의 말씀에 야곱은 즉시 실행에 옮겼다. 그런데 벧엘로 가기 위하여 세 가지를 해야 한다.

✓ 각자들이 소유한 각종 이방신을 버려야 한다.

✓ 몸과 마음을 정결케 하여야 한다.

✓ 의복을 바꾸어 입어야 한다.

이 세 가지 야곱의 명령은 벧엘(하나님의 집)에 가야 할 사람들이 마땅히 해야 할 일들이다. 하나님의 집에서 각종 이방신들을 섬길 수 없다. 또한 하나님의 집에서는 영적으로 도덕적으로 정결한 행동을 해야 한다.

③ 너는 '새롭게' 살아야 한다(9-15).

야곱은 벧엘에 도착했다. 그리고 단을 쌓고 그곳을 엘 벧엘(벧엘의 하나님)이라고 불렀다. 야곱은 이미 '이스라엘'이란 새 이름이 부여되었었다(32:28). 그런데 본 장의 10절에서 '이스라엘이 네 이름이 되리라'고 하신다. 이 말의 뜻은 '너는 영, 육간에 새롭고 변화된 언약 후사로서의 삶을 살 것을 권고하고 격려하기 위함'이었다.

④ 세 사람의 죽음(16-22).

본 장에서는 세 사람의 죽음이 나온다. 드보라(리브가의 유모)의 죽음(8절), 라헬(베냐민을 낳을 때)의 죽음(19절), 이삭의 죽음(29절)이다. 그러나 이 죽음들은 야곱이 하나님과 교제를 회복한 직후에 닥쳐왔기 때문에 모든 슬픔을 극복할 수 있었다

⑤ **르우벤의 패륜**(23-29)

르우벤의 패륜 행위, 이것은 용서치 못할 행위이다. 그러나 야곱은 이처럼 치욕스러운 일을 하나님께 모두 맡기고 침묵했다. 이러한 야곱의 자세는 벧엘의 서원 이행(6-7절) 이후보다 성숙한 신앙인의 모습을 보여준 것이다. 그러나 르우벤은 야곱의 임종 유언 때 자녀들의 축복을 보면 '장자 축복권을 박탈당했고(대상 5:1-2), 루우벤의 후손이 탁월치 못하게 되는 저주를 초래하게 되었다(창 49:4-5).

6) 에서의 계보(36:1-43)

야곱과 에서의 분리는 이미 예언된 일이다(25:23, 27:39-40).

그리고 세일 땅의 원주민 호리 족속이 나온다(20-30절). 그리고 에돔의 왕과 군수들도 나온다(31-43).

이 에돔 족속들은 항상 하나님의 백성들의 원수였음을 알 수 있다.

① **에돔의 조상 에서의 계보**(1-8)

야곱과 20년만에 상봉한 에서는 풍부한 소유와 많은 가축 떼로 인하여(7) 야곱과 같은 장소에서 거주하지 못하고 세 아내와 자녀들을 데리고 세일산지에 거주하게 된다(8). 이처럼 에서가 세일산지로 이주하게 된 표면적인 이유는 본문에 나타난 바와 같이 두 형제의 소유가 같은 장소에 거주할 수 없을 만큼 풍부했기 때문이었다.

그러나 에서가 세일산지로 이주하게 된 궁극적인 이유는 일찍이 이삭의 입을 통해 이미 계시된 하나님의 섭리 때문이었다.(27:39-40). 즉 이삭은 에서가 메마르고 황폐한 땅에서 전쟁과 약탈로 그 생계를 유지하게 될 것임을 예언했던 것이다. 그리고 야곱과 에서가 분리하게 된 또 하나의 이유는 리브가의 복중 예언 시 장차 두 민족이 있게 되리라는 하나님의 예언 때문이라 할 수 있다(25:23). 결국 이 예언대로 에서의 후손들은 후일 세일산지를 거점으로 에돔 민족을 형성하고 번영하였다.

한편 에서의 아내는 여러 명이었다.

본 절		창 26:34,28:9	
아내 이름	출 신	아내이름	출 신
아다	헷 족속 엘론의 딸	유딧	헷 족속 브에리의 딸
오홀리바마	히위족속 아나의 딸	바스맛	헷 족속 엘론의 딸
바스맛	이스마엘의 딸	마할랏	이스마엘의 딸

② 세일 산에 거주한 에서의 아내들과 후사들(9-14)

구분	인원	이 름
아 내	3	아다, 바스맛, 오홀리바마
아 들	5	엘리바스, 르우엘, 여우스, 얄람, 고라
손 자	11	데만, 오말, 스보, 고라, 가담, 그나스, 아말렉, 나핫, 세라, 삼마, 미사

③ 세일 땅의 원주민 호리족(20-30)

아들(7명)	손자(12명)
로 단	호리, 헤맘, 딤나(딸).
소 발	알완, 마나핫, 에발, 스보, 오남.
시브온	아야, 아나.
아 나	디손, 오홀리바마(딸).
디 손	헤단, 에스반, 이드란, 그란.
에 셀	빌한, 사아완, 아간.
디 산	우스, 아란.

④ 에돔의 왕과 군주들(31-43)

왕의 이름들	족장의 이름들
브올의 아들 벨라	딤나 족장
세라의 아들 요밥	알와 족장
데만 족속의 후삼	여뎃족장
미디안 족속을 친 하닷	오홀리바마 족장
마스레가의 삼라	엘라 족장
르호봇의 사울	비논 족장
악볼의 아들 바알하난	그나스 족장
바우여 도성의 하달	데만 족장
	밉살 족장
	막디엘 족장
	이람 족장

본문은 에돔왕국의 왕들과 군주들에 대한 기록이다. 즉 이 부분에는 세일당을 점령, 호리족속을 흡수 동화시켜 강력한 에돔 왕국을 건설한 에서의 후손들 가운데 왕된 자 8명(31-39)과 각 지방 군주된 자 11명(40-43)의 이름이 소개된다.

4. 의로운 사람 요셉(37:1-50:26)

우리가 생각해 보았던 12장으로부터 36장까지는 아브라함, 이삭, 야곱의 기사가 기록되어있고 이것들을 생각해 보았다. 그러나 본장부터 창세기의 마지막 장인 50장까지에서 우리들은 요셉에 관하여 생각해 볼 것이다.

이 요셉은 꿈의 사람 혹은 비젼의 사람이라고 한다. 그러나 더 깊이 들어가 요셉을 생각해 보면 이삭과 더불어 예수를 가장 깊이 닮은 사람으로서 의로운 사람 인 것을 쉽게 알 수 있다. 이제 그의 하나하나를 생각하면서 함께 은혜를 받으려고 한다.

요셉의 고난과 영광에는 이스라엘이 당하는 고난이 나오고 나중에 그들을 높이는 영광이 나온다. 그리고 개인적으로는 죄에 팔린 모든 영혼이 구원과 장차 받을 영광이 나오는 것을 알 수 있다. 그래서 성경을 구속사적으로 전개해 나가는 것은 우리들에게 큰 은혜가 되는 것이다.

1) 아버지의 사랑으로부터 애굽에 팔려가기까지(37:1-36)

① 요셉은 아버지의 사랑을 많이 받았다.

요셉은 야곱이 가장 사랑하던 라헬의 소생이다. 그러나 라헬은 베냐민을 낳자마자 죽었다(35:16-20).그래서 야곱은 더욱 요셉과 베냐민에게 다른 형제들보다 마음이 갔을 것이다.

② 요셉은 꿈을 꾸었다.

요셉의 꿈은 의미 있는 꿈, 비전이 있는 꿈 이였다. 이 요셉의 꿈은 탁월함을 예견케 하는 것을 훗날 애굽의 총리가 되고, 형제들이 찾아와 부복함으로 성취되었다(42:6, 43:26, 44:14).

③ 애굽으로 팔려간 요셉

아버지 야곱은 요셉을 형들이 양을 치는 곳으로 보냈다. 결국 요셉은 형들에 의해 애굽에 팔려간다. 형들은 은 20을 받고 요셉을 팔았던 것이다.

④ 야곱의 슬픔

요셉을 많은 형제들보다 극진히 사랑 했던 야곱은 그의 슬픔을 금할 길이 없었다. 아마 야곱은 그가 전에 형을 속여 장자 권을 탈취하고 장자의 축복을 받았을 때의 형의 슬픔도 생각했을 것이다.

2) 유다와 다말(38:1-30)

요셉의 형들이 요셉을 애굽에 판 후 그리고 야곱의 일행이 애굽으로 내려가기 이전인 그 어느 때 일어난 유다의 부끄러운 일 즉 유다가 자기 며느리 다말과 불륜의 관계를 맺고 계대의 계승을 이어가게 되는 사건이 본 장에 기록되어 있다.

① 유다와 다말(1-11)

유다와 다말의 관계는 시아버지와 며느리의 관계이다. 그러나 이들이 불륜의 관계를 맺은 것이다. 고대 사회에서는 '계대결혼'이라는 제도가 있었다. 물론 이 제도는 성경에 제시된 것이다. 큰 아들 엘, 그리고 둘째 아들 와난이 죽었으므로 셋째 아들 셀라를 마땅히 다말에게 주어야 하는데 그런 기미가 보이지 않음으로 다말이 잔꾀를 내어 기생처럼 변장을 하고 시아버지와 관계는 맺는 것이다.

우리는 여기에서 한 가정의 가장이 하나님의 말씀으로 가정을 이끌지 못하면 얼마나 큰 악영향이 닥치는가를 알아야 한다.

② 유다와 다말의 불륜(12-26)

유다는 상처한 후에 친구 히라와 함께 딤나로 가서 양털 깍는 모습을 보게 되는데 이것을 안 다말은 기생으로 변장하여 시아버지를 유혹하여 하루 밤을 지낸다. 그리고 그 대가로 도장과 끈과 지팡이를 담보물로 받는다.

석 달쯤 후에 다말의 임신을 안 유다는 다말을 끌어내어 불사르라고 호령하지만 이미 받아 놓은 담보물로 자기의 실수였다는 것을 알고 다시는 다말을 가까이 하지 아니했다.

③ 쌍둥이를 낳는 다말(27-30)

유다는 창녀로 변장한 며느리 다말과 관계하여 베레스 형제를 낳았다. 그럼에도 불구하고 죄악의 씨앗이라 할 수 있는 베레스가 장차 예수 그리스도의 조상으로서 구속사의 주역으로 등장하게 된 사실은 실로 놀라운 하나님의 은총이 아닐 수 없다(마 1:3).

또한 불륜 사건의 주인공인 유다의 며느리 다말 역시 훗날 기생 라합, 이방 여인 룻, 우리야의 아내 밧세바, 그리고 동정녀 마리아와 함께 예수의 족보에 그 이름이 기록된 다섯 여인 중 한 여인으로 등장한다(마 1:1-16).

3) 충성된 청지기 요셉(39:1-23)

요셉이 바로의 시위대장 보디발의 집에 팔린 이후 주인의 신임을 얻어 그 집의 가정부 총무 직을 맡게 된다. 이것은 우연한 결과가 아니라 그 어려운 역경 속에서도 성실하게 자기의 삶에 충실한 요셉의 생활이 그 답을 주는 것이다.

한편 일찍이 하나님께서 아브라함에게 하신 언약(15:12-17)을 성취하기 위한 진보가 나타난 것이다.

요셉은 보디발 아내의 유혹(7-12)과 모함(13-18)을 물리쳤다. 이것도 하나님께서 요셉을 신앙의 인물로 연단시키는 과정이고, 더 나아가 애굽 왕에게 요셉을 인도하시는 하나님의 계획이 있었던 것이다.

요셉이 이런 유혹을 받을 때 대략 27세쯤이다. 그러나 요셉은 절제의 훈련을 잘 받은 것이다. 요셉은 육신의 일을 도모하지 아니했다(롬 13:14). 그리고 '청년의 정욕'을 피했다(딤 2:22).

결국 요셉은 옥에 갇혔다. 그러나 전혀 개의치 아니하고 이곳에서도 성실하게 살아갔다.

4) 하나님께서 만드신 좋은 기회(40:1-23)

하나님께서는 한 치의 오차도 없이 약속과 계획을 인간 역사 속에서 실현시키시는 분이시다.

바로의 두 관원장이 요셉이 갇힌 감옥(39:20)에 갇힌다. 이들 중 한 사람은 술 맡은 관원장이고 또 한 사람은 떡 맡은 관원장이다. 이들은 어느 날 꿈을 꾼다. 이 꿈을 요셉이 해몽해 주었다. 그 해몽대로 한 사람은 살고 한 사람은 죽는다.

요셉은 14절에서 살아 감옥을 나갈 사람에게 자기를 기억해 달라고 부탁하지만 23절에서 '술 맡은 관원장이 요셉을 기억치 않고 잊었더라'고 했다.

5) 바로의 꿈을 해석하는 요셉(41:1-57)

바로는 어느 날 밤에 두 가지의 꿈을 꾸었는데 이것은 한 가지의 뜻이 있다. 이것을 들은 요셉은 바로에게 해몽해 주었으며 하나님이 앞으로 하실 일을 보이신 것이라고 말했다(28절)

이 해몽으로 인해 요셉은 애굽의 총리대신이 되었고(46절), 요셉의 이름을 바꾸어 주었다. 그것은 '사브낫바네아'(비밀을 계시하는 자)이다. 그리고 제사장 보디베라의 딸 '아스낫'과 결혼까지 했다.

요셉이 이방여인과 결혼한 것은 예수 그리스도가 교회와 결혼하는 것의 모형으로 요셉은 육적 형제들(유대인)에게 배척당하나 교회(이방인)와 결혼하는 것이다.

그리고 아들을 낳아 장자의 이름을 '므낫세'라고 했는데 이 뜻은 '잊어버렸다'라는 뜻이다. 요셉은 너무 많은 고난과 시련을 당했는데 이것들을 이제 잊으라는 뜻이다. 차자의 이름은 '에브라임'인데 이 뜻은 '수고한 땅에서 창성하게 하셨다'는 뜻으로 모든 시련이 결국 수확과 축복을 가져왔다는 뜻이다.

① **바로의 꿈과 요셉이 소개됨**(1-13)

술 맡은 관원장이 석방된 지 2년 후 어느 날 꾼 꿈으로 고민하는 바로왕에게 요셉을 소개한다.

바로 왕은 하룻밤에 두 가지의 꿈을 꾸었다.

첫 번째 꿈은 아름답고 살진 일곱 암소가 강가에서 올라와 갈밭에서 뜯어먹고 있는데 그 뒤에 또 흉하고 파리한 다른 암소가 그 아름답고 살진 일곱 소를 먹었다는 것이다.

두 번째 꿈은 한 줄기의 무성하고 충실한 일곱 이삭이 나오고 그 후에 가늘고 돌풍에 마른 일곱 이삭이 나오더니 무성하고 충실한 일곱 이삭을 삼켰다.

바로 왕이 애굽의 점술가와 현인들을 모두 불러 해몽을 요구했으나 이것을 알아맞히는 자가 없었다. 그래서 술 맡은 관원장이 요셉을 소개하게 된 것이다.

② **요셉의 꿈 해석과 대책**(14-36)

본문은 요셉이 술 맡은 관원장의 천거(12절)에 의해 드디어 옥으로부터 바로 앞에 나아가 당당히 바로의 꿈을 해석하는 장면이다.

✓ 요셉이 바로왕의 꿈 이야기를 들었다(17-24).
✓ 요셉이 왕에게 명쾌한 해몽을 해 주었다(25-32).
✓ 요셉이 그 대책까지 제시해 준다(33-36).

③ **애굽의 총리가 된 요셉**(37-45)

바로는 요셉이 명쾌하게 꿈을 해석할 뿐 아니라 그 대비책까지 완벽하게 제시하자 요셉이야말로 명철하고 지혜 있는 인물로서(39), 바로의 꿈에 나타난 바 7년 풍작과 7년 흉작에 대비한 계획(34-36)을 실행하고 추진시키기에 가장 적합한 자라고 판단한다. 그리하여 바로는 즉석에서 흔쾌히 요셉을 애굽의 총리대신으로 임명했고(41), 너는 내 집을 다스리라고 하면서 자기의 인장 반지를 요셉에게 끼워주고 그에게 세마포 옷을 입히고, 금사슬을 목에 걸고, 자기의 버금 수레를 태우고, 무리가 그의 앞에서 소리 지르기를 엎드리라고 했다.

이제 요셉은 파란만장했던 13년의 괴로움이 끝났다. 이것은 하나님의 독생자 예수 그리스도는 죄인을 위하여 비천한 인간의 자리에까지 낮아지셨을 뿐만 아니라 치욕적인 십자가의 고난까지 당하셨으나, 마침내 부활 승천하시어 하늘과 땅의 모든 권세를 하나님께로부터 위임받으셨던 것이다(빌 2:5-11).

이러한 의미에서 여기 요셉은 신약 시대의 예수 그리스도의 예표요 모형이라 할 수 있다.

④ 애굽을 치리하는 요셉(46-57)

요셉의 꿈 해석대로(25-31) 근동 지역 전역에 전기 7년 간 연속 대풍년과(47절), 후기 7년간 연속 대흉년이 닥쳤다(54절). 그러나 요셉은 그에 대한 만반의 대책을 세우고 차질 없이 수행함으로써 하나님의 섭리에 크게 이바지하였다. 분명 요셉은 7년 대 흉작에 대비하여 7년 대풍작 기간 동안 국고 성을 건축하고 합당한 세제를 통하여 많은 곡물을 축적하는 등 최선을 다해 성심 성의껏 국사에 전념을 했다.

6) 형제들을 만나는 요셉(42:-45:)

옛날 요셉의 나이 17세 때 꿈을 꾼 관계로 형들에게 심한 핍박을 받았다. 그래서 그 꿈으로 인해 애굽까지 오게 된 것이다. 그런데 그 때의 꿈이 현실로 나타난 것이다. 이제 풍년의 7년은 지나고 온 땅에 흉년이 들었다. 야곱은 아들 10명을 애굽에 보내어 곡식을 사오도록 했다. 애굽에 온 이들을 요셉은 자기의 형제인 것을 알아차렸으나 형들은 요셉인 줄 몰랐다. 그것은 이름도 바뀌고 20년이 지나는 동안 모습이 바뀐 때문일 것이다.

6절을 보면 곡식을 사러온 형들이 총리에게 절을 한다. 그리고 43:26절에서는 꿈대로 이루어졌다(37:9-10).

두 번째 곡식을 사려고 온 형제들은 베냐민까지 데려와야만 했다. 이것이 형들의 마음을 알아보기 위한 요셉의 계책이다. 베냐민의 자루에서 나온 은전 일로 베냐민이 위기에 놓이게 되었다. 그런데 이때 그 위기에서 베냐민을 위하여 변명하는 유다의 호소에서(44:18-34) 요셉은 형들이 진정 자기들의 잘못을 뉘우치고 있음을 확인한다.

이제 모든 것을 시험해 본 요셉이 자기의 정체를 형들에게 드러내 보인다. 그리고 바로왕의 요청에 따라 야곱과 온 식구들이 애굽으로 떠난다.

(1) 곡식을 사려고 애굽에 온 형들(42:1-38)

본장은 애굽 땅에 7년 동안 풍작이 있은 뒤 극심한 흉년이 시작되었던 때(41:53)를 말한다. 따라서 이때는 요셉이 애굽에서 국무 총리가 된지 8년째 되던 해요 또한 요셉이 38세쯤 되던 해였다(41:46).

① 가나안 땅의 기근(1-5절)

대기근은 애굽에만 있었던 것은 아니다. 애굽의 주위의 모든 나라도 이스라엘도 기근 까닭에 모두 어려움을 당한다. 그래서 야곱은 베냐민을 제외한 요셉의 형 10명을 곡식을 구하기 위해 보낸 것이다.

이러한 사실은 7년 대 풍년과 7년 대 기근이 결국 야곱 가문을 애굽으로 이주시키기 위한 하나님의 특별한 섭리였음을 보여 준다. 일찍이 하나님께서는 당신의 구원 계획을 성취하기 위해 요셉에게 관심을 기울이시고 그를 통해 애굽 땅에서 섭리하시는 동안, 또 한편으로는 구속사의 주역인 야곱 가문에 대해서도 똑같은 관심을 가지사 적절히 섭리하셨던 것이다. 이제 본문은 요셉의 이야기와 야곱 가문의 이야기가 다시 하나로 합쳐져 '이스라엘의 구원'이라는 대주제를 형성하고 있다.

② 형들을 향한 요셉의 시험(6-25)

양식을 구하러 애굽에 온 형들을 본 요셉은 자기의 형들임을 바로 알 수 있었다. 그러나 요셉은 성급하게 자기가 누구인가를 드러내지 아니하고 형들의 지난날에 행했던 악한 행실을 시험해 보았다(12-16절). 그리고 형들을 삼일간 감옥에 강금했다(17절). 그리고 시므온을 억류한 뒤 조건부로 귀환시켰다(24-25절). 그런데 이러한 요셉의 행동은 언뜻 보면 너무 냉혹하게 보일 수도 있다. 그러나 이러한 요셉의 행동은 성숙한 신앙을 소유한 자의 사려 깊고 지혜로운 행동이었다. 왜냐하면 요셉의 성급하게 자신의 신분부터 밝힌다면 형들은 지난날의 잘못(37:18-28)으로 인하여 보복에 대한 두려움으로 요셉을 기피할 것이고, 그렇게 되면 진정 뜨거운 눈물의 재회는 이루어질 수 없을 것이기 때문이다. 그리고 더 나아가 그것은 하나님께서 야곱 가족을 애굽으로 이주시키고자 하는 구속사적 계획에 손상을 입힐 우려가 있기 때문이다.

③ 요셉의 형들이 가나안으로 돌아온다(26-38)

양식을 구한 요셉의 형들이 가나안으로 귀환한다. 그리고 아버지 야곱에게 애굽에서 일어났던 일들을 대충 이야기한다. 다음 곡식을 구하러 갈 때는 막내 동생 베냐민과 동행할 것을 총리가 요구한다고 말한다. 또 그래야 빌미로 잡힌 시므온이 무사할 것을 분명히 한다.

그런데 형들이 생각지도, 그리고 하지도 않은 엄청난 일이 생긴 것이다. 그것은 형들의 각자 부대에 곡식 값으로 지불한 돈이 그대로 고스란히 나온 것이다. 야곱은 너무 괴롭고 고통스러웠다. 어쩌면 야곱의 고통은 약 반세기 전 아비와 형을 속여 장자의 축복을 빼앗은(27:18-29) 결과에 대한 응보적 대가라 볼 수 있다.

(2) 베냐민을 데리고 애굽으로 가는 형들(43:1-34)

극심한 기근이 계속되면서 형들은 베냐민을 데리고 애굽으로 갈 것을 결심하고 아버지 야곱을 강하게 설득한다. 어쩔 수 없는 야곱은 아들들을 보내기로 결심한다.

① 야곱의 결단(1-15)

모든 야곱의 아들들과 함께 넷째 아들 유다가 아버지 야곱에게 강력하게 요청한다. 특히 막내 베냐민을 데리고 갈 것을 요청한 것이다. 야곱은 유다의 강력한 요청에 허락을 한다. 특히 14절에 보면 '내가 자식을 잃게 되면 잃으리라' 라고 하는 야곱의 결심을 볼 수 있다. 하지만 야곱은 모든 아들들의 무사 귀환을 위해 가나안의 진귀한 6종류의 토산물과 아울러 갑절의 돈을 가지고 가도록 했다(11, 12절).

② 요셉의 집으로 인도되는 형제들(16-25)

양식을 구하러 재차 애굽으로 떠난 요셉의 형제들이 애굽의 총리대신 집으로 인도 된다(16,17절). 그런 후 요셉의 형제들은 요셉의 지시를 받은 청지기로부터 극진한 환대를 받는다(23, 24절). 하지만 지난 번 1차 애굽 방문 때의 불미스러운 일도 있고 해서 요셉의 형제들은 또 다시 어떠한 불행이 그들에게 닥칠지 몰라 심히 걱정하고 두려워한다(18-22절). 아마도 요셉의 형제들은 지난 첫 번 애굽 방문 때의 돈 사건과 관련하여(42:26-28) 애굽의 총리가 간계를 세워 자신들의 소유를 모두 빼앗고, 결국 자신들을 노예로 삼을지도 모른다고 생각한다(18절).

③ 요셉의 환대(26-34)

요셉은 극진히 대접했다. 그리고 베냐민에게는 다른 사람들보다 다섯 배나 더 주었다(34절). 아버지 야곱의 안부를 묻고(27절), 또 베냐민을 보는 순간 너무 눈물이 나와 안방에 들어가 울고 나와 음식을 먹었다(30-31절). 그리고 식탁의 자리도 나이 순서대로 앉게 했다(33절).

(3) 요셉의 은잔 시험(44:1-34)

요셉이 은잔 시험으로 그의 형제들을 곤경에 빠뜨린 이유는 결코 형들의 과거 잘못을 보복하려 한 것이 아니다. 다만 베냐민에 대한 형들의 형제애를 시험하고자 했을 뿐이다. 요셉의 형들은 성숙한 신앙과 형제애로 요셉의 시험을 통과했고, 그 결과 사랑과 결국 이스라엘 공동체가 하나님의 구속사에 등장할 수 있었다. 화해 속에서 이스라엘 12공동체가 하나님의 구속사에 등장할 수 있었다.

또한 유다의 자기 희생적인 진솔한 탄원으로 형제애를 시험해 보려는 요셉을 크게 감동시켰다. 본문에 나타난 유다의 호소는 실로 효성스러웠으며(18-31), 우애어린 자기 희생적 탄원이었다(32-34). 결국 효심과 우애에 근거한 유다의 진솔한 탄원은 요셉을 크게 감동시켰고(45:1), 마침내 눈물의 대용서와 화해의 장을 만드는 결정적 계기가 되었다(45:14, 15).

(4) 억제할 수 없는 요셉의 감정(45:1-28)

더 숨길 수도 없고 또 숨길 필요도 없다고 생각한 요셉은 자신을 형들에게 토로한다.

① 요셉과 형들과의 뜨거운 눈물(1-15)

유다의 희생적인 진실한 탄원으로 마침내 요셉이 자기 신분을 형들에게 밝힌다. 그리고 두려움에 빠진 형들을 진심으로 위로한다.

'당신들이 나를 이곳에 팔았다고 해서 근심하지 마소서 한탄하지 마소서 하나님이 생명을 구원하시려고 나를 당신들보다 먼저 보내셨나이다'(5절)

그리고 아비와 온 집을 애굽으로 초청한다(9-15). 이로써 질투로 얼룩지고 미움으로 분열되었던 야곱 가족의 갈등은 깨끗이 해소되었고, 마침내 이스라엘 12공동체가 용서와 화해와 눈물 속에서 온전하게 형성되었다.

② 요셉의 형들을 환대하는 바로 왕(16-20)

요셉의 형들이 왔다는 소식을 들은 바로와 그의 신하들이 매우 기뻐하며 야곱의 가족들이 애굽에 이주하여 살도록 배려하며 수레를 내어주고 아버지를 모셔오도록 한다.

③ **요셉 형들의2차 귀향과 보고**(21-28)

형들이 귀향할 때 요셉은 바로왕의 명령대로 준행했다.

✓ 수레를 주었고, 가는 길에 먹을 양식을 주었다.

✓ 형들에게 각기 옷 한 벌씩을 주고 베냐민에게는 은 삼백과 옷 다섯 벌을 주었다.

✓ 수나귀 열 필에 아름다운 물품을, 그리고 암나귀 열 필에는 아버지에게 길에서 드릴 곡식과 떡과 양식을 주었다.

✓ 길에서 다투지 말라고 당부했다. 이스라엘은 매우 기뻐하면서 내가 죽기 전에 가서 요셉을 보겠다고 의사를 표시한다.

7) 야곱이 마지막 한 일들(46:-50:)

(1) 애굽으로 갔다(46:1-34)

야곱은 헤브론을 떠나 애굽으로 간다. 하나님께서는 야곱에게 말씀하신다(46:2-4).야곱은 하나님 말씀을 듣고 자신 있게 애굽으로 갔다. 그리고 애굽의 고센 땅에서 정착한다(46:28).

(2) **애굽에 이르는 야곱의 가족**(47:1-31)

① **왕을 만나는 야곱**(1-12)

본문은 야곱과 그의 아들들이 바로를 면담하고 바로의 공식 승인을 얻어 합법적으로 고센 땅에 정착하게 되는 장면이다. 고센 땅은 목초지일 뿐만 아니라 국경 지대로서 애굽의 전략적인 요충지였음에도 불구하고 바로가 야곱의 요구대로 고센 땅을 선뜻 이방인인 야곱 가족에게 허락한 사실은 요셉이 당시 바로의 절대적인 신임을 받고 있었음을 보여주는 것이다.

그리고 야곱 가족은 대대로 430년(B.C. 1876-1446) 동안 애굽에 거주했다(출 12:10). 이것은 하나님께서 일찍이 아브라함에게 주신 언약(15:13-16)을 성취하기 위하여 가나안 족속들의 죄악이 관영할 때까지 이스라엘 민족을 애굽에 정주하도록 작정하셨기 때문이다.

② **요셉의 기근 정책**(13-26)

요셉의 탁월한 기근 정책은 7년 기간 동안 애굽뿐만 아니라 주위의 모든 국가들도 사망의 문턱에서 살려낸 것이다. 그러므로 요셉은 선민 이스라엘을 궁지의 문턱에서 애굽을 이용하여 살려냈으며 하나님이 택한 선민의 즉 요셉의 현명한 치세로 인하여 애굽과 주변 백성들은 혹심한 기근에도 불구하고 생존할 수 있었을 뿐 아니라 선민 이스라엘 또한 애굽을 좋은 피난처로 삼을 수 있었던 것이다.

이처럼 애굽은 구속사에 있어서 종종 '선민의 도피처'라는 긍정적 역할을 감당하기도 했다(마 2:13-15). 만유의 주권자 하나님은 택한 백성을 보호하거나 징계하시기 위해 종종 다른 민족이나 국가를 사용하기도 하시는 것이다(삿 4:2, 사 43:3).

③ **야곱의 유언적 당부**(27-31)

죽음이 임박했음을 느낀 야곱이 요셉에게 남기는 유언적 당부가 기록된 부분이다. 기근이 끝나면 즉시 가나안으로 돌아가겠다는 생각에도 불구하고 (47:4), 애굽에 정주한 지 어느덧 17년이라는 세월이 흘러도 가나안으로 돌아가지 못한 야곱은 죽음을 앞두고 요셉을 불러 마지막 당부를 한다. 그 당부는 자신의 시신을 애굽 땅에 장사하지 말고, 가나안 땅에 있는 조상과 함께 (23:19, 20) 장사하라는 것이다(29, 30절).

야곱의 이러한 부탁은 하나님의 약속이 깃든 땅 가나안만이 이스라엘의 참된 기업이라는 신앙과 언젠가는 그의 후손들이 하나님의 약속대로(46:4) 가나안에 복귀하게 되리라는 믿음에 근거한 부탁이다.

(3) 요셉에 대한 장자권 회복(48:1-22)

야곱은 요셉에게 하나님의 언약을 전수함과 동시에 요셉의 두 아들을 자신의 아들 반열에 승격 양자를 삼는다(5-6) 그리고 요셉의 두 아들들에게 축복 기도를 한다. 그런데 요셉은 장남 므낫세는 야곱의 왼손에 차남 에브라임은 야곱의 오른손을 얹고 기도한다. 그래서 에브라임이 장자의 반열에 속하게 된 것이다(13-14절)

(4) 열두 아들에 대한 야곱의 축복(49:1-28)

여기서 야곱은 그 아들들의 성격과 한 일에 따라 그들의 역사를 예언한다. 그런데 야곱의 예언적 축복은 나이 순으로 행해진 것이 아니라 모계(모계)에 따라 행해졌다.

✓ 레아의 여섯 아들(3-15절)

✓ 첩 빌하와 실라의 네 아들(16-21절)

✓ 라헬의 두 아들(22-27절)

그런데 야곱의 축복의 특징은 12아들들의 죄악과 선행에 따라 각기 저주와 축복이 발해진 점이다. 그리고 이 축복과 저주의 예언은 이스라엘의 미래사에 대한 하나님의 계시였다. 즉 하나님은 지금 야곱을 통하여 장차 전개될 선민 이스라엘의 역사와 도래할 메시아의 강림(10절) 등과 같은 구속사의 큰 전개와 흐름을 계시하시는 것이다.

① 르우벤(3-4절)

✓ 내 장자요 내 능력이요 - 르우벤은 장자로서 그의 위치와 그의 구중성(능력)이 특출하다. 아버지의 기대를 한 몸에 받고 태어났다.

✓ 나의 기력의 시작이라 -야곱의 왕성한 기운의 시작 즉 생산력의 출발점이다.

✓ 위광이 초등하다 - 가정에서도 하나님 앞에서도 제 1인자이다.

✓ 권능과, 능력이 탁월하다 - 장자로서의 자동적 복과 영적 정신적 특권과 형제들의 두 배의 기업이 주어진다(27:29, 신 21:17).

✓ 물의 끓음과 같고 탁월치 못하다 - 물이 끓어 넘치는 것과 같이 그의 성격이 급하고 거칠고 충동적이다(42:37, 민 32:1-5).

✓ 아버지의 침상에 올라 더럽혔다 - 르우벤의 서모 빌하와 통간 사건(35:22)을 말한다.

② 시므온과 레위(5-7절)

✓ 이들은 형제이다- 두 사람은 한 어머니 레아에게서 난 친 형제이고(29:33-34), 세겜 사건(34:25-26)의 공범자이다.

✓ 그들의 칼은 폭력의 도구 - 그들의 누이 디나 사건이서 세겜족에게 행한 일은 너무 잔인했다(34:25-30). 이런 일이 반복적으로 6-7절에 계속 나온다.

✓ 그들을 나누며 흐트리로다 - 시므온 지파는 2차 인구조사 시 유다지파의 ⅓도 못 미치고, 레위지파는 성읍에 흩어져 살았다(민 26:62, 36:1-8).

③ 유다(8-12절)

✓ 네 형제의 찬송이 될지니라 - 이 말의 문자적 뜻은 '유다야 너는 형제들에 의해 찬송을 받을 자라'란 뜻이다.

✓ 유다란 이름의 뜻 - '찬송'이라는 뜻이다(창 29:35). 그리고 이스라엘을

이렇게 축복한 것은 과거 양식 때문에 어려움을 당할 때 유다가 보여준 행동들이다(창 43:8-10, 44:16-34, 46:28).

- ✓ 또한 미래적 권능을 이미 내다보고 있었기 때문이다(마 1:1).
- ✓ 네 손이 네 원수의 목을 잡을 것이다 - 이것은 예언적 이야기인데 다윗과 솔로몬의 전성기를 통해 볼 수 있다(삼하 5:1-2). 또한 예수 그리스도의 오심과 사망과 죄악으로부터의 승리를 볼 수 있다(계 5:5).
- ✓ 네 아비의 아들들이 네 앞에 절하리라- 형제의 후손들 즉 이스라엘의 모든 지파가 유다의 후손들에게 복종할 것이다. 이것은 1차적으로 유다의 후손인 다윗 왕가를 통해서 성취되었고(삼상 17:12, 삼하 5:1-2), 또한 궁극적으로 유다의 후손이신 예수의 우주적 통치로써 온전히 성취된다(빌 2:9-11).
- ✓ 유다는 사자새끼로다 -사자의 기질을 비유하면서 승리할 것을 말한다.
- ✓ 통치자의 지팡이가 떠나지 아니 한다 - 통치자의 지팡이는 '홀'인데 그것이 발 사이에서 떠나지 아니한다.
- ✓ 실로가 오시기까지 - 이 말은 유다의 가문을 통해 특별한 인물인 '메시아'가 오신다는 예언이다(민 24:17, 시 2:6-9).
- ✓ 11-12절은 영적으로 유다의 후손으로 오실 메시아 시대의 영적 풍요로움을 말하며 그로 말미암아 성도가 누리는 기쁨과 평안을 예언하는 뜻이다.

④ 스블론(13절)

스블론은 해변에 거하리니 - 스블론 지파에 대한 예언이다. 실제로 그들은 가나안 땅 점령 후 지중해와 갈릴리 바다 사이에 거주하면서 상업 및 무역업에 종사했다(수 19:10-16).

⑤ 잇사갈(14-15절)

- ✓ 양의 우리 사이에 꿇어앉은 건장한 나귀 - '건장한 나귀'란 힘이 세고 튼튼한 나귀라는 뜻이다. 그러나 나귀는 우직하면서 성실할 뿐 특출한 점이 없는 짐승이다. 잇사갈 지파를 이런 나귀에 비유한 것은 그들이 나귀처럼 힘이 세고, 우직하며 성실하지만 다른 면에서 특출한 점이 없기 때문이었을 것이다. 또한 특출한 면이 없는 잇사갈 지파의 후손들이 그 민족 가운데 뛰어나지 못하고 평범한 사람들로서 지배 받으며 살 것이라는 은유적인 표현이다.

⑥ 단(16-17절)

✓ 단은 백성을 심판하리라 - 단은 그 이름 자체도 '심판자', '재판관'이라는 뜻을 담고 있다(30:6). 이 예언에서처럼 역사적으로 단 지파는 이스라엘 국가에 행정적으로 매우 유익한 역할을 수행했다. 그 한 예로써 사사시대에 단 지파의 후손인 삼손이 사사가 되어 백성들을 재판하고 통치함으로써 성취되었다(삿 16:31).

17절은 단의 기질에 대한 예언으로써 뱀과 같이 간교하고 독사와 같이 기습적으로 상대방을 공격해서 곤경에 빠뜨릴 것에 대한 은유적 표현이다. 어떤 학자들은 영적으로 이스라엘 지파 중 구원의 인을 맞은 자의 수에서 단 지파가 제외된 것(계7장) 등을 들어 단 지파에서 장차 적그리스도가 출현할 것이라고 보기도 한다.

⑦ **갓**(20절)

✓ 이 19절은 갓 지파의 승리를 예언한다.

✓ 갓 지파는 가나안 땅 점령 후 가나안의 내지(內地)가 아니라 외지(外地)인 요단 동편에 기업을 얻었다(수 13:24). 때문에 다른 지파에 비해서 적들로부터 자주 침범을 당했다. 또한 때에 따라서는 기업을 지키기 위해 공격을 감행하기도 했다. 그러나 어떤 경우든 그들은 승리함으로써 이 예언은 적중되었다(대상 5:11-18, 12:8-15).

⑧ **아셀**(20절)

✓ 먹을 것은 기름진 것이다 -아셀 지파가 분배받은 땅은 지중해 해변가, 갈멜의 낮은 지대로 땅이 기름지고 물이 풍부해서 밀과 기름 등의 수확이 풍성한 곳이었다(수 19:24-31).

✓ 왕의 수라상을 차리리라 - 이곳의 식물은 왕궁의 식량으로 조달되었다. 또한 솔로몬 왕은 두로 왕 히람으로부터 원목을 공급받는 대신 이곳에서 소출되는 식량을 공급하기도 했다(왕상 5:7-12).

⑨ **납달리**(21절)

✓ 납달리는 놓인 암사슴이라 - 사슴은 어디서든지 적의 공격으로부터 재빠르게 도망침으로써 자신을 보호하는 동물이다. 그런데 본문에서 납달리 지파가 사슴에 비유되고 있는 것은 그들이 대적의 공격으로부터 날렵하고 신속하게 대처함으로써 자신을 지킬 줄 아는 영민한 전사적 기질을 가지게 될 것을 염두에 두었기 때문이다. 실제로 이들은 사사시대에 가나안 왕

야빈이 침략했을 때 이를 신속히 물리친 사실이 있다(삿 4:10, 23, 24).

✓ 아름다운 소리를 발하는도다 - 납달리 지파 중에서는 웅변과 노래에 탁월한 재능이 있는 자가 있었다(삿 4:6-9, 5:1).본문은 이같은 사실을 예견한 말씀이다.

⑩ 요셉(22-26절)

✓ 샘 곁의 무성한 가지라 - 열대지방에서 '무성한 가지'는 풍요로움의 상징이다. 더구나 '샘 곁'에 있는 무성한 가지는 기후 조건과 관계없이 늘 풍성할 수밖에 없을 것이다(시1:3, 80편). 본문은 요셉의 앞길이 어떤 역경에 직면한다 하더라도 계속적으로 번창하고 풍성한 삶을 누릴 것이라는 것에 대한 은유적 표현이다.

✓ 담을 넘었도다 - '무성한 가지'는 담을 넘어 남의 집에까지 혜택을 주게 된다. 이와 마찬가지로 요셉의 후손들의 번성은 다른 지파들에게까지도 도움을 주며 살게 될 것을 예언한 내용이다. 이는 요셉의 애굽 생활에서(7년 대기근을 슬기롭게 극복한) 이미 1차 성취된 바 있다.

✓ 활 쏘는 자가…… 쏘았으나 - 이 말은 요셉의 후손들에 대한 적대 세력들과 날카로운 도전을 예상한 말이다(수 11:16-18, 삿 12:4-6).

✓ 24절은 많은 대적들의 모략과 침략에도 불구하고 도리어 그 모든 대적들을 이겨낼 것이라는 뜻이다.

✓ 25절은 자신의 일생을 통해 하나님의 넘치는 은혜를 체험했던 야곱이 장차 그들의 후손에게도 그 후원이 계속될 것을 확신하는 소망적인 예언이다.

✓ 위로는 하늘의 복 - 하늘로부터 내리는 비와 알맞은 기온 햇빛, 공기 등의 자연 혜택을 의미한다(27:28).

✓ 아래로 깊은 샘의 복 - 깊은 샘은 물의 근원을 의미한다. 우기가 짧고, 연중 강수량이 매우 적어 물이 귀한 광야 사막지방에서 샘과 시내로부터 얻어지는 풍성한 물은 충만한 은혜가 아닐 수 없다.

✓ 젖먹이는 복과 태의 복 - 자손의 번성에 대한 축복이다. 이는 단순 사람에게만 국한되는 것이 아니라 짐승에게까지 적용된다. 즉 모든 결실할 수 있는 생물은 무엇이나 증가되고 풍성해질 것이라는 축복인 것이다. 유목사회와 농경사회에서는 특히 짐승의 재산적 가치 및 생산력과 직결되는 인력문

제와 연관 지어 다산은 큰 축복으로 간주되었다(시 127:3-5).

- ✓ 26절은 야곱 자손인 요셉이 받을 축복이 아브라함과 이삭으로부터 야곱 자신이 받았던 축복보다 훨씬 능가하는 복임을 강조한다.
- ✓ 영원한 산이 한없음같이……. 요셉의 머리로 돌아오며 - 마치 태초의 산이 영원하여 한이 없고, 변함없음같이 언약적 축복이 끊임없이, 변함없이 요셉에게 넘칠 것이라는 예언에 대한 은유적 표현이다.
- ✓ 그 형제중 뛰어난 자 - 직역하면 '그 형제중 성별된 자'란 뜻. 이는 단적으로 하나님으로부터 특별히 구별된 관심을 받고 살게 될 요셉의 후손들을 가리킨다. 즉 요셉이 형들보다 뛰어났듯이(37:5-11) 요셉의 후손들도 다른 지파의 후손들에 비해 뛰어날 것을 말한다.

- ✓ 그 형제 중 뛰어난 자 - 직역하면 '그 형제 중 성별된 자'란 뜻. 이는 단적으로 하나님으로부터 특별히 구별된 관심을 받고 살게 될 요셉의 후손들을 가리킨다. 즉 요셉이 형들보다 뛰어났듯이(37:5-11) 요셉의 후손들도 다른 지파의 후손들에 비해 뛰어날 것을 말한다.

⑪ **베냐민**(27-28절)

- ✓ 베냐민은 물어뜯는 이리라 - 베냐민 후손들의 거칠고 호전적인 성격을 은유적으로 표현한 말이다. 이스라엘의 예언대로 그들의 이러한 기질은 사사 에훗과(삿 3:15-22) 기브아의 전투(삿 20:19-23), 사울왕의 전투(삼상 11:6-7) 등을 통해서 적나라하게 드러났다.
- ✓ 아침에는…… 저녁에는 - 베냐민 지파의 끊임없는 투쟁의 역사와, 또 반드시 승리하고 마는 그들의 막강함을 암시해 주고 있다.
- ✓ 이들은 이스라엘의 십이 지파라 - 이는 야곱이 단순이 자기 12아들들을 향해서 축복한 것만이 아니라 그들을 근간으로 구성될 미래의 12지파를 지향하고 행한 축복임을 말하는 내용이다.

(5) 야곱의 당부와 임종(49:29-33)

본문은 야곱의 당부와 임종에 관한 기록이다. 즉 야곱은 12 아들들에 대한 예언과 축복을 다 마친 후(1-28) 사후 자신의 시신을 가나안 땅 조부 아브라함의 선영에 장례해 달라는 부탁을 끝으로(29-32) 유명을 달리한 것이다(33절)

(6) 요셉의 마지막 기록(50:1-26)

야곱의 장례는 엄숙한 애도 속에 거행되었다. 요셉은 그의 아버지 얼굴에 구푸려 울며 입 맞추었다. 요셉은 수종드는 의원에게 명하여 아버지의 몸을 향으로 처리하게 지시하였다. 향으로 처리하는데 40일이 걸렸다. 이것은 아버지의 시신을 미라로 만들었다는 것이다. 그리고 70일이나 애곡한 것을 보아 국장으로 치렀다는 것이다.

그 후 야곱의 시신을 가나안 땅 막벨라 굴로 운구했다. 야곱의 가나안 땅 막벨라 굴 장사는 야곱 개인에게는 애굽 이주 전 브엘세바 언약의 성취이며(46:1-4), 구속사적인 면에서는 가나안 땅을 이스라엘의 소유로 인친 행위로서 야곱이 하늘 가나안으로 들어간 것을 상징한다.

(7) 형들을 위로하는 요셉(50:15-21)

아버지 야곱을 장사지낸 후 형들의 마음은 매우 무거웠다. 그 이유는 혹시 요셉의 마음이 돌변하여 과거 자기들의 잘못을 들추어 보복하지는 않을까하고 생각하며 염려한 것이다.

그래서 형들은 친히 요셉에게 와서 엎드려 말하기를 '우리는 당신의 종들이니이다.' 그러나 요셉은 그들에게 19-21절 같은 말을 한다. '두려워하지 마소서' 그들에게 간곡한 말로 위로하였다.

(8) 요셉의 유언과 죽음(50:22-26)

요셉은 아버지 야곱이 죽은 후 56년을 더 살았다. 그리고 110세에 조용히 눈을 감았다. 요셉은 그가 31세에 결혼하여 37세 경에 이미 두 아들을 보았고(41:50, 에브라임은 늦어도 36세에 얻었음), 56-50세 경에 손자를, 78-85세 경에는 증손자를, 그리고 100-110세 경에는 고손자를 보았을 것으로 추정된다.

요셉은 실로 구약시대 가장 아름다운 그리스도의 모형이다. 그러므로 요셉의 생애는 오늘날 그리스도를 본 받아 살아야 할 우리가 추구하고 닮아가야 할 진정 아름다운 생의 모습이라 아니 할 수 없다.

한편 요셉은 임종시 자신의 유해를 훗날 가나안 땅으로 이장시켜 줄 것과 하나님께서 이스라엘을 권고하사 약속의 땅 가나안으로 반드시 인도하실 것을 믿음으로 유언하였다(24-25). 이러한 사실은 요셉 역시 선조의 언약을 전수받아 약속의 땅을 향한 신앙이 뜨거웠음을 보여준다.

출애굽기

1. 성경에서 출애굽기의 위치

신, 구약 성경의 구성

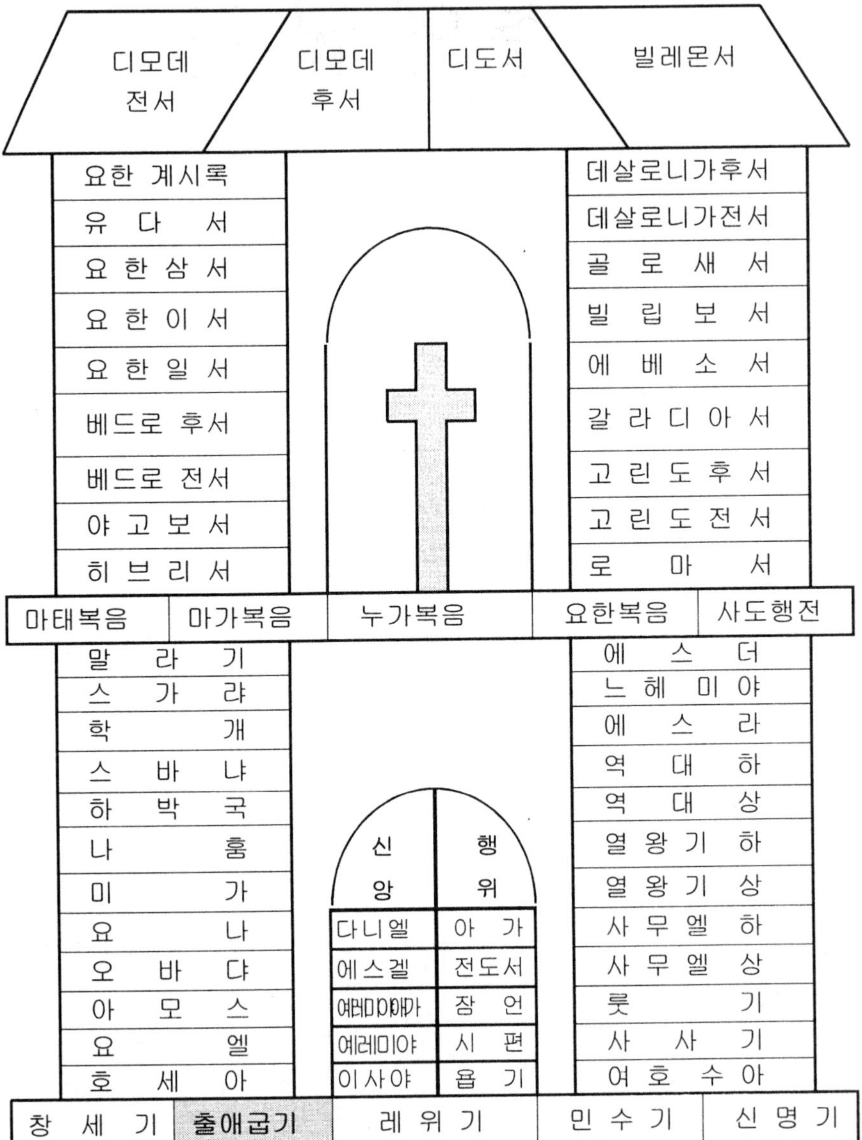

성경 역사 년대 표 (창세기 – 신명기)

창조시대 (창조 – B.C.2166년)	족장시대 (B.C.1805년)	출애굽 광야시대				(B.C.1405년)
창 1:–11:	창 12:–50:	출 1:–출11:	출12:–24:	출25:–민10:10	38년동안	민 16:–36:
• 천지창조 • 죄가들어옴 • 구원 방법 계시 • 죄의 결과 * 살인 * 음란 * 멸애	• 믿음의 사람 아브라함 • 순종의 사람 이삭 • 은혜의 사람 야곱 • 의로운 사람 요셉 * 하나님이 먼저 역사하심	• 애굽에 들어 감 (B.C.1876년 70명 (창 46:1–27) • 430년을 지냄 (출 12 : 40, 갈 3:17) • 모세의 출생 • 모세의 소명 • 10가지 재앙 * B.C. 1446년 1월 15일 고센땅 라암셋을 출발	• 유월절(출 12:) (십자가) • 홍해 (부활) (출 14:) • 마라의 쓴물 • 엘림 (출15:27) (성령충만) • 만나 (말씀) (출 16:) 메추라기 • 아말렉과 전쟁 (출 17:) (완전승리) • 이드로 방문 • 시내산 도착 • 시내산 율법전수(거룩한 생활)	• 1차 인구 조사(속전) (출 38:26) • 성막완성 (1:1) 낙성식(1월1일) • 시내산에서, 유월절 지냄 • 레위기 전수 • 2차 군대 계수(민1:1–46) (2월1일) • 성막 헌당식 (2월8일–19일) • 시내산 출발 2월 20일\ (민 10:11) 정탐꾼을보냄 (민13:–14:)	(기록이 없슴) (광야에서 방랑생활) o 20세 이상 모두 죽었음	• 고라일당 반역 (고라, 온, 다단) (민 16:) • 아론의 싹난 지팡이 (민 17:) • 미리암, 아론의 죽음 (민 20:) • 신명기 전수 • 3차 군대 계수 (가나안 땅 건너 오기 전 두달) • 요단 동편 분배 • 모세의 후계자로 여호수아를 지명 함
죄		구원		거룩한 생활		
복 (창1:–2:) / 죄 (창 3:–11:)	족장시대 (창 12:–50:)	구원의 준비 (출 1: – 11:)	구 원 (출 12:–24:)	거룩중심, (출 25:–40:)	예배 중심, (레 1:–27:)	교회중심 (민 1:–36:) / 말씀중심 (신 1:– 34:)

2. 출애굽기의 목차

Ⅰ. 하나님의 능력을 보여주는 구속함(1:1-18:27)

1. 구속의 필요성(1:1-22)
   1) 이스라엘 자손의 번성과 고통(1:1-14)
   2) 이스라엘 자손 말살 계획(1:15-22)
2. 구속의 지도자 모세 등장(2:1-4:31)
   1) 모세의 출생(2:1-10)
   2) 모세의 살인과 미디안 거주(2:11-25)
   3) 모세를 부르시는 하나님(3:1-4:17)
   4) 모세의 순종과 백성들의 인정(4:18-31)
3. 구속자 모세의 해방 요구(5:1-7:13)
   1) 바로의 응답(5:1-18)
   2) 화가 난 백성들과 모세의 절규(5:19-6:1)
   3) 모세의 해방 투쟁(6:2-7:13)
4. 바로를 향한 열 가지 재앙(7:14-11:10)
   1) 재앙의 목적
   2) 재앙의 성격
   3) 열 가지 재앙이 주는 교훈(7:14-10:29)
      ① 첫 번째 재앙 - 물이 피가 됨(7:14-23)
      ② 두 번째 재앙 - 개구리 재앙(8:1-15)
      ③ 세 번째 재앙 - 이 재앙(8:16-19)
      ④ 네 번째 재앙 - 파리 떼 재앙(8:20-24)
      ⑤ 다섯 번째 재앙 - 생축에 악질이 생김(9:1-7)
      ⑥ 여섯 번째 재앙 - 사람과 짐승에게 독종이 생김(9:8-12)
      ⑦ 일곱 번째 재앙 - 우박과 불 재앙(9:13-35)
      ⑧ 여덟 번째 재앙 - 메뚜기 재앙(10:1-10)
      ⑨ 아홉 번째 재앙 - 흑암 재앙(10:21-29)
      ⑩ 열 번째 재앙 - 장자의 죽음(11:1-12:)
   4) 바로(사탄)의 술법 4가지

5. 유월절 구속사건(십자가)(12:1-13:22)
6. 당황하는 성도(14:1-12)
7. 믿음으로 홍해를 건넘(부활)(14:13-31)
8. 모세와 미리암의 노래(찬양)(15:1-21)
9. 하나님의 보호하심(인도)(15:22-17:16)
   1) 마라의 쓴 물과 엘림(15:22-27)
   2) 진을 덮은 만나와 메추라기(16:1-36)
   3) 르비딤에서 일어난 두 사건(17:1-16)
10. 장인 이드로의 모세 방문(18:1-27)
   1) 이드로의 모세 방문(1-12)
   2) 이드로의 조언(13-27)

Ⅱ. 언약 체결과 율법 수호(19:1-24:18)

1. 시내 산 언약 준비(19:1-25)
2. 십계명과 두 종교 의식 법(20:1-26)
   1) 십계명(1-17)
   2) 종교 의식(18-26)
3. 각종 시민법과 언약 체결의 조건(21:1-23:33)
4. 시내 산 언약 체결과 모세의 재차 시내 산에 오름(24:1-18)

Ⅲ. 성막 계시와 범죄와 완성(25:1-40:38)

1. 성막 건립(25:1-40)
2. 성막 앙장과 널판(26:1-37)
3. 번제단과 성막 뜰(27:1-21)
4. 대 제사장의 의법(28:1-43)
5. 제사장 위임 식 규례와 상번제 규례(29:1-46)
6. 여러 가지 규례들(30:1-38)
7. 성막 건축의 일꾼들과 안식일 규례(31:1-18)
8. 하나님과의 언약을 파기한 백성들(32:1-34:35)
9. 성막 제작 봉헌과 하나님의 영광(35:1-40:38)

3. 출애굽기 서론

1) 출애굽기의 책 이름

본서는 창세기와 연결되어 있다. 한글 성경의 출애굽기라는 이름은 히브리어의 성경을 헬라어로 번역한 70인역 성경에서 나온 이름이다.

헬라어 '엑소더스'는 '출발' 혹은 '탈출'이라는 의미가 있는데 출애굽의 전반부가 이스라엘 자손들이 애굽 땅을 떠나 가나안으로 향하는 사건을 기록하고 있기 때문이다.

2) 기록자

모세가 이 책을 썼다는 것은 전혀 하자가 없는 말이다. 모세가 기록했다는 말은 고고학적 발굴에 의해서도 입증이 되었고, 예수 그리스도께서도 이 책이 모세의 기록임을 말씀하셨다(요 7:19, 5:46-47).

3) 출애굽기의 목적

창세기는 '하나님의 축복과 인간의 타락'을 보여준다. 그런데 죄를 지은 인간을 '구속' 하시는 것이 하나님의 목적이다. 이 구속은 이미 아브라함과의 언약에서 보여 주신 것이다(창 15:7-21).

그러므로 출애굽기는 하나님 편에서는 이스라엘을 구출하시는 사실을 기록하고 있으며, 또한 백성의 입장에서는 양의 피를 흘림으로서 그들의 생명이 구속되는 사실을 보여주고 있는 것이다.

4) 출애굽기의 기본적인 모형들

① 애굽 - 사탄이 역사하는 세상에 대한 모형
② 바로 - 사탄의 모형
③ 이스라엘 백성 - 성도들(혹은 교회)
④ 모세 - 구속자이신 그리스도
⑤ 어린양의 피 - 십자가
⑥ 홍해를 건너는 일 - 부활
⑦ 만나와 반석의 물 - 말씀과 성령

Ⅰ. 하나님의 능력을 보여주는 구속함(1:1-18:27)

1. 구속의 필요성(1:1-22)

1) 이스라엘 자손의 번성과 고통(1:1-14)

① 자손의 번성(1-7)

여기 기록된 본문의 이야기는 창세기와 출애굽기를 연결하는 이야기로써 매우 중요하다. 창세기 15장 13절-16절에서 하나님께서 예언적 말씀을 하셨다. '이스라엘 백성이 애굽에서 노예가 될 것이고, 그들을 섬길 것이고, 그들은 네 자손을 400년 동안 괴롭게 할 것이고, 그 후 4대 만에 이 땅으로 돌아올 것이다. 이것은 족장(아브라함, 이삭, 야곱) 중심의 구속사가 언약국가 중심의 구속사로 확대되는 과정이다. 즉 400년이란 당시 인간의 생존 기간으로 간주된 100년을 한 세대로 보아 400년 후에라는 뜻이고, 또 4대란 레위, 고핫, 아므람, 모세라고 할 수 있다.

이렇게 아브라함은 약 550년 이후에 일어날 사건을 하나님께로부터 계시를 받은 것이다. 이스라엘 자손들은 요셉 이후 400년이 지나는 동안에 전쟁에 나갈 수 있는 남자만 약 60만 명 정도, 남녀노소를 모두 합하면 약 200만 명 정도로 커진 것이다.

② 요셉을 알지 못하는 새 왕(8-14)

본문에 보면 '요셉을 알지 못하는 새 왕이 일어나서'라고 했는데 이 새 왕이란 요셉이 총리 재임 당시 애굽의 왕조는 셈족 계통의 힉소스 왕조였는데 이 왕조를 무너뜨리고 새롭게 등장한 18왕조의 세 번째 왕인 투트모스 1세를 말하는 것이다. 이 왕은 요셉이 과거에 지혜롭게 일한 것을 알지 못했다는 것보다 강해지는 이스라엘 민족을 무서워했다는 것이다. 그래서 혹독한 정치를 했다. 바로 왕은 세 가지 이유 때문에 압제하기 시작했다.

첫째 : 수적 번성에 대한 두려움

둘째 : 이스라엘 민족이 주위의 나라들과 동맹하여 전쟁을 일으킬 줄 모른다는 노파심

셋째 : 애굽의 막대한 노동력인 이스라엘이 탈출하여 성 짓는 일을 중단할지 모른다는 염려.

그리하여 감독을 세워 국고 성 비돔과 라암셋을 짓는데 흙 이기기와 벽돌 굽기와 농사의 여러 가지 일들을 하게 했다.

2) 이스라엘 자손 말살 계획(1:15-22)

① 히브리 산파 십보라와 부아에게 지시하여 남자를 낳으면 죽이고 여자면 살게 하라고 지시했다. 그러나 이들은 하나님이 두려워 거짓 보고를 한다.

② 애굽 산파에게 남자 아이면 물에 던져 죽게 하라고 지시했다.

2. 구속의 지도자 모세 등장(2:1-4:31)

1) 모세의 출생(2:1-10)

하나님께서는 400년 동안 기다리셨다(창 15:13). 그리고 마지막의 세력 아모리족속이 회개하기를 기다리신 것이다(창 15:16). 이제 때가 되어 하나님께서 아므람과 요게벳을 결혼케 하고(출 6:20), 그 경건한 부부 사이에서 모세가 태어나게 했다(히11:23, 행7:20-28).

우리는 3절의 말씀을 잘 보자. '더 숨길 수 없어'라고 했는데 모세가 태어나 석 달이 되자 더 이상 살릴 수가 없게 되었다는 것이다. 그리고 '그를 위하여'라고 했는데 이것은 모세 즉 우리 죄인들을 위함이고, '갈 상자'란 나일 강변에서 흔하게 자라는 파피루스 식물을 이용한 것인데 이것은 히브리어로 '고메 테바'로 갈대로 엮어 만든 상자를 가리킨다. 그러나 더 나아가 '테바' 즉 '상자'를 말하는데 '노아의 방주'(창 7:14)를 말하는 것이다. 또 '역청과 나무진'은 문설주와 인방에 발랐던 양의 피 즉 십자가 보혈을 말한다고 볼 수 있다. 그리고 아이를 거기에 담았다는 것은 방주에 들어간 노아의 여덟 식구의 구원을 말하며 '하수가 갈대 사이에 두고'라는 말은 모든 사람이 볼 수 있도록 하라는 것이다.

이 후에 일어나는 하나님의 하시는 일들을 보라. 바로의 딸이 건져갔고, 모세의 어머니 요게벳이 유모가 되는 것, 이 모든 것이 하나님의 섭리가 아니겠는가?

2) 모세의 살인과 미디안 거주(2:11-25)

하나님께서는 모세를 여러 각도로 훈련시키셨다. 모세는 바로의 공주를 통하여 그 당시 애굽의 최고 학문과 권력과 영예를 얻을 수 있었고, 친모 요게벳을 통해서는 여호와를 향한 신앙과 믿음과 어머니의 사랑을 받았다.

그가 40세의 준수한 장년으로 성장했을 때 이제 그에게 앞으로 40년의 세월이 필요하게 되었다. 그것은 참고 견디는 인내의 훈련과 영적인 훈련이 필요하게 된 것이다. 그리고 이 기간은 하나님께 부르짖는 기도의 기간이었다. 만약 하나님께서 모세에게 이런 기간을 허락하지 않았다면 인간 최고의 교만이 그에게 있었을 것이다. 그는 눈에 보이는 대로 처신했다. 좌우를 살펴(12절) 사람을 죽였다. 잘못된 무기를 사용했고, 때가 아닌 때에 행동했다. 그리고 그 죽인 자의 시체를 모래에 묻었다. 그러나 하나님께서는 이런 사건을 통해서 미디안 광야의 생활을 시작하게 하신 것이다.

3) 모세를 부르시는 하나님(3:1-4:17)

① 모세에게 나타나시는 하나님(3:1-10)

양을 치던 모세를 하나님은 호렙 산으로 이끄셨다. 이 호렙 산은 시나이 반도 남서쪽 끝에 위치하고 있는데 해발 약 2290m의 산으로 오늘 날의 '예벨무사'로 추정된다. 그리고 성경은 시내 산이라고도 하는데 아마 호렙 산맥의 가장 높은 봉우리 시내산일 것이다.

하나님께서는 이곳에서 떨기나무 불꽃 가운데 나타나셨다. 그리고 모세에게 분명하고도 세밀하게 말씀하신다.

✓ 내가 애굽에 있는 내 백성의 고통을 정녕히 보았다(내 백성).
✓ 그들이 간역자들에게 고통을 당한다.
✓ 그 우고(재난, 비애, 슬픔)를 안고 있다.
✓ 내가 내려가겠다.
✓ 애굽의 손에서 건져내겠다.
✓ 그리고 그 땅에서 인도하여 낼 것이다.
✓ 아름답고, 광대한 땅… 지방에 이르려 하노라.

이제 내가 너를 바로에게 보내어 내 백성을 인도하여 내게 하리라

② 하나님께 응답하는 모세(3:11-4:17)

하나님께서 모세를 부르셨지만 모세는 즉각 가겠다고 대답을 못했다. 그리고 자기가 가지 못하는 것을 여러 가지로 변호한다. 그러나 끝까지 모세에게 가라, 할 수 있다고 용기를 주신다.

첫째 : 내가 누구인데 바로에게 갑니까?(3:11-12절)

이 대답은 모세가 허약하거나 겁쟁이라서 뒤로 빼는 것이 아니라 광야 40년 생활의 결과로 겸손해진 모습이다. 원래 모세는 말과 행사에 능했다(행 7:22). 지금은 혈육이 아니라 하나님이 함께하시는 사람이 된 것이다.

둘째 : 그의 이름이 무엇이냐?(13-22절)

모세는 너를 보낸 자가 누구이냐? 라고 물어 볼 터인데 내가 '누구'라고 대답 할까요 라고 물었다. 하나님께서는 분명히 말씀해 주셨다. '나는 스스로 있는 자'(여호와)라고 대답하라. 요한복음에는 '나는…… 이다'(I am) 라는 언급이 일곱 번 나온다(6:35, 8:12, 10:9, 11, 11:35, 14:6, 15:1-5).

셋째 : 그들이 나를 믿지 않으면 어떻게 할까요?(4:1-9)

모세는 세 번째 그들의 공격을 하나님께 아뢴다. 하나님께서는 두 가지 이적을 보여 주셨다. 지팡이가 뱀이 되고, 손이 문둥병에 걸리는 기적이다. 그런데 이 두 가지 기적은 이들도 할 수 있었다. 그리고 하나님께서는 물을 피로 변하게 하는 세 번째 표적을 더하셨다.

넷째 : 나는 말에 능치 못한 자입니다(4:10-17).

이제 모세는 말에 능치 못하다는 것을 무기 삼아 하나님께 도전한다. 그러나 하나님께서는 '내가 네 입과 함께 있어 할 말을 가르치리라'고 하신다. 그러나 모세는 또 변명한다. '보낼만한 자를 보내소서' 이제 하나님께서는 모세를 향하여 노를 발하신다. 그리고 형 아론을 소개하신다. 그리고 '지팡이'를 손에 잡고 이것으로 이적을 행하라고 명령하신다.

4) 모세의 순종과 백성들의 인정(4:18-31)

이제 모세는 장인 이드로에게 애굽으로 가겠다고 밝힌다. 그러나 애굽으로 가겠다는 이유를 형제들의 생존 여부를 알기 위해 가겠다고 했다. 물론 장인 이드로는 평안히 가라고 대답했지만 모세는 아직 투철한 사명을 가지고 가겠다는 신념을 가지지 못한 채 애굽으로 가겠다고 한 것이다(18절).

① 하나님의 지팡이(18-23)

여호와께서는 모세에게 여러 각도로 용기를 주신다. 모세는 이 여호와의 말씀에 용기를 얻을 수 있었다. '애굽으로 돌아가라, 네 생명을 찾는 자가 죽었다, 내가 준 이적을 바로 앞에서 행하라, 내가 그의 마음을 강퍅케 했다, 이스라엘은 내 장자다, 내가 바로의 아들을 죽이리라.' 이 모든 말들은 하나님께서 모세에게 들려주신 용기 나게 하는 말씀들이다.

모세는 '하나님의 지팡이'를 들고 용기 있게 출발한다.

② 모세의 징계(24-26)

하나님께서는 모세를 죽이려고 했다. 그 이유는 이스라엘의 출애굽은 하나님께서 아브라함과 맺은 언약(창15:13-16)의 실현인데, 할례야말로 언약의 핵심 요소이다(창 17:9-14). 이 언약을 어긴 모세는 자기 가정 하나도 성결케 하지 못하고 사명을 감당할 수 있겠는가? 그래서 하나님께서는 이것을 촉구하신 것이다.

한편 25절의 할례 받은 아들이 단수로 적혀 있는 것은 2:22절에서 장남 게르솜은 할례를 받은 것 같고 여기는 차남 엘리에셀인 것 같다.

③ 모세와 아론의 만남(27-31)

하나님의 특별한 배려로 시내 산에서 형 아론을 만나게 했다. 그리고 말씀을 전하고 이적을 행했다. 아론은 말씀만 모세의 대언자로 행한 것이 아니라 이적까지 대행했다.

모세는 앞의 3-9절에서 3가지 이적 행한 것을 아론에게 보여 주었는데 실제로 아론도 10 재앙 중 세 재앙은 아론에 의해 행해진 것이다(7:9, 8:5, 16)

모세와 아론은 백성들에게 하나님의 말씀과 이적을 보여 줌으로써 모든 백성이 머리 숙여 모세와 아론에게 경배했다.

3. 구속자 모세의 해방 요구(5:1-7:13)

모세는 바로에게 '내 백성을 보내라'고 하나님을 대신하여 요구했다. 여기 '내 백성을 보내라'는 말은 여러 번 나온다(5:1, 7:16, 8:1, 20, 9:1, 13, 10:3). 하나님께서 모세를 시켜 '내 백성'을 찾아오라는 것이다. 예수께서는 '내 백성'을 찾으시려고 이 낮은 땅에 오셨다. 성령 하나님께서도 '내 백성'을 찾으신다.

1) 바로의 응답(5:1-18)

'내 백성을 보내라'는 하나님의 말씀에 바로는 '여호와가 누구인가' 또한 '나는 여호와를 알지 못하니'라고 우습게 넘겨 버린다.

하나님을 모르는 사람은 '하나님을 대수롭지 않게 여길 뿐만 아니라 오히려 더욱 하나님을 멸시한다.' 그래서 벽돌 굽는 일을 더 심하게 시킨다.

2) 화가 난 백성들과 모세의 절규(5:19-6:1)

이스라엘 패장들이 모세와 아론을 만나 원망을 퍼붓는다.

모세는 하나님께 '어찌하여'라는 소리를 두 번씩이나 외치면서 '주께서는 주의 백성을 구원치 않으십니까'라고 외친다. 그러나 하나님의 응답은 '네가 보리라 강한 손을 더하므로 바로가 그들을 보내리라'라고 말씀하신다.

3) 모세의 해방 투쟁(6:2-7:13)

하나님께서는 모세에게 승리를 주시겠다고 힘을 주신다. 그러나 현재는 바로가 이기는 것처럼 보인다. 그래서 하나님께서는 '나는 여호와'라는 말씀을 모세에게 해주신다. 여기 '여호와'란 이름은 '스스로 있는 자'(3:14)라는 뜻으로 이 말씀을 여러 번 하신다(6:2, 3, 6, 8).

그리고 하나님께서는 '여호와'의 이름으로 세 가지 언약을 맹세하셨다.

첫째 : 이스라엘을 애굽의 속박으로부터 구속하겠다(6절).

둘째 : 이스라엘을 하나님의 백성으로 삼겠다(7절)

셋째 : 이스라엘을 조상들에게 약속한 땅으로 인도 하겠다(8절).

하나님께서는 모세와 아론에게 말씀하신다. '이스라엘 자손과 애굽 왕 바로에게 명을 전하고 자손들을 애굽 땅에서 인도하여 내신다.

이어서 모세와 아론의 족보가 소개 되는데 여기에는 두 가지 의미가 있음을 볼 수 있다(6:14-27).

첫째 : 두 주역의 역사성과 선민으로서의 동질성을 보여준다.

둘째 : 출애굽의 새 역사가 두 주역(모세, 아론)을 중심으로 전개된다.

모세는 바로의 강력한 반발(5:2-9)과 백성들의 불평(5:21, 6:9)으로 매우 절망했었다. 그러나 하나님은 모세에게 새로운 담력을 주신다(7:3-6).

모세는 바로 앞에 담대히 섰다. 그리고 지팡이로 이적을 행한다(8-13). 이것은 지팡이로 상징되는 하나님과 뱀으로 상징되는 바로와의 대결을 보여주는 것이다. 또한 이것은 세상 최후 종말을 상징하며 하나님의 승리를 예견하기도 하는 것이다.

4. 바로를 향한 열 가지 재앙(7:14-11:10)

참을 대로 참으신 하나님께서는 출애굽을 거부한 바로에게 준엄한 심판을 내리신다. 그것은 10가지 재앙으로 하나님의 권위를 보여준 것이다.

1) 재앙의 목적

① 하나님의 권능을 나타낸 것이다(8:19, 9:16).

② 바로의 잘못을 드러내기 위해서이다(10:16).

③ 하나님께서 애굽의 신들에게 내리는 심판을 보이기 위함과 여호와는 모든 신들 위에 뛰어남을 알리기 위함이다(민 33:4, 출 18:10-11)

2) 재앙의 성격

① 첫 번째 세 재앙(피, 개구리, 이)은 애굽인들의 생활의 안락을 훼방했다.

② 두 번째 세 재앙(파리, 가축, 종기)은 애굽인들의 소유를 치셨다.

③ 세 번째 세 재앙(우박, 메뚜기, 흑암)은 황패와 죽음을 가져옴

④ 네 번째 재앙(장자의 죽음)은 마지막 심판을 가져옴.

3) 열 가지 재앙이 주는 교훈(7:14-10:29)

① 첫째 재앙 - 물이 피가 됨(7:14-23)

- 경고 - '내 백성을 보내라'(7:16)
- 영적 교훈 - 애굽의 젖줄인 나일 강이 죽음의 피로 변했다(요1:17).

② 둘째 재앙 - 개구리(8:1-5)

- 경고 - '내 백성을 보내라'(8:1)
- 영적 교훈 - 악한 권세(계 16:13)를 보여 줌.

③ 셋째 재앙 - 이(8:16-19)

- 경고 - 없었음
- 영적 교훈 - 불경건한 것에서 거룩해져야 한다.

④ 넷째 재앙 - 파리떼(8:20-24)

- 경고 - '내 백성을 보내라'(8:20)
- 영적 교훈 - 불결한 것들을 말한다(레 11:4-38)

⑤ 다섯째 재앙 - 생축에 악질이 생김(9:1-7)

- 경고 - '내 백성을 보내라'(9:1)
- 영적 교훈 - 신성시하는 짐승에 악질이 생긴다(잠 21:4)

⑥ 여섯째 재앙 - 사람과 짐승에게 독종이 생김(9:8-12)

• 경고 - '내 백성을 보내라'(9:8-12)
• 영적 교훈 - 그들의 잘못된 종교 의식을 친 것이다.(신타이픈)

⑦ **일곱째 재앙 - 우박과 불**(9:13-35)
• 경고 - '내 백성을 보내라'(9:13)
• 영적 교훈 - 마지막 대환난의 때를 보여 준다(계 8:7, 16:21)

⑧ **여덟째 재앙 - 메뚜기**(10:1-10)
• 경고 - '내 백성을 보내라'(10:3)
• 영적 교훈 - 메뚜기로 인한 애굽의 재앙예시(요엘 2:, 계9:)

⑨ **아홉째 재앙 - 흑암**(10:21-29)
• 경고 - 없었음
• 영적 교훈 - 그리스도를 모르는 자들의 심판(유 13절)

⑩ **열번째 재앙 : 장자의 죽음**(11:-12:)
• 경고 - '바로의 마음을 강퍅케 하셨다'(11:10)
• 영적 교훈 - 마음을 강퍅케 하지 말고 하나님의 말씀을 따르라

4) 바로의 술법

바로는 사탄의 모형이다. 그는 최고의 능력을 소유하고 있었고, 거짓말쟁이이고, 살인자였으며, 하나님의 말씀과 하나님의 백성들을 미워했다. 10가지 재앙이 진행되는 동안에 바로는 네 개의 얄팍한 타협안을 내놓고 모세와 협상한다.

① **너희는 이 땅에서 너희 하나님께 희생(예배)를 드리라**(8:25).

바로는 모세에게 '너희는 이 땅(애굽 - 죄악 세상)에서 예배를 드리라고 제안한다. 성도는 죄악 세상과 분리되어야 하며(고후 6:17) 세상과 벗해서는 안 된다(약 4:4).

② **광야에서 희생을 드리되 너무 멀리는 가지 말라**(8:28)

이 말은 믿되 너무 열심히 즉 광신자처럼 즉 진지하게 믿지 말라는 것이다. 봉사도, 교회 출석도, 헌금도 적당히 하라는 유혹이다.

③ **너희 남정네만 가서 여호와를 섬기라**(10:10-11)

이 말은 여자와 자녀들은 이곳(죄악세상)에 두고 너희 남자들만 교회에 나가라는 말이다. 우리는 가족 전체가 구원받아야 한다. 바로의 이 얄팍한 유혹에

넘어갈 수 없다.

④ **양과 소는 머물러 두고 사람만 가라**(10:24)

쉽게 말하면 재물은 이곳에 두고 사람만 가라는 것이다. 우리들이 가지고 있는 모든 물질은 다 주님의 것이다. 성경은 이렇게 말한다. '네 보물 있는 곳에 네 마음도 있다'(마 6-21). 우리는 하나님의 것을 도적질해서는 안 된다(말 3:8-10)

모세는 이 바로의 타협안을 받아들이지 않았다. 우리는 세상과 평화롭게 지낸다고 승리한 것처럼 생각하지만 그렇지 않다. 그리스도께서는 세상과 완전히 분리할 것을 요구하신다.

5. 유월절 구속사건(십자가)(12:1-13:22)

하나님께서는 모세와 아론에게 출애굽하는 그때를 기점으로 새로운 월력(시민력이 아닌 신앙력)을 사용하도록 말씀하셨다. 그런데 그 이유는 몇 가지 의미가 있는 것이다.

첫째 : 구속사적 의미에서 유대인들은 거룩한 선민이고 제사장적 나라이기 때문이다.

둘째 : 오래 동안 노예로 일하던 일을 끝내고 하나님의 천국 백성으로 중생한 날을 기념하기 위해서이다.

셋째 : 이제 유대인들이 독립된 나라로서 출발함을 의미한다. 이제껏은 민간력을 썼으나 새로운 종교력을 썼으며, 해의 첫 달은 '아빕월'이라고 했고, 바벨론 포로 이후에는 '니산월' 이라고 불렀다(느 2:1, 레 3:7). 아빕월은 우리의 3, 4월과 비슷하다.

1) 어린양을 취할 것(3-4절).

이 어린양은 이 달 열흘에 선택하되 각 가족대로 하되 대략 2, 3대가 어울려 형성된 10명 내외를 한 집으로 한다. 이 어린양은 유월절 희생으로 사용될 것이라는 점에서 죽어야 마땅한 죄인들을 대속하기 위하여 친히 십자가에 달려 희생당하신 예수 그리스도를 예표한다(사 53:1-12, 요 1:29, 고전 5:7)

2) 흠 없고 일 년된 수컷으로 한다(5절).

이 양은 흠이 없는 것으로 하되 수컷이고, 양이나 염소 중에서 한다. 이 의미는 완전한 예수 그리스도를 상징하는 것이다(벧전 1:9).

3) 4일간 집에 간직했다가 잡음(3, 6절)

이 양은 아빕월 10일에 미리 정하고 4일간 집에 간직했다가 14일에 잡도록 되어 있다. 즉 4일 동안 집에서 기르면서 아무 흠이 없는지 탈이 없는지 확인한 후에 잡는다.

이 의미는 4란 땅의 고난 숫자를 상징하면서 그 수에 10이란 만수(꽉 찼다)를 곱한 후에 승리했음을 상징하는 것이다.

4) 정월 14일 밤에 양을 잡았다(6절)

이것은 예수의 죽임 당함을 보여 주는데 예수께서는 바로 정월 14일에 십자가에서 돌아가셨다(요 18:39-40, 19:14-18).

5) 양의 피(6-7절)

하나님께서는 양을 잡아 그 피를 집 문 좌우 설주와 인방에 바르라고 했다. 양은 사랑스러운 것이지만 그것으로 구원을 받지는 못한다. 이 양은 죽어야 한다.

우리는 그리스도를 알거나 그의 생활을 통해서 구원 받는 것이 아니다. 우리는 그리스도의 보혈(피)로 구원을 받는 것이다(히 9:22, 레17:11). 이것이 하나님의 유일한 구원의 방법이다(고전 1:18-23, 요 1:29).

6) 고기를 먹음(8-20절)

'그 밤에 그 고기를 불에 구워 무교병과 쓴 나물과 아울러 먹되 날로나 물에 삶아서나 먹지 말고 그 머리와 정강이와 내장을 다 불에 구워 먹고 아침까지 남겨두지 말며 아침까지 남은 것은 곧 소화하라'(8-1).

이것은 주님 자신의 살이다. 우리가 주님의 피로 구원을 얻었으면 계속 주님의 살을 먹어야 힘을 얻는다.

7) 하나님의 말씀을 신뢰했다(21-42절)

하나님의 말씀을 믿고 그대로 행한다는 것은 축복이다. 애굽인들은 이런 일을 하는 유대인들을 어리석게 생각하고 많이 조롱했을 것이다. 그러나 하나님의 하시는 일은 조금도 착오 없이 잘 진행되었다.

8) 장자가 된 성도(13:1-22)

2절에 '사람이나 짐승의 초 태생은 다 거룩히 구별하여 내게 돌리라 이는 내 것이니라'고 했다. 이제 유대인들은 장자가 되었다. 예수 그리스도의 피가 구원했다. 이 구원 얻은 사람들은(유대인들) 이제 7일 동안 무교병을 먹고 제 7일에는 절기를 지켜야 한다. 이것이 무교절이며 이 무교절은 거룩한 생활을 말하는 것이다.

하나님은 가장 좋은 길을 인도하시고(17-18), 낮에는 구름 기둥으로 밤에는 불기둥으로 인도하신다. 하나님께서는 우리들을 구원하시고, 먹이시고, 인도하시고, 보호하심을 알아야 한다.

6. 구원 얻은 성도의 생활(14:1-12)

성도(이스라엘 백성들)들은 12장의 엄청난 사건에서 구원의 확신을 맛보았다. 그렇다면 구원 얻은 성도다운 생활이 일어나야 할 것이다. 그러나 뒤에서 쫓아오는 바로와 그 군대들, 그리고 앞에 가로막혀 있는 홍해바다, 이런 것으로 쉽게 낙심하고 만다.

10-12절을 보면 이스라엘 백성(성도)들이 하나님과 모세에게 이렇게 불평을 털어 놓는다. '애굽에 우리 매장지가 없어 우리를 광야로 이끌어 내어 죽게 하느냐 그리고 우리가 애굽 사람을 섬기는 것이 광야에서 죽는 것보다 낫겠다.' 이 얼마나 어리석은 말인가? 성도는 성도답게 살아야 성도가 되는 것이다.

하나님께서는 이스라엘 백성들이 이렇게 되는 것을 미리 아시고 3절 같은 말씀을 하신 것이다(3절).

7. 믿음으로 홍해를 건넘(부활)(14:13-31)

십자가의 구원을 체험한 사람은 '믿음'으로만 승리를 하게 되는 것이다. 모세는 벌벌 떨고 있는 이스라엘 백성들에게 13-14절 같은 말을 했다.

첫째 : 두려워 말라.

둘째 : 가만히 서 있어라.

셋째 : 여호와의 구원하심을 보라.

이 세 말이 '믿는 성도'들에게 들려주시는 하나님의 말씀이다.

전쟁은 하나님께 있는 것이다(삼상 17:47). 우리는 가만히 서서 여호와의 싸우시는 것을 바라보기만 하면 된다.

하나님의 사자가 구름기둥, 불기둥을 마음대로 조정하신다(19-20절). 하나님께서는 세상 사람들에게는 어두움을 주고, 하나님의 백성에게는 빛을 주신다. 그리고 하나님께서 큰 동풍으로 밤새도록 바닷물을 물러가게 했다. 모세는 하나님께서 시키시는 대로 했다(15-16, 21, 26-28). 백성들은 서서 구경했다(13-15).

우리들은 홍해를 건너는 사건에서 놀라운 영적 교훈을 얻게 된다. 그것은 '그리스도의 부활'이다. 즉 12-13장은 '그리스도의 십자가'인 동시에 이 14장은 '그리스도의 부활'을 우리들에게 교훈하는 것이다. 바울은 우리들에게 이렇게 가르쳐 준다. '우리는 그리스도의 십자가와 부활'과 연합한 자가 되었다(롬 6:1-11).

8. 모세와 미리암의 노래(15:1-21)

다윗은 이렇게 말한다. '나를 기가 막힌 웅덩이와 수렁에서 끌어 올리시고 내 발을 반석 위에 두사 내 걸음을 견고케 하셨도다. 새 노래 곧 우리 하나님께 올릴 찬송을 내 입에 두셨으니……'(시 40:2-3). 여기 모세와 미리암과 온 백성이 이 하나님의 구원하심을 찬양하고 있는 것이다.

이 찬양에는 '여호와 하나님. 주. 그' 라는 단어가 무려 45번 정도가 나온다. 이 얼마나 '여호와의 위대하심'을 찬양하고 있는 것인가? 이 찬양은 '하나님의 구속'(1-10)과 '인도하심'(11-13)과 '승리'(14-21)를 찬양하고 있는 것이다.

9. 하나님의 보호하심(인도)(15:22-17:16)

약 200만 명이 수르 광야에서 사흘 길을 행하였다. 그런데 이들은 먹을 물을 찾지 못했다. 다행히 마라라는 한 곳을 찾아 기쁜 마음으로 물을 마셨으나 물이 써서 먹을 수가 없으니까 백성들은 또 원망하기 시작했다

1) 마라의 쓴 물과 엘림(15:22-27)

백성들의 원망은 충분히 이해된다. 그러나 이제껏 하나님이 일하시지 않았던가? 우리는 어려운 가운데서도 하나님을 믿고 하나님께 의지해야 한다.

여호와께서 모세에게 지시하신 한 나무를 물에 던지니 물이 달게 되어 먹었다. 물론 이 나무의 영적 교훈은 십자가(벧전 2:24)를 말하고 있는 것이다. 우리는 주님의 십자가를 늘 보면서 승리할 수 있는 힘을 얻어야 한다.

하나님께서는 우리를 '성숙한 신앙의 인격체'(순종, 자기부인, 인내, 믿음 등)로 만들기 위해 시험하신다. 그러나 참고 견디며 이겨야 한다.

그렇게 하다 보면 우리는 '엘림'에 도달하게 되는 것이다. 엘림은 '물 샘 열둘'(성령충만)과 '종려 칠십 주'(승리)가 있다.

우리는 여기서 '장막'(안정)을 치고 쉬어야 한다.

2) 진을 덮은 만나와 메추라기(16:1-36)

출애굽 이후 이스라엘 백성들은 불편할 때마다 늘 하나님을 원망하고 지도자 모세를 원망했다. 이들이 수르 광야를 지나 신 광야에 왔을 때도 먹을 양식으로 인해 원망하기 시작한 것이다. 그러나 하나님께서는 '만나'와 '메추라기'로 먹는 문제를 해결해 주셨다. 그런데 여기서 백성들의 원망을 해결해 준 '만나'는 '예수 그리스도의 말씀'을 예증하는 것이다. 우리는 만나가 예수를 어떻게 예증하는 것인가를 알아야 한다.

① 만나의 모양과 그리스도의 속성

첫째 : 만나는 작은 것이다(14절)
이것은 그리스도의 겸손을 보여 주는데, 주님은 종(마가복음)의 위치에서 사역하셨고, 최고 높은 하늘에서 최고 낮은 곳으로 오셔서 세례를 받으셨다(빌 2:6-8).

둘째 : 만나는 둥근 것이다(14절).
이것은 그리스도의 영원성을 말하는 것인데, 주님은 영원하신 하나님(요 8:53-59) 이시기 때문이다.

셋째 : 만나는 희다(31절).
이것은 그리스도의 순전성을 말하는 것으로 주님은 죄가 없으신 분이시다(히 4:15).

넷째 : 만나는 꿀 섞은 것처럼 달다(31절).
이것은 그리스도의 아름다운 성품을 말하는 것으로 주님은 온유하고 사랑이 넘치신다(요 5:8-9, 8:11, 요1서 4:8, 마 11:29).

② 만나와 예수 그리스도는 세상에 온 방법이 비슷하다.

첫째 : 만나는 하나님이 내리신 하늘의 선물이다(15절).
그리스도는 하나님의 선물이다(요 6:32 - 33).

둘째 : 만나는 밤에 내린다(13-14절)
주님도 밤(죄악세상) 같은 세상에 오셨다(요 1:9-10).

셋째 : 만나는 이슬 위에 내린다(13-14절)

만나가 이슬(성령) 위에 내린 것같이 주님이 오실 때 성령의 역사하심이 나타났다(눅 1:34-35, 마 3:16)

넷째 : 만나는 광야에 내렸다.

주님은 광야 같은 이 세상에 오셨다.

다섯째 : 만나는 매일 주는 것이다(21절).

만나는 매일매일 줍는 것이고 토요일은 주일에 먹을 것까지 이틀 치를 줍는다. 성도들은 영적 양식(말씀)을 매일매일 먹어야 한다(딤후 3:14-17).

★ 매추라기는 신 광야와 호렙 북동쪽 바란 광야에서 거의 1개월 정도만 내려졌다(민 11:21, 31-35)

3) 르비딤에서 일어난 두 사건(17:1-16)

어리석은 백성들은 또 모세를 '원망'(15:244, 16:2, 17:3)한다. 이번의 원망은 마라의 원망과 같이 '물'로 인한 원망이다. 그리고 아말렉과의 싸움이다.

① 르비딤 반석의 물(1-7)

백성들이 모세에게 돌을 칠정도로 과격하게 다툰다. 그러나 모세는 하나님께 기도하는 모습(4절)을 화난 그들에게 보여준다. 여호와께서 모세에게 응답 하셨다. '너는 하수를 치던 그 지팡이를 손에 잡고 가라 그리고 호렙 산 반석 위에 내가 서리니 너는 반석을 치라 그럼 물이 나올 것이다. 이것이 하나님의 응답이다.

모세는 그대로 하여 물을 먹였다. 이것은 매우 중요한 모형적인 교훈인데, 모세가 반석을 치는 것은 '십자가에 죽으신 주님'이시고, 물이 나온 것은 '성령'을 보여주는 것이다.

주님은 십자가에서 죽으시고 부활하셨다. 그리고 제자들은 '성령충만'(행 2:1-4)을 받았다.

우리들은 여기에서 한 가지 꼭 알고 넘어가야 할 것이 있다.

그것은 민 20:1-13절에서 나오는 '물'에 관한 사건이다. 이 사건은 출애굽한 지 40년이 지나 곧 가나안 땅에 들어가야 할 시점에서 일어난 일이다. 거기에서는 '바위에게 명하여' 물을 내라고 했다. 그러나 '두 번 치매'라고 했다. 이것은 '너희가 나를 믿지 아니하고 이스라엘 자손의 목전에 나의 거룩함을 나타내지 아니한 고로'. 그래서 그토록 염원하던 젖과 꿀이 흐르는 가나안 땅을 바라만 보고 들어가지 못했던 것이다. 예수 그리스도는 한번 죽으심으로 우리들의 구원을 이룬 것이다(히 9:12, 10:10, 12, 18).

② **아말렉과의 싸움**(8-16)

아말렉은 에서의 손자(창 36:12, 16)이다. 그러므로 우리 성도들은 항상 육신으로 인한 방해들이 닥쳐온다. 이스라엘 백성들은 르비딤에서 물을 잘 마셨다(성령을 받음). 그 후 육적인 전쟁이 벌어진다. 우리는 이 전쟁을 '신앙과 믿음'으로 이겨야 한다.

√ 모세는 지팡이를 들고 산꼭대기에 올라갔다.(하나님의 권능)
√ 여호수아는 칼을 잡고 아말렉 앞에 섰다.(말씀 의지)
√ 아론과 훌은 좌우에서 모세의 손을 들어 올렸다.(합심의 기도)
√ '여호와 닛시'의 깃발이 올라갔다.(승리)

10. 장인 이드로의 모세 방문(18:1-27)

하나님의 구속사는 인간의 구원이 목적이며, 그 과정에서도 인간을 도구로 사용하신다. 그러므로 하나님은 인간인 성도의 헌신을 구속사 전진의 촉진제로 쓰시는 것이다.

본장에서는 모세가 이드로에게 간증을 하고, 모세가 이드로의 조언대로 행정 조직을 정비하여 최선의 노력을 다하고 있음을 본다.

1) 이드로의 모세 방문(18:1-12)

모세는 출애굽 직후 헤어졌던 장인 이드로를 재회한다(4:18).

이드로는 출애굽을 축하하고, 자신에게 맡겼던 손자를 그에게 돌려줄 생각으로 모세를 방문했다(1-7).

이드로는 모세의 지난 출애굽 이후의 이야기를 듣고 모세와 함께 기뻐한다.

모세의 아들 장남은 게르솜으로 ' 내가 이방에서 객이 되었다'라는 뜻이고, 차남은 엘리에셀로 '하나님이 나를 도우심'이라는 뜻이다.

2) 이드로는 모세의 재판을 보고 조언한다(13-27).

백성 중 천 부장, 백부장, 오십 부장, 십 부장을 세우고 그 재판의 정도에 따라 맡기되 '하나님을 두려워하고, 진실무망하고, 불의한 이를 미워하는 자'를 뽑아 일을 맡겼다.

Ⅱ. 언약 체결과 율법 수여(19:1-24:18)

출애굽기 19장으로부터 24장까지는 이스라엘 백성의 공식적 출발지인 시내 산 언약체결 기록이 나온다.

1. 시내 산 언약 준비(19:1-25)

하나님께서는 온 인류를 구원하시는 것이 그의 목적이다. 그래서 온 인류를 구원하시기 위해 우선 제사장 나라와 거룩한 백성을 뽑아야 했다.(6절). 그래서 하나님께서는 이스라엘을 뽑으신 것이다.

본문 3-6절까지는 이스라엘을 뽑으신 것을 알리신다. 그랬더니 이스라엘 백성은 '여호와의 명하신대로 우리가 다 행 하리이다'(8절)라고 응답한다. 하나님께서 그렇다면 너희는 먼저 성결케 하여야 한다'고 말씀하신다.

하나님께서 시내 산꼭대기에 임재하셨다. 그리고 모세만 접근하도록 말씀하신다(20절). 모세에게 말씀하시는데 모든 사람들이 시내 산에 접근하지 못하도록 명령하시고, 그리고 모세는 백성들에게 이 말을 전했다(21-25절).

2. 십계명과 두 종교 의식 법(20:1-26)

율법은 도덕법, 시민법, 종교 의식 법으로 나눌 수 있는데 이 시내 산에서 주어진 언약은 도덕법과 시민법이다. 그리고 종교 의식 법을 출애굽기 후반부와 레위기에서 주로 다룬다.

시내 산 율법의 내용은 대체적으로 신약에서 주님께서 주신 산상수훈과 그 영적 의미를 같이하고 있다.

1) 십계명(1-17)

십계명의 제정자는 '하나님'이시다.(1-2절)

① 나 외에 다른 신을 두지 말라(3절)	대신관계
② 너를 위하여 우상을 만들지 말라(4-6절)	
③ 여호와의 이름을 망령되이 하지 말라(7절)	
④ 안식일을 거룩하게 지키라(8-11절)	
⑤ 네 부모를 공경하라(12절)	대인관계
⑥ 살인하지 말라(12절)	
⑦ 간음하지 말라(14절)	
⑧ 도적질하지 말라(15절)	
⑨ 네 이웃에게 거짓 증거하지 말라(16절)	
⑩ 네 이웃의 것을 탐내지 말라(17절)	

✷ 이 십계명은 '구약의 모든 율법'의 기초를 이루고 있다.

2) 종교 의식(18-26)

하나님의 임재를 본 백성들은 두려워 떨고 있었다. 모세가 이들을 안심시킨다(18-21절). 그리고 이들에게 십계명의 실제적 운영을 다룬 70개의 언약 서를 가르친다.(20:22-23:33).

- 우상 제작 엄금(22-23)
- 제사 종교의 제단에 관한 지침(24-26)

3. 각종 시민법과 언약 체결의 조건(21:1-23:33)

1) 21장(이곳은 십계명의 5, 6 계명이라고 볼 수 있다)

- 남종에 관한 법(1-6)
- 여종에 관한 법(7-11)

- 고의로 살인한 죄(12-14)
- 부모를 구타한 죄(15)
- 타인을 유괴한 죄(16)
- 부모의 권위를 무시하고 저주한 죄(17)
- 이웃의 신체를 손상한 죄(18-32)
- 이웃의 재산에 손해를 입힌 죄(33-36)

2) 22장(이곳은 십계명의 8계명이라고 볼 수 있다)

- 이웃의 재물을 도적질한 죄(1-4)
- 가축의 관리 소홀, 화재 등의 이웃 재산(5-6)
- 맡겨준 물건을 피해한 죄(7-13)
- 빌려준 물건을 피해한 죄(14-15)

✷ 여기부터는 영적, 육적 문란 죄를 다룬다.

- 처녀의 순결을 더럽힌 죄(16-17)
- 무당의 철저한 배격(18)
- 짐승과 행음하는 죄(19)
- 다른 신에게 희생하는 자(20)
- 이방 나그네를 학대 하는 자(21)
- 과부나 고아를 괴롭게 하는 자(22-24)
- 가난한 자를 해롭게 한자(25-27)
- 하나님의 선민이 못한 죄(28-31)

3) 23장(이곳은 십계명 중 9계명에 해당된다)

- 거짓 증거를 금할 것(1-3)
- 원수라도 이웃의 재산을 보호할 것(4-5)
- 잘못된 재판 건(6-9)
- 토지 사용에 관한 법(10-11)
- 안식일의 준수(12-13)
- 유대인이 지켜야 할 3대 절기(14-19)

✓ 무교병의 절기 - 아빕월 15일 - 21일
14일 저녁은 유월절이고 그 후 7일간은 무교절

✓ 맥추절 - 이 절기는 칠칠절(신 16:10), 오순절(행 2:1), 초실절(34:22) 이라고도 하며 일종의 추수 감사절과 같다. 첫 보리 추수부터 밀 추수 때까지 50일을 말한다. 정확하게 말해서 무교절의 안식일부터 세어 50일째 되는 날이다.

✓ 수장절 - 티스리월(7월) 15일부터 일주일 간(지금의 9, 10월에 해당) 수장절을 초막절(FP 23:24, 신 16:13, 슥 14:16, 요 7:2), 장막절, 성막절 등으로 불린다.

- 여호와께 대한 철저한 순복, 섬김, 거룩 유지 등(20-33)

4. 시내산 언약 체결과 모세의 재차 시내 산에 오름(24:1-18)

하나님께서는 이제까지 율례를 말씀하셨다(20:1-23:33). 그런데 이제는 백성들과 언약을 체결하는 것이다.

1) 언약 체결 절차(1-11)

① 모세가 여호와의 말씀과 율례를 고하니 백성들은 응답했다.

② 모세가 언약의 말씀을 기록하고, 열두 기둥을 세우고, 번제와 화목제를 드리되 피를 양푼에 담아 반은 단에 뿌린다.

③ 언약 서를 낭독하고 백성들은 응답한다. 그리고 언약의 피를 뿌린다.

④ 언약 체결 후 공동 식사를 한다.

2) 모세의 재차 시내 산에 오름(24:12-18)

모세는 재차 시내 산에 올라 성막에 대한 각종 식양과 하나님의 명령을 기록한 십계명 두 돌판을 받는다.

Ⅲ. 성막 계시와 범죄와 완성(25:1-40:38)

출애굽기 25:1-31:18절까지에는 성막 제도에 관한 규례들이 있고, 35:1-40:33절까지는 실제적인 성막 건축 과정을 기록하고 있다.
그리고 그 중간은 우상 숭배 사건이 나온다(32:-34:)

1. 성막 건립(25:1-40)

1) 성막 건립의 서론(25:1-9)

우선 성막은 3가지 조건이 맞아야 한다.
① 예물을 기쁜 마음으로 내는 자의 것이어야 한다(1-2절).
② 하나님께서 지정하신 예물이어야 한다(3-7절)
③ 하나님의 계시에 따라 성막을 지어야 한다(8-9절).

2) 법궤를 만들 것(10-16)

법궤는 조각 목으로 하고 정금으로 싸도록 했다. 조각 목은 '예수 그리스도의 인성', 그리고 금으로 싼 것은 '예수 그리스도의 '신성'을 의미하고 있다.
'법궤' 안에는 만나와 십계명과 아론의 싹 난 지팡이가 있는데 이것은 '부활과 말씀'을 상징한다.

3) 속죄소를 만들 것(17-22)

속죄소를 시은 좌라고도 하는데 이것은 법궤를 덮는 뚜껑과도 같으나 뚜껑은 아니다. 그리고 그룹들이 있어 서로 연결되어 있다.

4) 떡 상을 만들 것(23-30)

조각 목으로 만들되 정금으로 싼다. 그리고 금테를 두른다. 채도 만든다. 진설병을 만들어 항상 있게 한다.

5) 등대를 만들 것(31-40)

이 등대는 일곱 개의 가지를 이루고 있으니 밤부터 동틀 때까지 성도의 어두움을 밝힌다(성막 론에서 그 모양을 설명할 것이다).
이 등대는 세상의 빛되신 주님을 상징한다(요 8:12).

2. 성막 앙장과 널판(26:1-37)

1) 성막 덮개(앙장)(26:1-14)

① 제1 앙장(1-6)

✓ 재료 - 베실, 청색, 자색, 홍색 실로 한다.

✓ 예수 그리스도의 모형이다.

베실(흰색)- 그리스도의 순결성

청색 - 그리스도의 거룩성

자색 - 그리스도의 공의성

홍색 - 그리스도의 희생성

② 제2 앙장(성막을 덮는 막)(7-13)

이것은 제 1 앙장을 덮는 제2 앙장을 가리킨다.

✓ 재료 - 염소 털

✓ 예수 그리스도의 모형 - 예수 그리스도의 사랑을 말한다.

③ 제3 앙장(막의 덮게)(14)

이것은 제 2 앙장을 덮은 제3 앙장을 가리킨다.

✓ 재료 - 붉은 물들인 수양의 가죽

✓ 예수 그리스도의 모형 - 예수 그리스도의 희생을 말한다.

④ 제4 앙장(14)

이것은 제 3 앙장을 덮은 제 4 앙장을 가리킨다.

✓ 재료 - 해달의 가죽

✓ 예수 그리스도의 모형 - 겉으로 보면 아름다움이 없다(사 53:2)

2) 성막 널판(26:15-30)

① 널판은 모두 48개이며 한 널판에 두 받침을 만든다.

② 또 하나는 성소와 성막 뜰 다섯 기둥 위에 걸어서 성소와 성막을 구별하게 한다.

③ 띠도 만든다.

3) 성막 내의 두 휘장(31-37)

① 두 휘장 중 하나는 지성서와 성소 사이에 네 기둥 위에 걸어 지성소와 성소를 가린다.
② 또 하나는 성소와 성막 뜰의 다섯 기둥 위에 걸어서 성소와 성막을 구별하게 한다.
③ 이 휘장은 청색, 자색, 홍색, 가늘게 꼰 베실로 짠다.

3. 번제 단과 성막 뜰(27:1-21)

1) 번제 단(1-8)

① 조각 목으로 단을 만든다. 그리고 네 귀퉁이에 뿔을 올리고 채도 만든다.
② 부속물로 재를 담는 통, 부삽, 대야, 고기 갈고리, 불 옮기는 그릇, 단에 들어갈 그물을 만든다.
③ 이것은 주님의 십자가를 의미한다.

2) 성막 울타리(9-21)

① 울타리(기둥, 세마포, 그 외 부속품)를 만든다
② 등대의 기름과 관리법이 나온다(20-21)
③ 이 울타리는 세상과 거룩하신 하나님은 결코 분리되어야 할 것을 영적으로 보여준다(고후 6:14-18).

4. 제사장의 예복(28:1-43)

출애굽기 28장은 제사장들의 모든 예복을 만드는 일반적인 규칙과 예복에 대하여 묘사하고 있다. 아론과 그의 아들들은 성직을 위임 받았다는 표시로 그들이 성별될 때 처음으로 그것을 입었으며, 그 다음에는 직무를 수행 할 때만 입는 것으로 아무 때나 입지 못하게 되어 있다.

제사장의 예복은 수를 놓은 겉옷과 고의 그리고 관으로 되어 있으며 가느다란 베실로 만들어진 허리띠와 의상들은 청색, 홍색, 자색으로 아름답게 장식되었다. 이러한 제사장들의 예복과 색깔의 형태는 몇 가지 의미가 있는데,

첫째 : 대 제사장이신 예수 그리스도를 나타내며,
둘째 : 신약 시대의 모든 믿는 자와 구약 시대의 하나님으로 말미암아 임명된 자들은 하나님의 제사장이라는 의무와 비밀을 가진 자요,

셋째 : 믿는 성도들은 예수 그리스도의 의의 옷을 덧입은 자들로 이 옷을 입고 주님의 혼인 잔치에 들어갈 수있는 자격을 얻는다(마 22:12-13, 계 19:8).

제사장들이 그들의 직임을 위해 입는 예복은 여러 가지 부분으로 되어 있는데, ① 반포속옷, ② 에봇과 두견대, ③ 에봇 받침 겉옷, ④ 에봇 띠, ⑤ 우림과 둠밈, ⑥ 흉패, ⑦ 관, ⑧ 금패 등으로 구분 되어 있다.

우리들은 이 제사장들이 입었던 예복과 색깔과 형태에서 예수 그리스도에 대하여 더욱 잘 알 수 있는데 그것은 다음과 같다.

첫째 : 예수 그리스도는 아름다우시다.

둘째 : 예수 그리스도는 영화로우시다.

셋째 : 예수 그리스도는 거룩하시다.

1) 에봇(출 28:5-14, 39:1-7)

(1) 모양

① 소매가 짧고 기장은 무릎까지 내려오며 겉옷 위에 입는다.

② 앞뒤의 두 조각이 하나로 이루어졌다.

③ 어깨 위의 두 개의 보석으로 연결된 견대에 붙은 금 고리 걸 쇠로 연결시켰다.

④ 에봇의 앞과 뒤는 어깨띠와 같이 매게 되어 있는 띠가 있는데, 그것은 제사장의 허리에 조여 내려오지 않게 고정시키도록 되어 있다.

⑤ 금실과 청색, 자색, 홍색, 가늘게 꼰 베실로 짠 하나로 된 옷이다.

(2) 교훈

① 색깔이 주는 교훈

가) 청색 : 예수 그리스도의 신성(요한복음)

나) 자색 : 예수 그리스도의 왕권(마태복음)

다) 홍색 : 예수 그리스도의 고난(마가복음)

라) 베실 : 예수 그리스도의 성결(누가복음)

② 네 가지 색과 금실이 주는 교훈

예수의 두 성품 즉 신성과 인성을 보여주고 있는 것이다(빌 2:6-11).

③ 어깨 위의 두 견대가 주는 교훈

가) 두 견대의 위치

우 편 견 대
르우벤, 시므온, 레위, 유다, 단, 납달리

좌 편 견 대
갓, 아셀, 잇사갈, 스블론, 요셉, 베냐민

나) 호마노 보석 위에 이스라엘 열두 지파 이름을 새겨 어깨에 달았다. 이것은 온 인류를 양 어께에 짊어지신 우리 주님을 보여 준다(사 53:4-6, 마 8:17).

다) 달 때는 금띠로 매어 달았는데 주님의 권위를 나타낸다.

2) 가슴의 판결 흉패(출 28:15-29, 39:8-21)

(1) 모양

① 대 제사장의 가슴에 붙였다.

② 정교하고 아름다우며, 금색 실과 청색, 자색, 홍색, 가늘게 꼰 베실로 짠 재료 빼서 만들었다(출 28:15).

③ 흉패 속에는 '우림'과 '둠밈'을 넣었다

④ 흉패는 청색 끈으로 흉패 고리와 에봇 고리에 꿰어 공교히 짠 에봇 띠 위에 붙여 움직이지 않게 하였다.

⑤ 에봇은 예식 복이었고, 흉패는 영예의 상징이었다.

⑥ 흉패에는 네 줄의 보석이 있는데 각 줄에 셋씩 열두 보석으로 꾸며져 있다.

⑦ 흉패 위에 있는 열두 보석은 이스라엘의 열두 지파를 상징하며, 이 열두 보석에는 이스라엘의 열두 지파의 이름이 하나씩 새겨져 있다.

(2) 교훈

① 흉패에 있는 열두 보석과 열두 지파

가) 열두 보석과 열두 지파의 위치

첫째 줄	보 석	홍보석	황옥	녹주옥
	지 파	유 다	잇사갈	스불론
둘째 줄	보 석	석류석	남보석	홍마노
	지 파	르우벤	시므온	갓
셋째 줄	보 석	호박	백마오	자수정
	지 파	에브라임	므낫세	베냐민
넷째 줄	보 석	녹보석	호마노	벽옥
	지 파	단	아셀	납달리

나) 열두 보석과 열두 지파가 주는 교훈

㉠ 홍보석(유다)

- 빨간 색으로써 대 제사장의 가슴받이에 있고 열두 보석 중 첫 번째 보석이다.
- 홍보석 위에 야곱의 넷째 아들 유다지파의 이름이 있는데 유다는 '찬송, 메시아, 왕'이란 축복을 받았다(창 29:35, 49:8-12).
- 예수 그리스도는 우리를 위해 피 흘리심으로 하나님을 찬송하는 모범을 보여 주셨다.

㉡ 황옥(잇사갈)

- 황옥은 진한 노란색의 광채를 가진 보석이다.
- 황옥 위에 야곱의 아홉 번째 아들 잇사갈 지파의 이름이 새겨져 있는데 '값을 주셨다, 배상, 보상'의 뜻이 있다(창 30:18)..
- 예수 그리스도는 우리의 죄를 없애기 위해 '피 값'을 치르시고 십자가에 돌아가셨다(고전 6:19-20).

ⓒ 녹주옥(스블론)

- 녹주옥은 반짝이는 홍색을 말한다.
- 이 보석 위에 야곱의 열째 아들 스블론의 이름이 새겨져 있는데, '거주하심'이란 뜻이 있다.
- 예수 그리스도는 항상 우리를 살피시고 보존해 주시기 때문에 우리는 그 안에 거하여야 한다.

ⓓ 석류석(르우벤)

- 석류석은 대제사장의 가슴받이에 있는 둘째 줄에 있는데 빨간 색이다.
- 이 보석 위에 야곱의 장자인 르우벤의 이름이 있는데 '보라 아들이라'라는 뜻이 있다.
- 창 49:3절에 보면 르우벤은 '물의 끓음' 같이 안정이 없지만 그 이름이 보석에 새겨짐으로 영구적인 힘의 반석으로 옮겨진 것이다.

ⓔ 남보석(시므온)

- 남보석은 청색의 보석이다.
- 이 보석 위에 야곱의 둘째 아들인 시므온의 이름이 있는데 '들으심'이란 뜻이다.
- 예수 그리스도는 하나님으로써 신적 권위를 가지고 우리의 괴로움을 들으신다.

ⓕ 홍마노(갓)

- 홍마노의 색깔은 연분홍색이다.
- 이 보석 위에 야곱의 일곱째 아들 갓의 이름이 새겨져 있는데 '복됨'이란 뜻이다.
- 예수 그리스도는 우리의 복의 근원이 되신다.

ⓖ 호박(에브라임)

- 호박은 대 제사장의 가슴받이의 셋째 줄에 있는데 담황색이다.
- 이 보석 위에 요셉의 둘째 아들인 에브라임의 이름이 새겨져 있는데 '풍성함'이란 뜻이다.
- 우리는 예수 그리스도로 말미암아 풍성한 열매를 많이 맺을 수 있다.

ⓞ 백마노(므낫세)

• 이 보석은 붉은 빛 무늬 빛깔로 되어 있다.
• 이 보석 위에 요셉의 첫째 아들인 므낫세의 이름이 새겨져 있는데 '잊어버림'이란 뜻이다.

* 우리는 예수 그리스도로 말미암아 과거 괴롭고 험난했던 일들을 잊어버리고 새로운 삶을 살아야 한다.

ⓩ 자수정(베냐민)

• 이 보석은 매우 단란한 자줏빛을 띤 아름다운 보석이다.
• 이 보석 위에 야곱의 열두 번째 아들인 베냐민의 이름이 새겨져 있는데 '오른 손의 아들'이란 뜻이다.
• 예수 그리스도는 우리의 힘이 되신다(출 15:6, 시 17:7, 20:6)

ⓩ 녹보석(단)

• 이 보석은 대 제사장의 가슴받이 넷째 줄에 있는데 황록색을 띠고 있다.
• 이 보석 위에 야곱의 다섯째 아들인 단의 이름이 새겨져 있는데 '억울함을 푸심'이란 뜻이다.
• 예수 그리스도로는 우리들의 억울한 모든 문제를 풀어 주신다.

ⓚ 호마노(아셀)

• 이 보석은 엷은 초록색으로 되어 있다.
• 이 보석 위에 야곱의 여덟 째 아들인 아셀의 이름이 있는데 '기쁨'이라는 뜻이다.
• 예수 그리스도는 우리들의 기쁨과 축복과 행복이 되신다(신 33:24).

ⓣ 벽옥(납달리)

• 이 보석은 푸른색에 가까운 보석이다.
• 이 보석 위에 야곱의 여섯 번째 아들인 납달리의 이름이 새겨져 있는데 '경쟁함'이란 뜻이다.
• 예수 그리스도는 모든 것에 대한 승리자이다(요 19:30).

※ **야곱의 열두 아들(창 29:-30:, 35:)**

- 야 곱
  - 레아의 소생
    - 르우벤(보라 아들이라)
    - 시므온(들으심)
    - 레위(연합함)
    - 유다(찬송함)
  - 라헬(빌하)의 소생
    - 단(억울함을 푸심)
    - 납달리(경쟁함)
  - 레아(실바)의 소생
    - 갓(복됨)
    - 아셀(기쁨)
  - 레아의 소생
    - 잇사갈(값)
    - 스불론(거함)
  - 라헬의 소생
    - 요셉(더함)
    - 베냐민(슬픔의 아들, 오른 손의 아들)

② **우림과 둠밈**(출 28:30, **민** 27:21, **삼상** 28:6).

가) 우림과 둠밈의 위치

㉠ 대제사장이 가슴에 매는 흉패 속에 있다.

㉡ 흉패에 있는 열두 보석과는 분리되어 있다.

나) 우림과 둠밈의 용어적인 의미

㉠ 헬라어로써의 우림과 둠밈

- δηλωασιξ και αληΘεαι - 계시와 진리
- φωτισμοι και τελειωσειξ - 빛나는 것들과 완전한 것들
- Τελειτηξ και διδαχἤ - 완전한 교훈

㉡ 영어로써의 우림과 둠밈

- 우림(Urim)은 'Right'(빛)이고, 둠밈(Thummin)은 Perfection(완전함)이다.
- Holdcroft는 말하기를 'YES'와 'No'(예와 아니오)를 지시할 때 사용했다.
- Septuagint 는 LXX, B.C. 270년 경에 완성된 헬라어 구약 성경(70인역)에는 이 두 낱말이 표현과 진리로 번역되었다.

다) 우림과 둠밈이 주는 교훈

㉠ 예수께서는 우리들의 생각을 지시하시고 권고하심을 보여준다.(민 27:21, 삼상 28:6).

㉡ 예수께서 완전하신 빛이 되심을 보여준다(요 8:12, 12:46, 요1서 1:5).

㉢ 우림(빛) 둠밈(완전함)을 동시에 사용한 구절들

신 33:8, '주의 둠밈과 우림이 주의 경건과 그에게 있도다'
스 2:63, '우림과 둠밈을 가진 제사장이 일어나기 전에는'
느 7;65, '우림과 둠밈을 가진 제사장이 일어나기 전에는'

3) 에봇 받침 겉옷(출 28:31-35)

(1) 모양

① 에봇 받침은 겉 예복으로 에봇 바로 안에 받쳐 입는 옷이며, 무늬가 없는 순수한 청색으로 되어 있다.
② 에봇보다 약 7-8인치 아래로 내려오도록 했다.
③ 위에서 아래까지 한 조각으로 되어져 있으며 구멍을 내어 동그랗게 엮어서 찢어지지 않게 했다.
④ 에봇 받침의 가장자리에는 석류로 줄을 만들어 수를 놓았다.
⑤ 정금으로 방울을 만들어 옷 가장자리를 돌아가며 석류 사이에 달았다.

(2) 교훈

① 청색은 생명이 되시는 예수 그리스도를 상징한다.
② 청색은 화평의 주님을 상징한다.
③ 청색은 하늘로 올라가신 주님을 상징한다.
④ 가장 자리에 달린 금방울은 기쁨과 계시의 표현인 복음을 의미한다.
⑤ 석류가 금방울 사이에 아름답게 수놓아져 있다는 것은 향기로운 하나님의 말씀과 증거의 상징이며 즐거운 영적 표현이다.
⑥ 석류의 씨는 충만한 열매를 가져오기 때문에 열매 맺는 우리의 신앙생활을 보여 준다.

4) 반포 속옷(출 28:4, 39, 39:27)

(1) 모양

① 직조한 가는 베실로 만든 것이다.
② 통으로 짠 것이다(요 19:23).
③ 제사장의 예복 중 가장 안에 입는 속옷이다.
④ 길이는 발까지 내려오고 소매는 손목까지 내려 오도록 했다.
⑤ 제사장들이 그들의 몸을 씻은 후 제일 처음에 입는 옷이다(레 8:6-7).

(2) 교훈

① 예수 그리스도는 의로우시다(롬 3:21-22).
② 우리도 의롭다 하심을 받았다(롬 5:18).
③ 우리가 주님의 일을 할 때 먼저 성결해야 한다.

5) 관(출 28:39, 39:28)

(1) 모양

① 가는 베실로 만들었다.
② 그 위에 '여호와께 성결'이라고 쓴 금띠를 앞에 붙였다.
③ 이 관은 히브리어 뜻에는 '싸다, 주위를 말다'라는 의미가 있다.
④ 욥 29:14, 사 62:3절에는 두건(頭巾. Hoods)이라고 했다.
⑤ 사 3:23, 슥 3:5절에는 '관'으로 사용되었다.

(2) 우리에게 주는 교훈

① 예수께서는 우리를 위해 자기 비하(빌 2:6-8)하셨고, 슬픔 혹은 수치를 당하셨다. 성경에는 머리에 무엇을 쓰는 것은 슬픔 혹은 수치심으로 상징한다(삼하 15:20, 에 6:12, 렘 14:3).
② 흰 세마포로 만들어진 것은 우리 주님의 의와 순결을 보여 주는 것이다(단 7:9, 계 1:14).
③ '여호와께 성결'이란 것은 우리가 주님처럼 늘 성결해야 한다는 것이다.

6) 에봇 띠(출 28:29, 39:4-5, 레 8:7)

(1) 모양

① 에봇이 어깨와 함께 연결되었는데 이것을 띠로 묶었다.
② 띠는 가는 베실, 청색, 자색, 홍색 길로 공교히 수놓아 만든다.
③ 띠는 허리에 감아 앞으로 묶게 되어있고, 끝은 수술같이 아래로 내려졌다.
④ 띠의 길이는 6피트였다(Strong의 주장)

(2) 교훈

① 띠는 봉사를 상징한다(눅 17:8).
② 띠는 힘을 상징한다(사 22:21).
③ 띠는 준비를 갖춘 자세를 의미한다(눅 12:35, 출 12:11)

5. 제사장 위임식 규례와 상번제 규례(29:1-46)

이제 실제로 제사장들이 거룩한 봉사에 임할 수 있도록 하는 위임식 절차가 여기에 나온다. 물론 이 위임 식은 성막이 완성되고 또 제사 규례가 전달된 이후에야 비로소 거행되는 것이다(40:17, 레 8:1-36).

1) 위임 식 절차(1-37)

① 위임 식에 소요될 제물이 필요하다(1-3).
② 물로 몸을 깨끗이 씻어야 한다(4).
③ 아론에게 성의를 입힌다(5-6).
④ 관유를 그 머리에 부운다(7).
⑤ 아론의 아들들에게 옷을 입힌다(8-9).
⑥ 속죄제, 번제, 화목제 등의 제사를 드린다(10-34).
⑦ 7일간 계속하여 진행된다(35-37).

✷ 제사장 위임 식에는 세 가지가 있다.
✓ 물 - 제사장이 더럽고 추한 옛 모습을 씻고 새롭게 변화되었음을 상징한다.
✓ 기름 - 세상으로부터 구별과 하나님으로부터 특별한 재능과 권위 부여와 성령의 내주를 상징한다.
✓ 피 - 전적인 회개와 헌신, 그리고 화해를 상징한다.

2) 상번제 규제(38-46)

아침, 저녁으로 번제, 소제, 전제를 드린다.

6. 여러 가지 규례들(30:1-38)

1) 분향단(1-10)

이것은 우리를 위하여 기도하시는 주님의 모습을 보여준다(롬 8:34), 그리고 성도들의 기도를 보여주고 있다.

2) 속전제도(11-16)

고대 사회에서 자신의 몸값을 주인에게 지불하는 속전제도가 있었다(21:11). 유대인들의 처절한 처지에서 하나님이 건져주신 것이다.

이제 하나님의 성막을 짓기 위해 유대백성들이 속전 '반세겔'씩 드리는 것은 오히려 감사한 것이다.

3) 물두멍에 관한 규례(17-21)

이 물두멍은 번제단과 성소 사이에 있다. 이것은 정하신 치수 없이 항상 제사장들이 성에 들어갈 때나 번제 단에서 짐승을 잡을 때 손발을 씻는 것이다. 이것은 '물로 씻어 말씀으로 깨끗케 하시고'(엡 5:26)를 말하는 것이다.

4) 관유에 관한 규례(22-33)

이것은 성막의 모든 일을 하는 제사장들이 자기 몸에 발라 거룩하게 한다. 그러므로 주의 일을 하는 모든 자들은 '성령의 충만'이 있어야 한다.

5) 향에 관한 규례(22-33)

이것은 분향 시 분향 단에서 사용할 향 제작과 관리에 관한 규례이다. 이 분향은 소합향, 나감향, 풍자향 등과 같은 향품에 유향을 동일한 량을 섞어 만들었다. 이것도 관유와 같이 '성령 충만'을 상징한다.

7. 성막 건축의 일꾼들과 안식일 규례(31:1-18)

성막은 아무나 뽑아 짓도록 해서는 안 된다. 하나님께서는 모세에게 이렇게 말씀하셨다. '하나님의 신(성령)을 그에게 충만하게 하여 지혜와 총명과 지식과 여러 가지 재주'를 갖춘 자를 뽑으라고 하셨다.

그래서 뽑힌 자가 '브사렐과 오홀리압과 지혜로운 자들'이다.

안식일은 이미 '언약 법전'과 '십계명'(16:21-30, 20:8-11)에서 강조하셨다.

8. 하나님과 언약을 파기한 백성들(32:-34:)

구약의 율법은 모두 십계명을 확대한 것이다. 그런데 십계명 중 제 1계명인 '내 앞에 다른 신을 두지 말라'(20:3)를 모세가 산에서 내려오기도 전에 범하고 있는 것이다. 이 얼마나 가련한 백성들인가?

이 땅에서 섬길 하나님은 한 분이시다(행 14:15, 요 4:21-23, 딤전 2:5, 약 2:19, 고전 8:6).

그런데 산 아래의 백성들은 아론을 앞에 세워놓고 금으로 만든 귀고리를 빼어 주면서 이것으로 자기들을 위한 신을 만들라고 했다. 만약 모세의 간절한 중보의 기도가 없었다면(10-14) 모두 진멸 당할 뻔했던 것이다.

1) 32장에서 보여주는 장면(32:1-35)

금송아지를 만들어 놓고 번제, 화목제를 드리며 앉아 먹고 마시며 일어나 뛰놀고 있었다. 하나님께서는 모세에게 지시하신다. 너는 내려가라, 네가 애굽에서 인도하던 네 백성이 부패했다. 그리고 여호와께서 말씀하시기를 '내가 이 백성을 보니 목이 곧은 백성이로다' 이 말씀은 후에 스데반이 순교를 당할 때에도 한 말이다(행 7:51).

모세는 하나님께 간구한다. 이 간절한 간구 기도로 당장 멸망될 것을 모면할 수 있었다. 그 후 모세가 산에서 내려오고 있었다. 백성들은 이미 하나님과의 언약을 맺은 백성들이다. 그런데 이 언약이 깨어지고 있었다. 실제로 모세가 하나님께서 써 주신 그 언약의 돌 판을 산 아래로 내어 던질 때 깨어졌다.

아론은 모세가 묻는 말에 구차한 변명을 한다. 아론은 누구인가? 그는 모세의 대언자이며 대 제사장으로서 백성들의 죄를 위해 하나님께 용서의 제사를 드려 주어야 할 중요한 인물이 아닌가? 이러한 사람이 백성들의 인기를 위해 하나님 앞에서의 올바른 지도를 못한다면 올바른 지도자가 못되는 것이다.

모세는 두 번째 중보 기도를 한다. 이 모세의 두 번째 중보 기도는 자기의 생명까지 담보하는 기도이다(32절). 이런 모습의 영적 교훈은 바로 우리를 위한 주님의 모습을 보여 준다(마 20:28, 요 10:18, 엡 5:2)

2) 모세의 기도로 하나님의 관계가 회복됨(33:1-23)

하나님께서는 1차, 2차의 모세의 기도로 금송아지 우상숭배에 대한 죄를 회복시켜 주셨다. 그러나 가나안 땅까지의 동행은 거절 했다(3절). 그러나 모세가 또 하나님께 기도한다. 이 모세의 기도가 또 하나님의 역사를 회복시켰다(17절).

3) 새 증거판(34:1-35)

하나님께서 재차 모세를 불러 언약을 하신다. 그리고 절기를 지킬 것을 말씀하신다.

9. 성막 제작 봉헌과 하나님의 영광(35:1-40:38)

하나님께서는 앞의 25장부터 31장까지에서 성막 제도에 대해 세밀하게 말씀하셨다. 그런데 본장부터는 이 성막제도를 말씀하신 것을 제작하고 봉헌하는 것들이 기록되어 있다.

1) 성막 제작의 준비(35:1-35)

① 안식일 규례(1-3)

성막 제작에 앞서 안식일 규례를 말씀하시는 것은 안식일과 같은 하나님께 지켜야 할 도리를 분명히 지키면서 하라는 것이다.

이미 안식일을 지킬 것을 여러 차례 말씀하셨다(1:5, 21-29, 20:8-11, 31:12-17, 34:21). 그런데 여기에서는 '불'(3절) 피우는 것까지 금지하고 있다.

② 성막의 재료와 헌신 자(4-29)

이 부분은 하나님께 드릴 예물(4-9)과 성막 안의 여러 가지 만들 것을 지시하신다(10-19). 그리고 백성들이 헌신하고 자원하여 드릴 것을 말씀하신다(20-29).

특히 성막의 일에 책임질 수 있는 두 사람은 브살렐과 오홀리압(30-35)이다.

2) 짓는 일의 시작(36:1-38)

① 넉넉히 바쳐진 재료와 책임자(1-7)

② 성막 짓는 일(8-38)

성막 짓는 일은 '마음이 지혜로운'(성령충만) 사람이 짓는다.

◆ 성막의 앙장(8-19)

성막을 덮는 앙장은 모두 네 앙장으로 되어 있다. 속 앙장, 속을 덮은 앙장, 덮개, 웃 덮게 앙장이다. 이것을 도표로 그린다.

구 분	크 기	재 료	영적의미
첫 번째 앙장 (속 앙장)	길이, 28규빗(12.6m) 너비, 4규빗(1.8m) 모두 10폭을 만듬	• 베실, 청색, 자색, 홍색(연결된 앙장에 무늬를 놓아 그룹을 짠다) • 청색 고리 50개 x 2개 • 금고리 50개	영광스러운 그리스도 (출26:1-6, 36:8-13)
두 번째 앙장 (속 덮개)	길이, 30규빗(13.5m) 너비, 4규빗(1.8m) 모두 11폭을 만듬	• 염소 털 • 고리 50개 x 2개 • 놋 갈고리 50개	희생 당 하신 그리스도 (출 26:7-13, 36:14-18
세 번째 앙장 (덮개)	속 덮개보다 조금 큼	• 붉게 물 드린 수양	피 흘리신 그리스도 (출 26:14, 36:19)
네 번째 앙장 (웃 덮개)	덮개보다 조금 큼	• 해달의 가죽	볼품없는 그리스도 (출 26:14, 36:19)

◆ 성막 '실' 이 주는 영적 의미(8)

✓ 흰색 실 - 그리스도의 순결성

✓ 청색 실 - 그리스도의 신성

✓ 자색 실 - 그리스도의 왕권 성

✓ 홍색 실 - 그리스도의 구속 성

◆ 성막의 널판(20-30)

✓ 성막의 입구(동쪽)를 제외한 3면을 두른 판자이며, 널판 하나의 너비는 1.5 규빗(67.5Cm) 이다.

성막 전체의 길이는 13.5m이고 성막의 높이는 널판 하나의 길이인 10규빗(4.5m)이다. 그리고 조각 목들을 연결하여 세웠다. 촉은 은 받침대에 끼울 수 있도록 널판 아래쪽에 뾰족하게 부착된 연결 쇠를 가리킨다.

이 촉은 널판을 세워 고정시키는데 사용되었다.

✓ 남편의 널판은 20개이다.

✓ 은 바침은 널판 밑에 촉을 끼워 고정하도록 중앙에 구멍이 나있는 요철 모양의 네모진 판을 말한다.

✓ 성막의 북쪽은 남편과 같다.

✓ 성막 뒤 서쪽은 널판 8개 길이로 12규빗(5.4m)이다.

✓ 성막 서쪽의 양끝은 널판을 두 겹으로 하였다.

◆ 띠(31-34)

이 띠는 널판들을 서로 연결하기 위하여 널판 뒤에 붙인 장대 모양의 나무이다. 이 띠는 조각 목으로 만들고 금을 입혔다.

그리고 각 널판 뒤에 부착된 금 고리 사이에 끼워져 널판들을 서로 단단하게 연결시키는 작용을 하였다.

◆ 기둥(35-38)

✓ 성소와 지성소를 구별하는 휘장을 만드는데 이 자료로는 베실, 청, 자, 홍색실로 짜고 그 위에 그룹을 수놓았다. 그리고 네 기둥은 조각목으로 만들어 금을 씌우고 받침은 은으로 만들었다.

✓ 장막 문은 베실, 청, 자, 홍색실로 하되 그룹은 없다. 그리고 기둥은 다섯 개이며, 기둥머리와 그 가름대는 금으로 쌌으며 다섯 받침은 놋으로 받쳤다.

3) 법궤, 속죄소. 상, 등대, 분향단(37:1-29)

위치		크 기	재 료	영적 의미	비 고
지성소	법궤	장. 2 규빗 반(117.4cm) 광. 1 규빗 반(68.4cm) 고. 1 규빗 반 68.4cm)	조각목, 금.	말씀 되신 그리스도	그룹. 채.
	속죄소	장. 2 규빗 반(112.4cm) 광. 1 규빗 반(68.4cm)	금.	우리를 만나 주시는 그리스도	
성소	진설병	장. 2 규빗(90cm) 광. 1 규빗(45cm)	조각목, 금.	떡 되신 그리스도	떡. 금테. 금고리 4개 대접. 숟가락 붓는 병
	등대	밑판, 줄기, 잔, 꽃받침, 꽃이 연결.	정금.	빛 되신 그리스도	등잔 일곱. 불집게. 불똥그릇.
	향단	장. 1 규빗(45cm) 광. 1 규빗(45cm) 고. 2 규빗 반(90cm)	조각목, 금.	중보자 되시는 그리스도	뿔. 금태. 금고리 2개. 향.

4) 번제단, 물두멍, 뜰, 울타리, 성막 제작 결산(38:1-31)

① 번제 단, 물두멍,

위 치		크 기	재료	영적의미	비고
뜰	번제단	장. 5규빗 (225cm) 광. 5규빗 (225cm) 고. 3규빗 (135cm)	놋	희생 제물 되신 그리스도	뿔. 통. 부삽. 대야. 놋. 고기갈고리. 그물. 채. 고리4개.
	물두멍	치수가 없음	놋. 여인의 거울	말씀되시는 그리스도	받침

② 뜰과 울타리

◆ 뜰

✓ 동, 서의 길이가 100규빗(약 45m)
✓ 남, 북의 길이가 50규빗(약 22.5m)
✓ 이곳에는 성막 본체, 물두멍, 번제 단이 있다.
✓ 제사장들은 이곳의 남편과 북편에서 희생 제물을 잡거나(레 1:3) 하나님께 드린 제물을 먹기도 했다(레 6:16).

◆ 울타리

✓ 울타리는 세마포로 둘렀으며, 세마포는 60개의 기둥에 부착된다.
✓ 울타리 세마포를 부착하는 기둥의 위는 은으로 싸고, 아래는 놋으로 싸고, 두 받침으로 세움을 유지한다.
✓ 한 기둥의 높이는 5규빗(2.25m)이다.
✓ 이 기둥의 갈고리와 가름대는 은으로 한다(출 27:10-11).

◆ 문

✓ 동쪽에 문을 달되 문의 길이는 20규빗(9m)이고, 청색, 자색, 홍색, 가늘게 꼰 베실(흰색)로 기둥 4개에 받침 4개로 만든다.
✓ 문 동쪽 15규빗(6.75m), 문 북쪽 15규빗(6.75m)으로 세마포 울타리를 만든다(출 27:16).

✷ 뜰 사면 모든 기둥의 가름대와 갈고리는 은이요, 그 받침은 놋이다.

뜰의 장은 100규빗(45m), 광은 50규빗(22.5m), 세마포 장의 고는 5규빗(2,25m)이다. 그리고 성막에 쓰는 모든 기구와 그 말뚝과 뜰의 포장 말뚝은 다 놋으로 한다(출 27:17-19).

③ 성막 제작의 결산(21-31)

◆ **지혜로운 자들(21-23)**

✓ 이다말 - 증거막을 위하여 쓴 모든 재료의 경비를 계산함.
✓ 브살렐 - 모세의 지시대로 모든 것을 만듦.
✓ 오홀리압 - 조각과 수놓는 것을 책임짐.

◆ **성막 제작에 들은 경비**

✓ 금 - 29달란트 730세겔(약 1,200g).
✓ 은 - 100달란트 1,775세겔(약 3,420g).
✓ 놋 - 70달란트 2,400세겔(약 2,407g).

✷ 금과 은은 20세 이상의 60만 3천 5백 5십이 드려진 속전(반 세겔)으로 만들어졌는데 이 숫자는 1차 인구조사(민 1:46) 때의 숫자이다

5) 제사장의 의복 제작과 성막의 완성(39:1-43)

여기는 하나님의 거룩한 일을 감당하기 위하여 '거룩한 옷'을 입어야 한다. 그래서 모세는 하나님의 지시대로 일을 하도록 맡겼다.

① 에봇 - 대 제사장 되시는 예수 그리스도의 영광(히 4:15)

② 흉패 - 택한 백성들을 모두 구원하시고 사랑으로 품어 주시는 예수 그리스도의 사랑(계 3:5, 20:12, 21:14)

③ 에봇 받침 겉옷 - 예수 그리스도의 하늘의 신성(출 24:10)

④ 관 - 하나님의 권위에 순종하신 예수 그리스도의 순종(요 5:19, 고전 11:3)

⑤ 띠 - 종된 모습으로 성도를 섬기는 예수 그리스도의 겸손과 사랑의 실천(요 13:4-5)

⑥ 반포 속옷 - 예수 그리스도의 순결하고 무죄한 인성(요 1:14)

⑦ 성패 - 대 제사장이신 예수 그리스도의 성결에 대한 보증 패(고후 5:21)

✷ 성막이 완성되어 모세에게 가지고 나온다. 모세는 세밀하게 조사 했다.

✷ 대제사장의 의복은 레위기서 11페이지를 보십시오.

6) 성막 낙성과 봉헌식(40:1-38)

출애굽한 지 만 일 년이 되었다. 하나님께서는 이 달에 봉헌도 하고 성막에 들어갈 모든 기구들도 배열하도록 모세를 통하여 말씀하셨다. 모세의 지시에 따라 온 백성들은 이 출애굽 후(B. C. 1445) 1월 1일에 성막 낙성식을 한 것이다.

하나님의 영광이 성막에 충만히 임재한다. 성막 위에 구름이 덮인 사실을 확인한다. 이것은 오늘날 우리에게도 영원한 하나님의 나라와 예수 그리스도에 대한 그림자요 예표임을 알고 우리는 하나님 나라의 백성으로서 임마누엘의 삶을 살아야 한다.

성 막 론

1. 성막론 목차

Ⅲ. 성소

제 1절. 성소에 대한 서론

제 2절. 성막 널판

제 3절. 성막 덮게

제 4절. 떡상

제 5절. 금등대

제 6절. 향단

제 7절. 성소에 대한 결론

Ⅳ. 지성소

제 1절. 지성소에 대한 서론

제 2절. 성소 휘장

제 3절. 법궤

제 4절. 속죄소

제5절 성막에 대한 결론

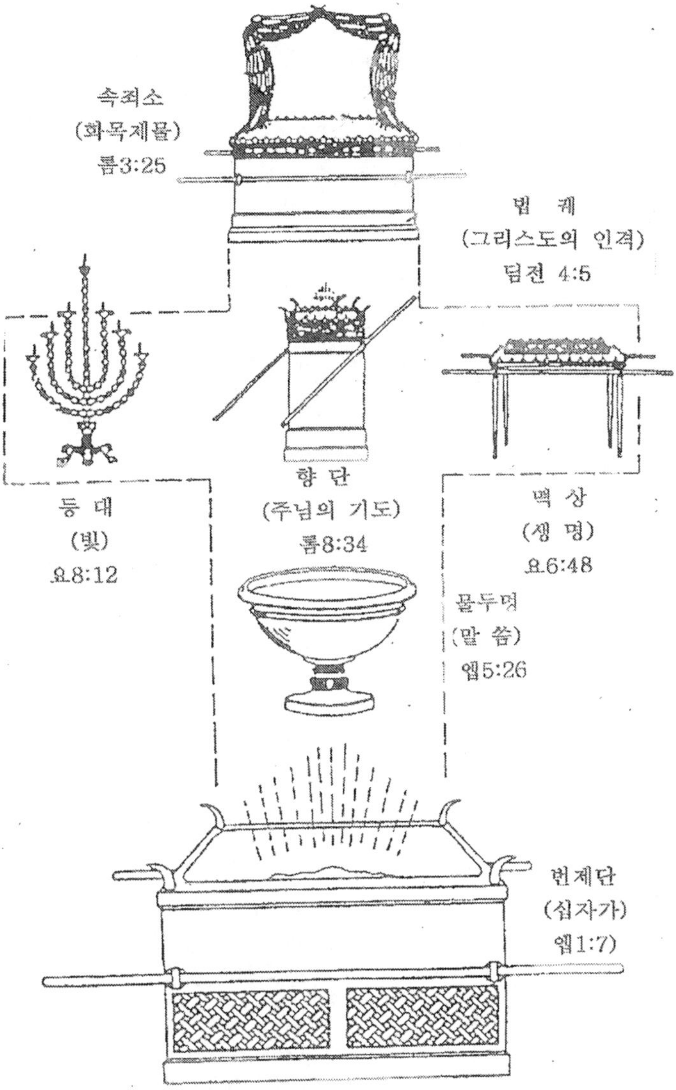
속죄소
(화목제물)
롬3:25
법 궤
(그리스도의 인격)
딤전 4:5
등 대
(빛)
요8:12
향 단
(주님의 기도)
롬8:34
떡 상
(생 명)
요6:48
물두멍
(말 씀)
엡5:26
번제단
(십자가)
엡1:7)

성막기구의 영적 도해

성막의 평면도 및 성막에 빛춰진 구원계획

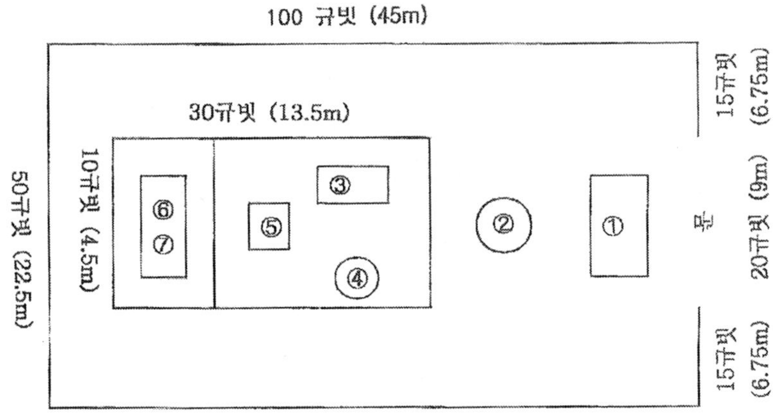

번호	성 막	예수 그리스도	성 도	신앙의 단계
①	번제단	십자가 (엡 1:7)	피로인한 구속 (롬 3:24)	중 생
②	물두멍	말씀 (엡 5:26)	말씀으로 씻음 (요 15:3)	성 화
③	떡 상	생명 (요 6:48)	말씀으로 교제 (행 20:32)	말 씀
④	등 대	빛 (요 8:12)	빛 가운데 행함 (마 5:16)	행 함
⑤	향 단	주님의 기도 (롬 8:34)	성도의 기도 (계8:4)	기 도
⑥	법 궤	그리스도의 인격 (딤전 4:5)	그리스도로 옷 입음(롬 13:14)	그리스도의 형상
⑦	속죄소	화목제물 (롬 3:25)	화평을 이루는 삶 (골 1:20)	희 생

2. 성막론

예수 그리스도에 관하여 정확히 알고 설명한다는 것은 매우 힘든 일이다. 그러나 성막론을 깊이 연구하면 예수 그리스도에 관하여 비교적 자세히 알 수 있다. 왠가 하면 성막은 예수 그리스도 그 자신이기 때문이다.

요한복음 1:14절에 보면 '말씀이 육신이 되어 우리 가운데 거하시매 우리가 그 영광을 보니 아버지의 독생자의 영광이요 은혜와 진리가 충만하더라'라고 했는데 여기서 '거하시매'라는 말은 tabernacle 즉 성막을 의미하는 것이다.

말씀이신 하나님이 성막에 임재하셨고 그리고 육신을 입으시고 우리 가운데 오셨다는 것이다. 그러므로 성막의 세부적인 부분들은 예수 그리스도의 인격과 사역면을 보여 주고 있는 것이다.

이제 우리들은 성막에 대한 일반적인 교훈들을 생각하면서 성막을 연구하는 목적이 무엇이며 성막의 명칭, 성막 짓는 법, 성막 예물의 영적 의미, 성막에 사용된 숫자의 영적 의미, 성막에 소요된 총 경비와 성막의 평면도를 살펴 볼 것이며, 또한 성막을 세 부분으로 나우어 성막 뜰과 그곳에 속한 성막 울타리, 성막 문, 번제단, 물두멍에 대하여 연구할 것이고, 성소에 들어가 등대와 열두 진설병과 향단을 공부하며 은혜 받고, 또한 지성소에 들어가 법궤와 속죄소를 연구하며, 하나님의 실제에 대하여 공부할 것이다.

성막을 연구해 보면 이것들 가지고는 확실한 은혜가 부족하다. 그래서 성막에서 일하는 제사장론과 성막에서 드려지는 제사 즉 번제, 소제, 화목제, 속죄제, 속건제에 대한 제사론과 레위기 23장에서 교훈하는 '여호와 일곱 절기' 즉 안식일, 유월절, 무교절, 오순절, 나팔절, 속죄일, 초막절을 공부하면서 하나님이 섭리하시는 역사의 일곱 세대를 정리하고자 하는 것이다.

하나님의 은혜가 크게 임할 것을 믿으면서 우리는 과감하게 성막론에 도전한다.

Ⅰ. 성막에 대한 일반적 교훈

제1절 성막을 연구하는 목적

1. 하나님을 만날 수 있는 길을 발견하게 된다(출 25:22).

1) 아담은 가죽옷을 인하여 하나님을 만났다(창 3:21)
2) 아벨은 제물을 통하여 하나님을 만난다(창 4:1-4)
3) 노아, 아브라함, 이삭, 야곱은 제단을 통하여 하나님을 만났다(창 8:20-22, 15:1-21, 26:23-25, 46:1-3)
4) 출애굽한 모세 시대는 성막을 통하여 하나님을 만났다(민 1:-36:)
5) 다윗, 솔로몬 왕 시대는 성전을 통하여서 하나님을 만났다(왕상 5:-6:)
6) 신약 시대는 교회를 통하여서 하나님을 만난다(행 20:28).

2. 예수 그리스도에 관하여 정확히 알 수 있다.

어느 성경학자는 말하기를 '구약에 성막을 확대해 놓은 것이 신약의 예수요, 신약의 예수 그리스도의 생애를 축소시킨 것이 성막이다'라고 했다. 그러므로 성막을 깊이 공부하면 예수 그리스도를 가장 잘 알 수 있는 복을 받게 된다.

1) 구약은 오실 그리스도를 말하고 있다(창 3:15-21, 요 5:46, 눅 24:27).
2) 신약은 오신 그리스도를 말하고 있다(히 1:1-2).
3) 성막은 예수 그리스도 자신과 그의 사역을 잘 말해준다
   ① 왜 예수 그리스도가 십자가에 죽으셔야 했는가?
   ② 왜 예수 그리스도가 생명의 떡이며 빛이신가?
   ③ 왜 예수 그리스도가 하나님의 전이며 생명인가?

3. 성령충만 받는 길이 무엇인가를 보여 준다.

초대 교회의 사도들과 성도들은 모두 성령 충만하여 담대히 하나님의 말씀을 증거 했다(행 2:4, 4:31).

1) 성령을 받는 것은 주님의 명령이다(요 14:16, 20:22, 행 1:4).

2) 성령은 성막이 완공되는 날에 충만하게 임했다(출 40:34-38).

4. 짜임새 있는 조직 신학 공부를 할 수 있다(딤후 2:15)

1) 우리는 성경 66권을 조직적으로 연구해야 한다.

2) 성막을 연구하면 다음의 것들을 조직적으로 알 수 있다.

① 하나님은 어떤 분이시며, 무엇을 하시는 분이신가를 아는 '신론'

② 인간의 타락 이전과 이후에 상태를 아는 '인간론'

③ 타락한 인간이 누구를 통하여 어떻게 구원을 얻는가 하는 '구원론'

④ 예수 그리스도가 누구이신가 하는 '기독론'

⑤ 올바른 신앙을 기르기 위한 '교회론'

⑥ 사후의 세계와 세상 끝날에 대한 '종말론'

5. 복받는 길이 무엇인가를 알 수 있다(민 6:22-26)

1) 복은 하나님이 주시는 것이다.

2) 그러나 복을 받을만한 자격이 되어야 한다(신 28:1-14).

3) 우리가 받아야 할 최대의 복은 죄에서 용서함을 받고 영생을 얻는 것이다.

6. 성도들의 명확한 신앙생활의 지침을 알 수 있다(출 25:22)

사도 바울의 서신서를 연구해 보면 대게 크게 두 가지로 구분되어 있다. 첫째는 교리 부부이요, 그 다음은 신앙생활 부분이다.

1) 예수 그리스도를 믿고 난 후 회개는 어떻게 하며,

2) 그리스도 앞에 헌신은 어떻게 하며,

3) 우리들이 빛된 생활을 어떻게 하며,

4) 영생을 어떻게 얻는가? 등이다.

7. 우리들의 영혼을 진단할 수가 있다.

유능한 의사는 정확한 진단과 올바른 처방으로 사람을 살리고 건강하게 한다. 이와 같은 의미에서 이 성막은 우리의 영혼을 정확하게 진단하고 올바르게 처방하는 영적 의사와 같다.

1) 성막을 연구하므로 우리의 신앙 정도를 알 수 있다.

2) 성막을 연구하므로 우리 영혼의 병든 부분을 알 수 있다.

3) 성막을 연구하므로 영혼이 늘 깨끗해진다.

제2절 성막에 대한 여러 가지 명칭

성막은 예수 그리스도의 인격과 사역 면을 보여 주고 있는 동시에 이차적으로 우리 믿는 성도들을 묘사하기도 한다. 성막에 주어진 이름들은 이 성막의 중요성과 하나님의 백성으로서의 권리와 의무들을 잘 표현해 주고 있다. 그러므로 성막의 명칭들을 연구하여 우리들의 신앙생활에 적용하는 것은 매우 중요하다.

1. 장막(tent)(출 25:9)

성막에 관해서 제일 많이 쓰이는 명칭은 '장막'인데 이는 겉모양이 휘장으로 덮여 있기 때문에 이러한 이름이 주어졌다. 즉 장으로 짠 장막을 쳤기에 이러한 이름이 주어졌지만 신앙적 교훈은 놀라운 것이다.

1) 임시로 거하는 것으로 영구한 것이 아니다.
장막이라는 것은 바깥을 두르는 것이고, 이동할 할 수 있으며, 하나님께서는 잠정적으로 이 성막을 고안하여 광야생활에서 활용하도록 했으며, 결국 이스라엘에게 주어진 약속의 땅을 향하여 진행하기를 원하셨기 때문에 임시 거할 수 있는 장막을 짓게 한 것이다.

2) 현재의 교회도 그리스도의 지체로써 이 땅에 잠정적으로 존재하지만 궁극적인 목적지는 새 예루살렘이다. 우리는 지금 이 땅에서 예수 그리스도를 섬기며 교회를 섬기고 있으나 곧 새 예루살렘의 일원으로서 변모하게 될 것이다.

3) 우리 신자들의 육신은 일시적이다. 우리가 예수 그리스도를 믿고 영생을 소유했다고는 하지만 언젠가 예수 그리스도의 재림 때 부활 혹은 변화하여 주님을 맞이하여 주와 함께 있을 것이다(고후 5:1,8).

2. 성막(tabernacle)(출 26:1, 30)

1) 성막이라고 한 것은 '거룩한 하나님이 임재해 계시는 곳'이라 하여 붙인 말인데, 그곳에 임재하셔서 말씀하시기도 하시며, 지시하시기도 하시며, 응답을 주시기도 하시는 거룩한 삼위일체 하나님이 계시는 곳이다.

2) 하나님께서 구약시대에 성막에 거하심같이 그는 지금 신자들 속에 거하신다(요 14:23, 계3:20, 엡 3:17).

3) 먼 훗날에 하늘 장막에서 우리와 함께 계실 것이다(계 21:3).

3. 회막(tent of meeting)(출 29:42, 레 1:1)

1) 회막은 구약 시대에 하나님께서 강림 하셔서 백성들을 만나시는 단 한 군데의 장소이다. 그래서 '만나는 장막'이라고 한다. 본래 죄인인 인간들은 거룩하신 하나님을 만날 수 없다. 그러나 이곳에서만 하나님을 만날 수 있는 것이다. 하나님은 회중을 만나셔서 말씀도 하시고 우리의 의견도 들어주신다.
2) 현재는 교회를 통하여 하나님께서 임재하시고 우리 교인들도 만나 주신다. 물론 여기에서 말하는 교회는 지방 교회가 아니라 우주적 교회이다.
3) 교회는 하나님의 말씀을 잘 선포하고 가르쳐야 하며 우리는 늘 교회에 모여 우리의 간구를 드려야 한다(마 16:18).

4. 성소(Sanctuary)(출 25:8)

1) 성소는 하나님께서 인간 가운데 거하시는 구별된 장소이다(출 25:8).
2) 현재 우주적 교회는 바로 이 성소와 같다(엡 1:22-23).
3) 성도들도 하나의 성소이다(고전 3:16-17).
4) 성도들은 성전이기 때문에 자신을 깨끗케 해야 한다(고전 6:19-20).
5) 성도들은 성전이기 때문에 하나님께 영광을 돌려야 한다(롬12:1-2).

5. 증거막(tent of testimony or witness)(출 38:21, 히 9:4)

1) 증거막은 율법과 계약의 말씀 즉 증거의 말씀이 있는 곳이다. 그런데 이 십계명은 하나님의 공의로운 표준들의 상징이다. 죄인이 어떠한 방법으로도 의롭게 될 수 없으므로 하나님께서는 어느 희생제물을 통하여 우리 죄를 담당하게 증거를 삼았다.
2) 세상 죄를 지고 가는 하나님의 어린 양(요 1:29)은 우리 죄인의 증거이다.
3) 구속함을 받은 우리는 세상의 빛과 소금의 증인(마 5:13-14)이 되어야 한다.

6. 그 외의 이름들

1) 십계명이 들어 있는 법궤가 있으므로 주어진 '법막'(대하 24:6).
2) 하나님이 거하신다 해서 붙여진 '하나님의 집'(삿 18:31).
3) 한나가 올라가 기도했던 '여호와의 집'(삼상 1:7).
4) '세상에 속한 성소'(히 9:1),
5) '증거의 장막(민 17:7-8),
6) '여호와의 장막'(왕상 2:28)이라고도 불림.

제3절 성막을 짓는 법

하나님께서는 이스라엘 백성들에게 성막을 짓도록 할 때 적당한 사람을 뽑아 적당히 짓도록 하시지 아니 했다. 현대식으로 말하면 우리가 마음대로 선택할 수 있는 건설 회사를 선택하거나 시공을 맡기지 아니했다는 것이다. 이 성막 건축에는 반드시 하나님께서 지시하시는 몇 가지 원칙이 있다.

1. 반드시 택함을 입은 자가 지어야 한다(출 31:2, 6).

1) 브살렐

① 브살렐은 유다지파 훌의 손자요 우리의 아들이다(출 35:30).

② 브살렐은 성막을 짓기 위하여 하나님의 신이 충만해서, 지혜와 총명과 지식이 충만했다.

③ 브살렐이 한 일은?

- 공교한 일을 연구하여 금과 은과 놋을 다루는 일(출 53:32)
- 보석을 깎아 물리는 일(출 35:33)
- 나무를 깎아 새기는 여러 가지 공교한 일(출 35:33)

④ 브살렐이란 이름의 뜻은 큰 의미가 있는데 '하나님이 그늘'이란 뜻이다. 그늘(그림자)'이란 이름의 뜻의 성경적 교훈은 매우 놀랍다.

- '그늘'은 지나가 버리는 것, 뒤에는 자국이 없이 사라져 버리는 것, 또한 쇠진한 것 등이다(욥 8:9, 시 144:4, 전 6:12, 8:13).
- '그늘은 피난처와 보호의 의미로 성경에 사용되었다(민 14:9, 전 7:12, 시 17:8, 36:7, 63:7, 57:1, 911).

2) 오홀리압

① 오홀리압은 단 지파 아히사막의 아들로 태어났다(출 35:34).

② 오홀리압은 성막을 짓기 위하여 하나님께서 성령으로 충만케 했고, 가르치고 지혜를 충만케 주셨다.

③ 오홀리압의 이름의 뜻은 '내 부친의 천막'으로써 보호와 피난처의 뜻이 있다.

④ 오홀리압이 한 일은 조각하는 일, 공교로운 일, 청색, 자색, 홍색 실과 가는 베실로 수놓는 일, 그 외의 공교로운 일을 연구하는 사람이다(출 35:35).

3) 그 밖의 사람들

성막을 짓는 일에는 브살렐과 오홀리압 외에 많은 일꾼들이 참여했다. 이들은 여호와께로부터 지혜를 얻고 일을 하려고 나온 사람들과 자원하는 마음으로 온 자들이었다(출 36:2).

2. 반드시 성령을 받은 사람이어야 한다.

택함 받았다는 그 자체만으로 하나님이 일을 할 수는 없다. 우리가 주의 일을 할 때 성령 충만하여야 하며 이것은 주의 일에 필수적이다(출 31:3).

1) 성경은 '성령충만' 할 것을 강조한다.

① 예수님께서 명령 하셨다(행 1:4, 눅 24:49, 요 7:37-39)
② 베드로의 경고이다(행 2:38).
③ 요엘 선지자의 예언이다(요엘 2:28, 행 2:17).
④ 사도 바울의 권면이다(엡 5:18, 행 19:1).

2) 어느 때 성령을 충만히 받을 수 있는가?

① 성령을 사모할 때(시 107:9, 119:131).
② 열심히 모일 때(히 10:25, 마 18:19-20).
③ 기도할 때(눅 11:8-9)
④ 말씀을 들을 때(행 10:44)
⑤ 회개 할 때(행 2:38).

3. 반드시 정한 예물로 지어야 한다.

하나님의 성막을 짓되 임의대로 재료를 쓰는 것이 아니라 반드시 하나님께서 지적해 준 재료와 식양대로 지어야 한다(출 25:3-7).

1) 종류대로 나누어 보면

① 금속류 : 금, 은, 놋, 동(출 25:3, 35:5)
② 보석류 : 호마노, 에봇과 흉패에 물린 보석들(출 25:7, 35:27)
③ 유색면사 : 청색, 자색, 홍색, 가는 베실(출 25:4)
④ 목재류 : 조각목들(출 25:5, 35:7, 24)
⑤ 피혁류 : 염소털, 붉은 물들인 수양의 가죽, 해달의 가죽(출25:4-5, 35:6-7, 23)

⑥ 등유, 관유에 드는 향품과 분향할 향을 만들 향품(출 25:6, 35:28)

2) 하나님은 반드시 받으시는 예물이 있다.

① 가인과 아벨의 제사 중에서 아벨의 제사(창 4:4)

② 갈멜산 상에서의 엘리야의 예물(왕상 18:38)

③ 가난한 과부의 두 렙돈(눅 21:1-4)

④ 기쁜 마음과 자원하여 드리는 예물(고후 8:2-3)

4. 반드시 감사하는 마음으로 드리는 예물이어야 한다(출 25:1, 35:29, 36:3).

✶ 왜 감사한가?

1) 택하여 주심을 감사한다(엡 1:4).

2) 새롭게 하여 주신 은혜에 감사한다(고후 5:17).

3) 사명 맡겨 주심을 감사한다(딤전 1:12).

4) 기도에 응답하여 주심을 감사한다(요 16:24).

5) 원수 앞에서 상을 받게 되니 감사한다(시 23:5).

5. 반드시 하나님의 지시대로 지어야 한다(출 25:8-9)

하나님의 성막은 인간들의 고안이 아니라 하나님의 계시이다. 그러므로 인간이 자기의 멋대로 지어서는 안 된다.

1) 기독교는 하나님의 계시로 이루어지는 종교이다.

기 독 교	세 상 종 교
하나님께로부터 왔다.	인간으로부터 고안되었다
계시의 산물이다	사색 혹은 경험의 산물이다
일방적이고 영구적이다	타협적이고 시대적이다

2) 우리는 하나님의 말씀에 '아멘'으로 따라야 한다.

① 아벨, 노아, 아브라함, 모세 등은 하나님께 무조건 따랐다.

② 말씀의 터널을 통과하면 빛나는 금광이 있다(하늘나라).

제4절 성막에 사용된 예물이 주는 교훈

출애굽기 25:3-7절과 35:5-9절을 읽어보면 성막을 지을 때 사용되어진 예물이 기록되어 있다. 성막이 오실 예수 그리스도를 예표하는 것이라면 거기에 사용되어진 예물도 그리스도와 연결하여 생각하지 않을 수 없다. 이 예물의 뜻을 깊이 상고하고 연구하면 놀라운 진리를 발견하게 될 것이다.

품 목	의 미	품 목	의 미
금	권위, 믿음	염 소 털	속 죄
은	구 속	수 양	십자가의 죽음
놋	심 판	해달의 가죽	인 성
청 색	신 성	조각목(싯딤)	인 성
홍 색	희 생	기 름	성 령
자 색	왕 권	향 품	기 도
가는 베실	성 결	열두 보석	12 지파

1. 예물의 의미가 주는 개괄적 교훈

1) 하나님께서 계획하시고 준비시켰다.

성막이 세워진 곳은 광야이다. 광야에는 전혀 성막을 지을 재료가 생산되지 않는 곳이다. 그러나 그 많은 재료들이 어디에서 났는가? 이 재료들은 하나님께서 미리 아시고 애굽에서 나올 때 이스라엘 백성들에게 준비 시킨 것이다(출 3:21-22). 또 이스라엘 백성들이 애굽 사람들에게 요구할 때 애굽 사람들은 그들이 구하는 대로 준 사실을 알 수 있다(출 12:35-36). 이와 같이 하나님께서는 우리들의 모든 것을 미리 아시고 진행 하신다.

2) 하나님께 택함을 받은 백성들은 풍성하고 넉넉한 축복을 받는다(출 36:6-7)

하나님은 그의 택하신 백성들에게 넉넉한 물질을 주시고 그것으로 역사하신다.

① 하나님께서 재물 얻을 능을 주신다(신 18:17-18).

② '누르고 흔들어 넘치도록' 주신다(눅 6:38).

③ 우리를 사랑하시는 이로 말미암아 '넉넉히'이긴다(롬 8:37).

3) 하나님께 드리는 헌금은 그 자세가 중요하다.

하나님께 명령을 받은 모세는 하나님의 명령대로 백성들에게 고했다. 우리는 여기에서 우리가 드리는 헌금을 하나님께 어떻게 드려야 하는지를 깨달아야 한다.

① 자원하는 마음으로 드려야 한다(출 35:5).

바울은 고후 9:6-8절까지에서 '인색함'이나 '억지로' 하지 말고 마음에 정한 대로 하라고 했다.

② 즐거운 마음으로 드려야 한다(출 25:2)

이스라엘 백성들은 이 명령에 따라 그대로 드렸다(출 35:29).

바울은 말하기를 '하나님은 즐겨내는 자를 사랑 하신다'고 했다(고후 9:7).

③ 힘껏 드려야 한다

이스라엘 백성들이 힘껏 드림으로 너무 많아 모세가 그만 가져오도록 명령을 내렸다(출 36:5-7).

우리가 하나님께 바친 것만큼 하나님께서는 축복해 주신다(고후 9:6-8)

무엇으로 심던지 그대로 거둔다(갈 6:7-8).

2. 성막에서 사용된 예물과 그 의미

1) 금(Gold)

① 사용되었던 기구

가) 등대, 떡상, 분향단. -(성소)

나) 법궤, 속죄소.- (지성소)

② 영적 의미

가) 하나님의 권위를 나타낸다(시 19:10, 119:127).

나) 우리들의 귀한 믿음을 나타낸다(계 3:18, 벧전 1:7).

다) 성경에는 '금'으로 여러 가지를 표현하고 있다

- 금보다 귀한 하나님의 말씀(시 19:10, 119:127)
- 금보다 귀한 은총(잠 22:1)
- 금보다 귀한 지혜(잠 16:16)
- 금보다 귀한 예수(벧전 1:18)

2) 은(Silver)

① 사용되었던 기구

가) 성막 뜰의 기둥 갈고리, 가름대, 기둥머리.
나) 성막 문의 갈고리, 가름대, 기둥머리.
다) 성막 널판의 받침대.

② 영적 의미

가) 하나님의 구속의 은총을 의미한다(출 30:11-16).
나) 하나님의 은총(잠 22:1).

3) 놋(Copper)

① 사용되었던 기구

가) 성막 뜰의 기둥과 기둥 받침.
나) 성막 문의 기둥과 기둥 받침.
다) 번제단, 물두멍.
라) 성소 문의 기둥 받침.

② 영적 의미

가) 하나님의 예리 하신 판단을 의미한다(창 4:22).
나) 하나님의 힘과 권능을 나타낸다(삼하 22:35, 사 45:2).
다) 하나님의 심판을 의미한다(레 26:19, 민 21:4-9, 요 3:14, 계1:15).

4) 청색, 홍색, 자색. 가는 베실(Wool)

① 사용되었던 기구

가) 성막의 문
나) 성소의 문
다) 성막
라) 휘장

② 영적 의미

가) 청색 - 예수의 신성을 의미하며 요한복음에 해당한다.
나) 홍색 - 예수의 희생을 의미하며 마가복음에 해당한다.
다) 자색 - 예수의 왕권을 의미하며 마태복음에 해당한다.
라) 가는 베실 - 예수의 순결과 완전성을 의미하며 누가복음에 해당한다.

5) 염소털(Goat's hair), 수양(Ram's Skin), 해달의 가죽(Fur)

① 사용되었던 기구

가) 성소와 지성소 덮개로 사용되었다.

나) 제일 겉 부분은 해달의 가죽이고, 그 다음은 물들인 수양의 가죽, 그 다음은 염소털이고, 제일 속은 청색, 홍색, 자색, 베실로 수놓아 잔 것이다

② 영적 의미

가) 해달의 가죽은 볼품없는 주님의 겉모양을 의미한다.

나) 붉은 물들인 수양의 가죽은 예수님의 희생과 십자가를 의미한다.

다) 염소털은 주님의 사랑과 우리 죄를 담당하심을 의미한다.

라) 청생 홍색 자색 베실은 주님의 사역 네 가지를 의미한다.

6) 조각목(싯딤나무)(Wood)

① 사용되었던 기구

가) 조각목

나) 성막의 널판, 성소문의 기둥 5개

다) 떡상, 향단

라) 법궤

② 영적 의미

가) 조각은 주님의 인성을 의미한다.

나) 버림 받으신 주님의 십자가를 보여준다(사 53:2, 벧전 2:24).

다) 사막의 아카시아 나무(싯딤)는 질기고 벌레가 먹지 않는 것처럼 인내심을 보여준다.

7) 기름, 향품.

① 사용되었던 기구

가) 금등대

나) 향단

② 영적 의미

가) 기름은 성령을 의미한다(슥 4:1-10, 요1서 2:20, 27)

나) 향은 주님의 기도와 성도들의 기도를 의미한다(롬8:31, 계5:8)

제5절 성막에 사용된 숫자의 영적 의미

성경을 연구하는데 숫자가 주는 영적 의미를 알아두면 큰 도움이 된다. 특히 예언서에서 그러하며 또한 성막을 연구하는 데는 더욱 큰 도움이 된다.

1. 하나(one)

1) 모든 수중에서 으뜸이 되는 수로써 만물의 근원이시며 창조자이신 하나님께 사용되며, 하나님의 권위와 삼위일체 하나님께 사용되었다.

2) 성경 여러 군데에서 이런 것들을 찾아볼 수 있다.

① '의롭다 하신 이는 하나님 한분이시니'(롬 3:30)

② '하나님은 한분밖에 없는 줄 아노라'(고전 8:4, 6)

③ '하나님은 한분이시오'(딤전 2:5)

2. 둘(Two)

1) 둘은 증거 및 증인의 숫자이다.

2) 성경에 보면 무엇을 증거할 때 반드시 둘 이상을 요구했다.

① '내가 나의 두 증인에게 권세를 주리니…'(계 11:3)

② '그 등대 곁에 두 감람나무가 있었는데…'(슥 4:3)

③ '70인을 전도하러 보낼 때 둘씩 보냈다'(눅 10:1)

④ '12제자를 전도하러 보낼 때 둘씩 보냈다'(막 6:7)

⑤ '두 사람(바울과 바나바)이 보내심을 받아'(행 13:4)

3. 셋(Three)

1) 삼(셋)은 삼위일체 하나님의 수이다.

2) 성경에는 삼위일체 되심을 여러 곳에서 증거하고 있다.

① 천지 창조의 첫 부분에도 사용되었다(창 1:1-3)

② 창 1:26절에서도 '우리'라는 복수로 되어 있다.

③ 예수님께서 세례(침례) 받으실 때도 사용되었다(눅 3:21-22)

④ 예수님께서 명령 하실 때도 사용되었다(마 28:19)

⑤ 사도들의 축복에도 사용되었다(계 1:4-7, 고후 13:13)

4. 넷(Four)

1) 넷은 동・서・남・북의 땅 즉 '세상'과 또한 '고난'의 숫자이기도 하다.

2) 성경에는 넷과 그 배수의 숫자들을 많이 사용하고 있다.

① 네 천사가 땅 네 모퉁이의 바람을 잡고 있다(계7:1)

② 예수님의 광야 40년 동안의 금식 기도(마 4:1-2)

③ 노아 홍수 40일(창 7:4, 12, 17)

④ 이스라엘 광야 40년 생활(출16:35, 민14:33-34, 시 95:10, 히 3:9, 17, 행 7:36)

⑤ 애굽의 종살이 400년(창 15:13, 출 12:40-41, 갈 3:17, 행7:6)

5. 다섯(Five)

1) 다섯은 율법이라고도 하며 말씀의 수라고도 한다.

2) 성경에 나타난 다섯 수의 이야기들

① 모세의 율법서는 다섯 권으로 되어 있다(창, 출, 레, 민, 신).

② 벳세다 광야에서 보리떡 다섯 개와 물고기 두 마리로 5000명을 먹이고 열두 광주리를 모으신 주님의 기적에서 보리 떡 다섯은 말씀을 의미하고 있다(요 6:9, 35, 48).

③ 다윗은 골리앗 장군을 이길 때 물멧돌 다섯을 취했다(삼상 17:40, 45, 47).

6. 여섯(Six)

1) 이는 불완전한 사람의 수이며, 또한 짐승 즉 사탄의 숫자이다.

2) 성경에 나타난 여섯 수의 이야기들

① 솔로몬이 징수한 금(화폐)의 세입금은 666달란트이다(대하 9:13).

② 느부갓네살 왕이 두라평지(시날)에 세운 금 신상의 높이가 66규빗, 너비가 6규빗이다(단 3:1).

③ 종말에 받는 짐승의 표가 666이다(계13:16-18).

7. 일곱(Seven)

1) 일곱 숫자는 완전수로서 유대인이 애용하는 숫자이다.

2) 하나님의 수에다 땅(세상)의 수 넷을 더한 수로써 유대 묵시문학에 자주 표현된다.

3) 성경에 나타난 일곱 수의 이야기들

① 천지 창조의 완성과 안식일(창 2:1-2)

② 유대인의 70년 만에 바벨론 포로에서 해방(단 9:2).
③ 일흔 번씩 일곱 번이라도 용서해 주라는 주님의 말씀(마 18:22).
④ 소아시아 일곱 교회에 주시는 주님의 편지(계 1:11).
⑤ 계시록에 기록된 일곱 재앙들(인, 나팔, 대접, 계6:-19:).

8. 열(Ten)

1) 열은 완전수와 꽉 찼다는 만수를 의미하며 충만 수이기도 하다.
2) 성경에 나타난 열의 숫자에 관한 이야기들
① 열 줄 비파로 주를 찬양함(시 144:9)
② 열 처녀 비유(마 25:1)
③ 열 드라크마 비유(눅 15:8)
④ 열 뿔 달린 짐승(단 7:7, 24, 계 13:1, 17:3-16).

9. 열둘(Twelve)

1) 열둘은 하나님의 선택 수이다.
2) 성경에서 하나님의 선택을 볼 때 열둘을 택하셨다.
① 이스라엘의 열두 지파(창 35:23-26, 49:28).
② 신약의 예수님의 열두 제자 선택(마 10:2-4)
③ 계시록의 24장로(계4:4).

제6절 성막에 소요된 총 경비

모든 건물은 그 건축 양식과, 이 건물의 사용용도 및 여기에 소요된 경비로써 이 건물의 귀중 성을 평가하게 된다. 그렇다면 몇 십 평 되지 않는 이 성막에 소요된 경비를 환산해 보면 또한 성막의 귀중성을 알게 될 것이다.

1. 성막에 소요되는 재료의 물목은 누가 계산했는가(출 38:21-23)

1) 재료의 물목의 계산은 제사장 아론의 아들 이다말이 했다.
2) 브살렐은 모든 것을 만들었다.
3) 오홀리압은 조각과 수놓는 일을 했다.

2. 경비의 환산(출 38:24-31)

1) 금(29달란트 730세겔) -> 무게는 약 1톤 반

2) 은(100달란트 1775세겔) -> 무게는 약 5톤
3) 놋(70달란트 2400세겔) -> 무게는 약 3톤 반
4) 청, 자, 홍, 베실.
5) 양의 가죽과 염소 털
6) 열두 보석과 해달의 가죽
7) 조각목

3. 현 시가로 대략 환산해 보면

• 미화 약 500만 달러. • 한화 약 35억-40억 원

제7절 성막의 평면도

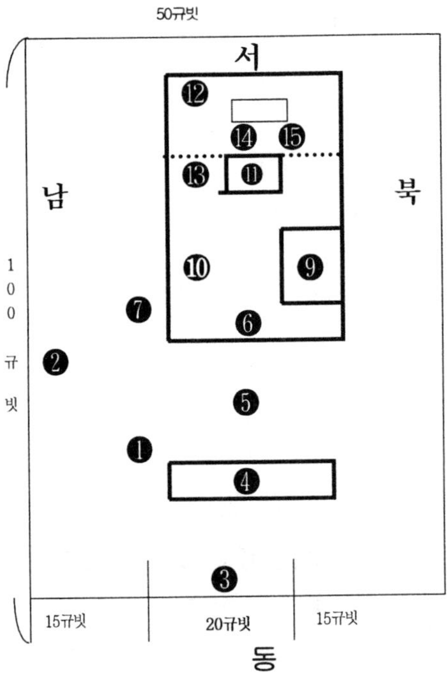

❶ 성막 뜰타리.
❷ 성막 울
❸ 성막문.
❹ 번제단.
❺ 물두멍.
❻ 성소.판.
❼ 성막 널.
❽ 성소 문
❾ 떡상.
❿ 금등대.
⓫ 향단.
⓬ 지성소.
⓭ 성소 휘장
⓮ 법궤.
⓯ 속죄소.

제8절 성막의 종합적 강해

1. 성막을 연구하는 목적

1) 하나님을 만날 수 있는 길을 발견하게 된다.
2) 예수 그리스도에 관하여 정확히 알 수 있다.
3) 성령 충만 받는 길이 무엇인가를 보여 준다.
4) 짜임새 있는 조직 신학을 알게 된다.
5) 복받는 길이 무엇인가를 알게 된다.
6) 성도들의 명확한 신앙생활의 지침을 알 수 있다.
7) 우리들의 영혼을 진단할 수 있다.

2. 성막에 대한 여러 가지 명칭

성막에 관하여 여러 가지 명칭이 있는데, 장막, 성막, 회막, 성소, 증거막 등이 있다.

3. 성막을 짓는 법.

1) 반드시 택함을 입은 자가 지어야 한다.
   ① '브살렐' 같이 하나님의 일을 하고 자신은 사라지는 자.
   ② '오홀리압'과 같이 하나님의 지혜를 충만히 받은 자.
   ③ 그 밖의 인물 같이 자원하는 마음으로 오는자.
2) 반드시 성령을 받은 사람이 지어야 한다.
3) 반드시 정한 예물로 지어야 한다.
4) 반드시 감사하는 마음으로 내는 예물로 지어야 한다.
5) 반드시 하나님의 지시대로 지어야 한다.

4. 성막에 사용된 예물이 주는 교훈

1) 예물의 의미가 주는 객관적 교훈.
   ① 하나님이 계획하시고 준비시키셨다.
   ② 하나님께 택함 받은 백성들은 풍성하고 넉넉한 축복을 받는다.
   ③ 하나님께 드리는 헌금은 자원하는 마음, 즐거운 마음, 그리고 힘껏 드려야 한다.
2) 성막에 사용된 예물과 그의미.

① 금(하나님의 권위, 성도의 믿음)
② 은(하나님의 구속의 은총)
③ 놋(하나님의 심판)
④ 청, 홍, 자색과 가는 베실(예수님의 네 가지 인격)
  ㅇ 청색 - 예수님의 신성
  ㅇ 홍색 - 예수님의 희생
  ㅇ 자색 - 예수님의 왕권
  ㅇ 베실 - 예수님의 순결성과 완전성
⑤ 염소털(주님의 사랑과 우리의 죄 담당)
⑥ 수양(예수님의 희생과 십자가)
⑦ 해달의 가죽(볼품없는 주님의 겉모양)
⑧ 조각목(주님의 인성)
⑨ 기름 향품(성령과, 기도)

5. 성막에 사용된 숫자의 영적 의미.

1) 하나 - 만물의 근원과 창조자이신 하나님.
2) 둘 - 증거 및 증인의 수
3) 셋 - 삼위일체 하나님의 수.
4) 넷 - 세상과 고난의 수
5) 다섯 - 율법과 말씀의 수
6) 여섯 - 불완전한 사람과 짐승의 수. 사탄의 수.
7) 일곱 - 완전 수
8) 열 - 꽉 찼다는 만수.
9) 열둘 - 선택 수.

6. 성막에 소요된 총 경비

1) 경비의 환산(출 38:24-31)

① 금(29달란트 730세겔) -> 무게는 약 1톤 반
② 은(100달란트 1775세겔) -> 무게는 약 5톤
③ 놋(70달란트 2400세겔) -> 무게는 약 3톤 반

④ 청, 자, 홍, 베실.

⑤ 양의 가죽과 염소 털

⑥ 열두 보석과 해달의 가죽

⑦ 조각목

2) 현 시가로 대략 환산해 보면

① 미화 약 500만 달러.

② 환화 약 35억-40억 원

Ⅱ. 성막 뜰

우리는 성막의 기구에 들어가기 전에 몇가지 전제 지식을 가지고 여기에 임해야 한다. 성막의 전반적 이해에 큰 도움이 된다.

1. 성막이 가르치는 두 가지 일

1) 성막은 예수 그리스도의 인격과 사역 면을 보여 주고 있다.

① 성막은 주 예수 그리스도의 모형으로 그 안에 있는 모든 것들은 그의 인성과 사역을 가르친다. 성막은 하나님이 인간을 만나기 위하여 오신 곳이었고, 신성과 인성을 겸비하신 주 예수 그리스도의 인격을 나타낸다.

② 성막은 하나님께서 모세에게 지시하신 대로 이루어졌다(출 25:9, 히 8:5).

③ 성막은 하나님께서 육신을 입고 이 땅에 오신 증거이다(출 25:8) '말씀이 육신이 되어 우리 가운데 거하시매……'(요 1:14). 여기 '거한다'란 말은 문자적으로 '성막'이라고 번역되었다.

2) 성막은 믿는 성도들을 묘사하기도 한다.

① 예수 그리스도께서 인간 가운데 거하시고, 신자들이 그리스도 안에 거하게 된다.

② 성도들은 각각 성전이 되어 서로 연결하여 예수님 성전을 이루어 간다(엡 2:21-22)

2. 성막은 크게 세 부분으로 구분한다.

1) 성막의 구분

① 성막 뜰(울타리, 문, 번제단, 물두멍)

② 성소(성막 널판, 성소문, 성막 덮게, 떡상, 등대, 향단)

③ 지성소(휘장, 법궤, 속죄소)

2) 인간도 세 부분으로 구성되어 있다(살전 5:23, 히 4:12, 창 2:7)

① 몸 - 성막 뜰에 해당되며, 이것이 밖에 있으므로 우리의 개성이 드러나고, 다른 사람에게 보여지는 부분이다.

② 혼 - 성막의 성소에 해당되며, 하나님께 예배 드리며, 다른 신자들과 교제하

며, 빛 가운데 행하며, 중보의 기도를 드리는 곳이다.

③ 영 - 성막의 지성소에 해당되며, 가장 깊숙이 완전히 감추어진 완전한 생활이며, 피 아래서 하나님과 개인적으로 각자가 교통하는 곳이다.

3) 인간의 세 부분이 하는 역할

① 몸이 하는 역할 → 5관을 통하여 역사한다.

ㅇ 보고(시각), 듣고(청각), 냄새 맡고(후각), 맛보고(미각), 만지고(촉각).

② 혼이 하는 역할 → 인격적인 면을 말한다.

ㅇ 아는 것(지), 느끼는 것(정), 선택하는 것(의).

③ 영이 하는 역할 → 하나님을 인식할 수 있는 부분

ㅇ 영교, 직관, 마음.

3. 성막에서 무엇을 하는가?

1) 하나님께서 자신을 죄인에게 계시하시는 곳이다(출 29:45-46)

2) 하나님께서 죄인과 함께 거하시는 곳이다.(출 25:8)

3) 하나님께서 죄인을 만나 주시는 곳이다.(출 25:22)

4) 하나님께서 죄인에게 말씀하시는 곳이다.(출 29:42)

5) 하나님께서 죄인을 받아 주시는 곳이다.(레 1:4)

6) 하나님께서 죄인을 용서해 주시는 곳이다.(레 4:20)

7) 하나님께서 죄인으로부터 제물을 받아 주시는 곳이다

4. 성막은 지상에 존재하는 하나님의 처소이다.

1) 첫 번째 처소 : 에덴동산을 비롯한 초월적 장소(아벨, 방주, 셈의 장막, 아브라함, 야곱 등)

2) 두 번째 처소 : 성막(광야 40년 생활중)

3) 세 번째 처소 : 성전(솔로몬, 스룹바벨, 헤롯)

4) 네 번째 처소 : 육신을 입고 오신 주님(요 1:14, 2:21)

5) 다섯 번째 처소 : 성도들의 몸(고전 3:16, 6:19-20)

6) 마지막 처소 : 하늘나라(고후 5:1, 계 21:3)

5. 성막에 비추어진 구원 계획

성 막	예수 그리스도	성 도	신앙의단계
번제단	십 자 가	피로인한 구속(롬 3:24)	중 생
물두멍	말 씀	말씀으로 씻음(요 15:3)	성 화
떡 상	생 명	말씀으로 교제(행20:32)	말 씀
등 대	빛	빛가운데 행함(마 5:16)	행 함
향 단	주님의기도	성도의 기도(계 8:4)	기 도
법 궤	X의 인 격	X로 옷 입음(롬 13:14)	X의형상
속죄소	화 목 제 물	화평을이룸(골 1:20)	희 생

제1절 성막 울타리(출 27:9-19, 38:9-20)

1. 길이

1) 남쪽 길이 100규빗(150피트. 45m)
2) 북쪽 길이 100규빗(150피트. 45m)
3) 서쪽 길이 50규빗(75피트. 22.5m)
4) 동쪽 길이 50규빗(750피트. 22.5m)

2. 기둥

1) 남, 북쪽 각각 20개씩. 기둥받침 20개씩
2) 서, 동쪽 각각 10개씩. 기둥받침 10개씩
3) 각각 기둥의 갈고리와 가름대

3. 재료

1) 기둥은 조각 목으로 만들었다.
2) 기둥받침은 놋으로 만들었다.
3) 기둥의 갈고리, 가름대, 기둥머리 싸개는 은으로 만들었다.
4) 기둥에 쳐져있는 막은 세마포 장이다.

4. 우리에게 주는 교훈

1) 울타리

성막 울타리는 하나님의 백성을 구분하는 기준이 되며, 담이나 벽의 역할을 하며, 들짐승들이 들어오지 못하도록 보호하며, 장막의 내부와 외부를 구별해 준다.

① '이것은 나의 것이다'라고 하는 소유의 표.
② '이것은 나의 보호를 받는다'라는 보호의 표(사 5:5, 계11:1-2)
③ '이것은 나의 마음대로 할 수 있다'라는 권리의 표.

2) 기둥

① 기둥은 하나님의 의로운 표준을 보여 주며, 조각목으로 만들어졌다는 것은 이 땅에 오신 인성을 지니신 예수님을 보여준다(빌 2:6-8)
② 기둥 받침은 놋으로 되어졌고, 세마포 담장 높이가 5규빗(높다)이나 된다는 것은 누구든지 문으로(복음) 통과하지 않고서는 넘어 들어올 수 없고(율법), 혹 들어오려고 해도 심판(놋)을 받는다는 뜻이다.
③ 기둥의 갈고리와 가름대가 은으로 되어 있다는 것은 은은 '구속'을 상징하므로 구속받은 성도들이 서로 사랑의 띠로 하나가 된다는 뜻이다.
④ 기둥머리 싸개는 은으로 만들어지고, 기둥 받침은 놋으로 만들었다는 것은 우리가 하늘을 향할 때는 구속의 은총을 받지만 우리가 세상을 향하면 심판을 받는다는 뜻이다.

3) 줄(출 35:18, 39:40)

① 줄은 기둥의 존폐와 기능을 지속 시켜 준다.
② 줄은 사랑을 의미 한다(호 11:4, 요 13:34)
  ◦ 하나님의 사랑(요 1서 4:10)
  ◦ 성도들 간의 사랑(요 1서 4:10)
  ◦ 원수까지도 사랑(마 5:44, 눅 6:27, 35)

4) 세마포 장

① 흰색으로 이것은 '성결과 의'를 의미한다.
② 의로우신 예수 그리스도를 나타낸다.
③ 성도들의 옳은 행실을 의미한다(계 19:8, 14).

성막 울타리

제2절 성막문(출 27:16, 38;18-19)

1. 길이

※길이는 모두 50규빗

1) 문 이편 15규빗(기둥 3개, 받침 3개)

2) 문 저편 15규빗(기둥 3개, 받침 3개)

3) 뜰 문 20규빗(기둥 4개, 받침 4개)

2. 재료

1) 문의 장(청색, 홍색, 자색, 가늘게 꼰 베실).

2) 기둥(4개-조각 목)

3) 받침(4개 -놋)

4) 갈고리와 가름대(은)

성 막 문

3. 우리에게 주는 교훈

1) 이 문은 하나이다.

① 문이 여러 개로 되어 있지 아니하고 하나만 있는 것은 구원은 오직 예수 그리스도로만 이루어진다(행 4:12).

② 오직 인생의 참 길은 예수 그리스도뿐이다(요 14:6).

③ 오직 인생의 참된 삶은 예수 그리스도를 통한 삶이다(요 10:7-9)

④ 문이 하나인 것 같이 구원의 길은 좁다는 것이다(마 7:13-27)

※ 좁은 문과 넓은 문의 비교(마 7:13-27)

성 경	넓 은 문	좁 은 문
15 절	겉 → 양. 속 → 이리	겉 → 양. 속 → 양
16-20절	가시나무, 엉겅퀴	포도나무, 무화과
21-23절	입술로만 주여! 주여!	주님의 뜻대로 사는 삶
24-27절	모래 위에 집을 지음	반석위에 집을 지음

2) 이 문은 동쪽으로 향해 있다.

① 의로우신 예수 그리스도를 말한다.

② 동쪽은 진영의 배치 중 유다진이 차지하는 곳인데(민 2:3-9), 수는 유다의 가문에서 오셨다(창 49:8-12)

3) 이 문은 네 가지 색으로 수를 놓아 짰다.

① 청색

가) 예수 그리스도의 신성을 의미한다(요 1:1, 14, 딤전 3;16, 2:13)

나) 요한복음은 예수 그리스도를 하나님의 아들로 묘사하는 신성을 말한다.

② 자색

가) 예수 그리스도의 왕권을 의미한다(마 1:1-7).

나) 마태복음은 예수 그리스도를 왕으로 묘사하고 있다.

③ 홍색

가) 예수 그리스도의 희생 즉 종됨을 의미한다(막 10:45).

나) 마가복음은 예수 그리스도를 종으로 묘사하고 있다.

④ 가늘게 꼰 베실

가) 예수 그리스도의 성결과, 완전성을 의미한다(히 4:12)

나) 누가복음은 예수 그리스도를 완전하신 인간으로 묘사한다.

※ 이 네 가지 색깔이 주는 예수님의 네 가지 사역은 '빌 2:6-11절'에 잘 표현되어 있다

ㅇ 6절 - 예수님의 신성. ㅇ 7절 - 예수님의 인성

ㅇ 8절 - 예수님의 희생. ㅇ 9-11절 - 예수님의 왕권

제3절 번제 단(출 27:1-8, 38;1-7)

1. 규격

1) 장 - 5규빗
2) 광 - 5규빗
3) 고 - 3규빗

2. 재료

1) 조각목으로 만들었다.
2) 번제단은 놋으로 만들었다.

3. 모양

1) 네모반듯하게 만들었다.
2) 네 모퉁이 위에 뿔을 만들었다.
3) 단 중간쯤 그물을 만들어 달았다.
4) 놋고리 넷을 만들어 채로 꿰었다.
5) 단의 부속 기구들이 있다.

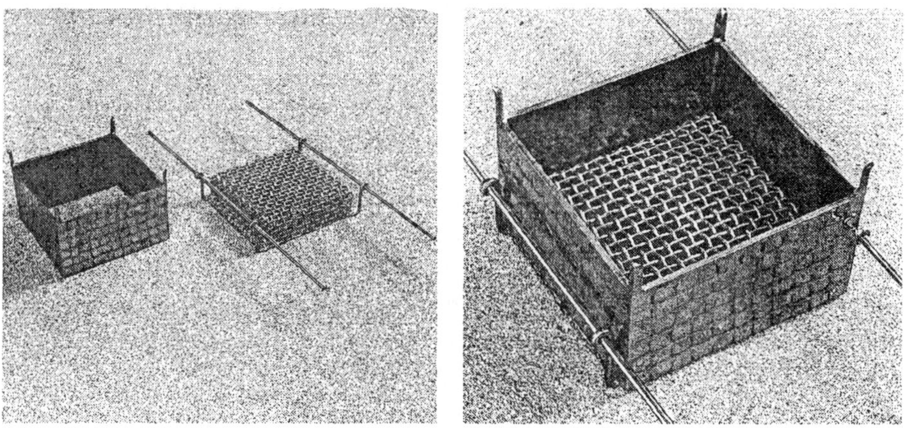

번 제 단

4. 우리에게 주는 교훈

1) 번제단의 뜻

①'단'이란 히브리어로 '미쯔하바'로 동사 '짜바'에서 온 말로 그 뜻은 '동물을 학살하다' '죽이다'라는 뜻이다.

②'번제'라는 말은 히브리어로 '오라'인데 이것은 동사 '아라'에서 온 말로 '나아가다, 올라간다'라는 뜻이 있다.

③ 그러므로 '번제단'이란 '동물을 죽여 나간다' 혹은 '올라간다'는 뜻이다.

④ 본래 인간들은 죄의 값으로 죽어야 하는데(롬 6:23, 히 9:27, 창 2:17, 3:19)

⑤ 그러므로 죄인이 하나님 앞에 나아가는데는 이 번제단을 통과하지 않으면 안 되는 것이다.

2) 영적 교훈

① 재료가 주는 교훈

가) 조각목이란 '예수님의 인성'으로써 버림받으신 예수님(십자가)이시고(사 53:2),

나) 놋으로 쌌다는 것은 인자이신 예수께서 모든 사람의 죄로 인하여 육신을 입고 심판을 받으셨다는 것이다(빌 2:6-8).

다) 번제 단이 나무로 만들어 졌어도 밤낮 타는 불의 열로 인하여 변질되거나 삭지 않은 것은 죄 없으신 예수 그리스도의 몸은 비록 이 세상의죄와 계속 접할지라도 한 순간이라도 죄에 압도당하지 않고 계속적인 구속의 역사를 완성하신다는 것이다.

② 모양이 주는 교훈

가) 번제 단의 위치

- 성막의 번제 단은 출입문과 하나님과의 교제하는 문 사이에 있다.
- 하나님께 나아가는 방법은 제단을 통하지 않으면 불가능하다
- 예수 그리스도의 십자가는 모든 죄인이 반드시 통과해야 한다.
- 십자가를 피해서는 하나님께 나아갈 수 없다.
  - 요 3:3-6, 14. '니고데모에게 주신 교훈'
  - 히 9:22. '피 흘림이 없이는 사함도 없다'

• 고전 3:11 '다른 터를 닦아 둘 자가 없다'

• 히9:25-28, 10:1, 4, 12. 롬10:10. 레 17:11. 창3;15. 롬5:8.

나) 네 모퉁이의 뿔

○ 네 모퉁이 란 복음이 모든 사람에게 미치는 영역을 의미한다(롬 1:16) 북(N), 동(E), 서(W), 남(S), = 기쁜 소식(News)

○ 뿔은 권세를 의미한다(죄에서 구속하는 권세).(눅 1:68-69, 왕상 1:50, 2:28)

다) 번제 단 위의 불

○ 불은 하늘에서 먼저 지펴진 불이다(레 9:24, 욘 2:9)

○ 불은 하나님의 심판을 의미한다(창 19:, 계19:20)

○ 그러므로 다른 불로 드려서는 안 된다.

라) 숫자가 주는 의미

○ 5 규빗(율법, 말씀)

○ 3 규빗(하나님)

○ 채 두 개(증거) - 십자가 부활

○ 넷(고리 넷) - 동, 서 , 남, 북.

○ 말씀이신 하나님께서 육신을 입으시고 이 땅에 오셔서(요 1:1-18) 죄인들을 위하여 죽으시고 부활하셔서 의를 이루셨다.

제4절 물두멍(출 30:17-21, 38:8)

1. 규격

물두멍에는 규격이 없다.

2. 재료

1) 놋으로 만들었다. 그 받침도 놋으로 만들었다.
2) 이 놋의 출처는 회막에서 수종 드는 여인들의 거울이다.
3) 물두멍에는 항상 깨끗한 물이 가득 채우져 있다.

3. 모양

둥근 모양이다.

4. 우리에게 주는 교훈

1) 재료가 주는 교훈

① 물두멍과 그 받침은 놋으로 만들어졌다.

놋은 하나님의 심판을 의미한다. 만약 우리가 물두멍에서 씻음과 같은 성결과 성화가 없다면 하나님의 긍휼 없는 심판이 나타날 것을 가르치는 것이다.

물 두 멍

② 물두멍에는 정결한 물이 가득 채워져 있다.

가) 물은 하나님의 말씀 의미한다(엡 5:26).

아무리 번제 단에서 우리가 '죄의 형벌'에서 영원한 구속을 받았다 할지라도 우리는 연약하여 계속 죄를 지을 수밖에 없음으로 하나님 말씀으로 계속하여 성화 되어져야 한다는 것이다(요 13:3)

나) 단번에 씻음과 계속적인 씻음.

'씻는다'는 구약적 의미는 단회적인 씻음과 또 하나는 계속적인 씻음이다. 단회적인 씻음은 전신의 씻음으로써 일 년에 한번씩 '속죄의 날'에 씻음과(레 16:4) 레위 자손들의 '제사장 취임식'에 이루어진다(출 29:4). 그러나 계속적 씻음은 이 물두멍에서 제사장들이 손과 발을 씻는 것을 말한다.

우리들의 신앙도 단번의 씻음이 십자가에서 이루어져야 한다(엡 1:7). 그러나 그 후 계속적인 씻음이 매일매일 우리들의 삶에서 이루어져야 한다(요1서 1:7-9).

③ 물두멍과 그 받침은 이스라엘 여인들의 거울로 만들어 졌다.

가) 거울을 드렸다는 것은 '헌신'을 의미한다.

- ㅇ 우리의 몸을 드려야 한다(롬 12:1)
- ㅇ 우리의 물질을 드려야 한다(신 16:15-17)
- ㅇ 우리의 시간을 드려야 한다(엡 5:16)
- ㅇ 우리의 재능을 드려야 한다(마 25:15, 21)

나) 거울에 자기 모습을 비추어 본다는 것은 '자신을 살피는 것'이다.

- ㅇ 양심의 거울에 자신을 살펴야 한다(고전 13:12).
- ㅇ 진리의 거울에 자신을 살펴야 한다(약 1:23)
- ㅇ 성령의 거울에 자신을 살펴야 한다(요 16:7-11)

다) 담겨진 물에 손과 발을 씻는다는 것은 '성결'을 의미한다.

- ㅇ 성결해야 하나님 앞에 담대히 나아갈 수 있다(약 4:8).
- ㅇ 성결해야 삶을 능력 있게 살 수 있다(욥 17:9)
- ㅇ 성결해야 하나님의 보상을 받을 수 있다(삼하 22:21-25)

2) 위치가 주는 교훈

① 물두멍은 번제단과 회막 사이에 위치한다.

가) 구원의 진행 과정

첫째 : 우리의 저주스러운 죄에서 해방되는 과정으로써 놋 제단과 피를 통하여 이루어진다.

둘째 : 우리의 행위나 정결한 삶의 필요성을 말하며, 물두멍에서의 씻음을 통하여 이루어진다.

셋째 : 우리가 이 생명으로부터 취함을 받아 주님과 함께 거할 때를 말하며 지성소에서 이루어진다.

나) 번제단은 피가 가득 담겨진 피의 제단이며, 물두멍은 물(말씀)이 담겨진 성결의 그릇이다.

다) 번제단에서 우리의 죄가 사함을 받고, 성소에 들어가 하나님의 일을 수행할 때 이 물두멍에서 자신을 깨끗케 하는 과정이 필요하다.

라) 만약 손과 발을 씻지 아니하면 죽게 된다. 우리가 죄를 지은 상태로는 하나님의 일을 제대로 수행할 수 없다(마 5:24).

② 물두멍은 칫수가 없다.

물두멍의 크기와 물의 량의 규정이 없는 것은 우리가 죄로 더러워질 가능성이 얼마든지 있는 고로 더러워졌으면 몇 번이고 계속 씻어야 한다는 것이다(마 18:21-22).

③ 성막에는 의자나 마룻바닥이 없다.

우리는 손과 발을 깨끗이 씻었다 할지라도 또 더러워 질 수 있음으로 항상 씻어야 하며, 늘 깨끗이 하여야 한다는 것이다(요 1서 1:8-9)

④ 손과 발을 씻어 정결케 하는 것이다.

가) 물두멍에서 씻는 것은 온 몸이 아니라 손과 발이다.

나) 이미 번제 단에서 십자가를 통하여 구속함을 받았으면 우리는 손과 발만 씻으면 된다(요 13:10)

다) 손은 봉사를 의미하며, 발은 걸어가는 행동을 의미한다.

Ⅲ. 성　　소

제1절 성소에 대한 서론

1. 성소란 히브리어로 '코데쉬'라고 하는데 그 뜻은 '거룩히 구별된 장소'라는 뜻이며, 또 '베이트 헤이칼'이라고도 하는데 이 뜻은 '언약의 집'이라는 말로써 '하나님 언약의 말씀이 있는 집'이라는 말이다.
2. 이 성소를 크게 두 가지로 나누는데
   1) 떡상과 등대와 향단이 있는 성소와
   2) 법궤와 속죄소가 있는 지성소이다.
3. 이곳은 성막 뜰에서 번제 단을 통한 구속의 확신과, 물두멍을 통한 성화의 정규코스를 거친 성도가 누릴 천국 생활을 말씀한 것으로써 지상 천국 생활은 어떠하며(성소), 장차 누릴 천상 천국은 어떠한 곳인가(지성소)를 말씀하고 있는 것이다.
4. 성소는 성도된 하늘나라 백성이 이 땅에서 누릴 기쁨과 축복이 무엇인가를 가르쳐 주고 있는데 이것을 다시 여섯 가지로 나누어 생각할 수가 있다.
   1) 성막 널판을 통하여 천국 건설의 자료가 무엇이며,
   2) 성소 문을 통하여 지상 천국의 모습을,
   3) 성막 앙장을 통하여 지상 천국의 모습을,
   4) 떡상을 통하여 하늘나라 백성들의 양식을,
   5) 등대를 통하여 하늘나라 백성들의 빛된 생활을,
   6) 분향단을 통하여 하늘나라 백성들의 영적 힘을 얻을 수 있는 기도에 대하여 가르쳐 준다.
5. 그러므로 성막 뜰에서 그리스도와 날마다 더불어 죽고 날마다 말씀의 거울을 통하여 회개한 성도가 누릴 천국의 기쁨과 축복인 성소를 잘 공부하여 이 땅에서 살면서 주님께서 말씀하신 '또 여기 있다 저기 있다 못하리니 하나님 나라는 너희 안에 있느니라'(눅 17:21)라는 축복을 누리며 사는 자가 되어야 한다.

6. 성막 뜰이 조각목과 놋으로 되어 있고, 이 성소는 조각목과 금으로 되어 있다.
7. 이는 인성을 지니신 주님의 십자가를 의미하며, 이 십자가로 구속함을 받은 성도가 금 같은 믿음의 생활로 천국의 실체를 누리는 것이다.

제2절 성막 널판(출 26:15-30, 36:20-30)

1. 재료

1) 조각 목으로 널판을 만들어야 한다.
2) 금으로 싸야 한다.
3) 받침은 은으로 한다.

2. 규격 및 드는 량과 모양.

1) 각 널판의 장은 십 규빗, 광은 이 규빗 반.
2) 각방에 널판을 친다.
① 남편 - 널판 20(은 받침 40)
② 북편 - 널판 20(은 받침 40)
③ 서편 - 널판 8 (은 받침 16)
④ 띠 - 남, 북, 서편 각각 다섯 개씩(금으로 쌀 것)
⑤ 띠를 꿸 금 고리.

3. 우리에게 주는 교훈

1) 조각 목

① 예수님의 인성을 의미 한다(사 53:1-3)
② 예수님의 고난과 십자가를 의미 한다(사 53:4-6, 빌 2:6-8).

2) 조각 목을 금으로 쌌다.

① 금은 예수님의 신성을 의미한다.
② 금은 성도들의 믿음을 보여 준다(벧전 1:7)
※ 버림받은 인간이 예수 그리스도를 믿음을 천국이 건설됨을 보여 준다.
(예: 삭개오, 기생 라합, 룻 등)

성막 널판

3) 널판의 받침은 은이다.

① 은은 속전을 드릴 때 사용 된다(출 30:11-16).

② 은은 구속의 은총을 의미한다.

4) 띠는 조각목으로 만들되 금으로 쌌다.

① 띠는 연결하는 작업을 한다.

② 신령한 사랑의 띠로 서로 연결되어야 한다.

③ 신령한 사랑의 띠란 금 같은 우리의 믿음을 의미한다.

5) 의미

천국 생활은 주님의 고난의 십자가에서 구속함을 받은 성도들이 구원을 기초로 하여 서로 서로의 믿음 안에서 신령한 교제를 나누는 것을 의미한다.

제3절 성막 덮개(출 26:1-14, 36:8-19)

1. 성막(제 1 양장)

1) 재료

① 가늘게 꼰 베실, 청색, 자색, 홍색.

② 청색 고 50개

③ 금 갈고리 50개

2) 모양

① 매 폭의 장은 28규빗, 광은 4규빗, 각 폭의 장, 광은 같게 함.

② 다섯 폭은 서로 연하게 함. 다른 다섯 폭도 서로 연하게 함.

③ 연락한 말 폭 가에 청색 고 50개를 만듦

④ 금 갈고리 50개를 만들어 연합하여 한 성막을 이룸

⑤ 이 성막에는 그룹들을 공교히 수놓아 만들었다.

3) 우리에게 주는 교훈

① 베실은 거룩하시고 부활하신 주님을, 청색은 신성을 지니신 주님을, 자색은 왕권을 가지신 주님을, 홍색은 십자가에서 희생하신 주님을 의미하는 예수 그리스도의 성품과 인격을 의미한다.

② 금 고리는 주님의 권위와 성도들의 금 같은 믿음을 보여주는데, 이것이 양쪽의 말폭을 연결해 주는 역할을 하는 것처럼 우리 성도들은 믿음으로 연결되어져야 하는 것이다.

③ 이 성막에는 그룹(천사)을 수놓아 만들었는데 이 그룹들은 하나님 보좌에서 수종드는 무리들이다.

④ 이 성막은 밖에서는 보이지 않고 성소와 지성소에 깊이 들어가야 보인다. 즉 우리가 주님을 겉에서 보는 것으로는 확실치 않지만 주님의 속 깊이 들어 갈 때 주님의 놀라우신 거룩함과 영광을 아는 것이다.

2. 성막을 덮는 막(제 2 양장)

1) 재료

① 염소 털

② 놋 갈고리 50개

성소와 지성소를 덮는 네 앙장

2) 모양

① 모두 열한 폭으로 한다.

② 각 폭의 장은 30 규빗이고, 광은 4 규빗이고, 각 폭의 장, 광은 같게 함.

③ 다섯 폭은 연하게 하고, 다른 다섯 폭도 서로 연하게 한다.

④ 여섯 폭째 절반은 성막 전면에 접어 드리운다.

⑤ 앙장의 나머지 반폭은 성막 뒤에 드리운다.

⑥ 앙장을 연락한 말폭 가에 고 50, 다른 연락한 말폭 가에 고 50을 만들고 그리고 놋갈고리 50개로 서로 연결한다.

⑦ 막의 앙장의 길이의 남은 것은 성막 좌우 양편에 덮어 드리운다.

3) 우리에게 주는 교훈

① 염소는 우리 죄를 담당하신 그리스도를 보여 준다(레16:6-22). 아론은 두

제 1, 2, 앙장

염소를 취한다. 한 염소는 속죄제로 잡아드리고, 한 염소는 그 머리에 아론이 안수하고(이스라엘의 모든 죄와 불의를 전가시키는 예식) 광야 무인지경까지 가서 광야에 놓아둔다. 이것이 아사셀(내어놓음) 염소이다.

② 털은 포근히 열을 내 주는 것으로서 온유, 겸손하신 주님의 사랑을 의미한다.

③ 그리스도께서는 우리 죄를 담당하시기 위하여 그의 사랑을 보여 주셨다(사 53:6, 히 9:28, 고후 5:21)

④ 이 염소 털이 흰 세마포 위를 덮는 것은 완전한 구속의 사랑을 의미한다.

3. 막의 덮개(제 3 앙장)

1) 재료는 붉은 물들인 수양의 가죽으로 만든다.

2) 이것은 예수 그리스도의 희생의 죽으심과 십자가를 의미한다.

① 최초의 수양의 가죽을 덮개로 사용한 곳은 아담과 하와이다(창 3:21).

② 아브라함도 이 수양의 희생을 목격했다(창 22:1-19).

③ 출애굽의 사건도 이 수양의 희생으로 이루어졌다(출12:-13:)

④ 이제는 온 인류에 미치는 구원의 소식이다(고전 5:7, 히 9:12).

4. 웃 덮개(제 4앙장)

1) 재료는 해달의 가죽이다(제 4 앙장)

① 해달의 가죽을 물돼지, 혹은 물고래 가죽이라고도 한다.

② 이 해달은 나일강과 홍해에 떼를 지어 산다.

2) 이것은 예수 그리스도의 인성을 의미한다.

① 이것은 겉으로 볼 때 모양 없는 겉 부분이다.

② 세상에서 성막을 볼 때 이 부분만 보인다(사 53:2-3).

③ 그러나 중생하고 성막의 문을 통과하여 들어가면 영광의 주님과 주님의 광채를 볼 수 있다.

3) 이것은 '세상 끝날까지 인도하시는 주님' 을 의미한다.

① 원래 이것은 신을 만드는데 사용했다(겔 6:10).

② 그러나 이것을 바쳐 성막 웃덮개를 만들라고 한 것이다.

③ 순종한 이스라엘 백성들을 40년간 보살펴 주셨다(신 8:4, 29:5, 느 9:21).

④ 우리는 모든 염려를 주님께 맡겨야 한다(빌 4:6-7).

제 3,4 앙장

5. 성막 앙장이 주는 교훈

1) 지상 천국인 교회의 모습을 가르친다.

① 겉 앙장이 해달의 가죽으로 된 것처럼 교회의 겉모습은 그야말로 초라하기 짝이 없다.

② 교회는 병들고 슬프고 가난하고 불쌍한 사람들이 모이는 곳이다.

③ 그러나 그 안에 우리 죄를 용서하기 위해 흘리신 그리스도의 보혈의 피가 있고, 또한 우리를 위하여 하늘 보좌를 버리신 그리스도가 있고, 생명의 주, 만왕의 왕, 고난의 주, 부활하신 주님이 계신 곳이다.

④ 또한 영생하는 양식이 있고, 세상에 빛을 주며 우리를 위하여 중보의 기도가 있는 곳이다

⑤ 그러므로 이 교회를 천국으로 비유하여 '밭에 감추인 보화'(마 13:44) 라고 한다.

2) 성도의 참 모습을 보여주고 있다.

① 세상 사람들이 볼 때 성도의 초라한 모습(해달의 가죽)과 연약함을 본다.

② 그러나 그 속에는 죄 용서함을 받는 보혈의 은총이 있고 버림받아 우리와 함께한 그리스도가 있고 부활하신 주님이 있다.

③ 또한 천사의 지키심이 있다(마 26:53, 창 19:1, 왕상 19:5, 행 12:1)

④ 그러므로 우리 겉사람은 후패하나 속은 날로 새로워지는 것이다(고후 4:16).

3) 예수 그리스도의 참 모습을 보여 주고 있다.

① 예수님을 인간적으로만 보면 초라하다(사 53:1-3). 그의 출생. 가문, 성장과정, 핍박과 조롱, 십자가의 죽음.

② 그러나 우리 주님은 죄인을 구원하시는 보혈의 피가 있으며, 늘 보좌를 버리시고 이 땅에 오신 사랑이 넘치시고, 사망의 권세를 이기시고 부활하신 능력이 있으시며, 사람이되 죄를 짓지 않으시는 성결이 있다.

③ 우리 주님은 세세토록 영광을 받으실 것이다.

제4절 떡상(출 25:23-30, 37:10-16, 레 24:5-9)

1. 재료.

1) 조각목으로 만든다.
2) 정금으로 쌌다.
3) 진설병이 항상 있게 한다.

2. 모양

1) 조각목으로 상을 만든다.
   ㅇ 장 - 2규빗.
   ㅇ 광 - 1규빗.
   ㅇ 고 - 1규빗 반.
2) 이 상을 정금으로 쌌다.
3) 주위에 금테를 두른다.
4) 사면에 손바닥 넓이만한 턱을 만든다.
5) 턱 주위에 금으로 테를 만든다.
6) 금 고리 넷을 만들어 턱 곁에 단다.
7) 조각 목으로 채를 만들고 금으로 싼다.
8) 부속 기구들을 금으로 만든다.
   ㅇ 대접　ㅇ 숟가락　ㅇ 병　ㅇ 붓는 잔
9) 상 위에 진설병을 만들어 항상 있게 한다.

3. 우리에게 주는 교훈

1) 조각 목으로 상과 채를 만들었다는 것은 예수 그리스도의 인성을 의미한다.
2) 여기에 금으로 쌌다는 것은 신적 권위를 의미한다. 그리고 금은 성도들의 믿음을 보여주는 것처럼 이 상위에 있는 떡(말씀)을 믿음으로 먹어야 하는 것이다.
3) 떡상 위에 떡을 진설해야 한다는 것은 말씀이신 그리스도를 의미한다.

4. 떡이 주는 교훈(레 24:5-9)

1) 이 떡은 제사장 아론이 만든다.

① 이 떡은 예수 그리스도이시다(요 6:46).

떡 상

② 예수 그리스도는 말씀이다(요 1:18).

③ 아론이 떡을 만드는 것은 오늘 날 주의 종들이 말씀을 잘 만들어서 성도들을 먹여야 하는 것을 의미한다.

2) 고운 가루를 취하여야 한다.

① 고운 가루는 알맹이가 깨지는 것이다.

② 설교자는 자기의 모든 인간성을 곱게 부셔야 한다.

3) 열두 덩어리를 만든다.

① 열둘은 하나님이 택한 선민 열두 지파를 의미한다.
② 하나님의 말씀은 택한 백성의 양식이 되는 것이다(요 5:39)
③ 그러므로 택함 받은 주의 종들은 말씀을 잘 선포해야 한다.

4) 떡은 순결한 상위에 진설 한다.

① 이것은 떡이 담기는 그릇이 깨끗해야 한다는 것이다.
② 말씀은 설교자의 깨끗한 말, 깨끗한 행위, 깨끗한 마음에 담겨서 전달되어야 한다.
③ 아무리 좋은 음식이라도 전달되는 그릇이 더러우면 오염이 된다.

5) 정결한 유향을 각줄 위에 두어라

① 이 유향은 기도와 성령의 역사를 의미한다.
② 아무리 준비가 잘된 설교라도 결국 기도와 성령의 역사 없이는 놀라운 성과를 이룰 수 없다.

6) 항상 매 안식일에 이 떡을 여호와 앞에 진설하라.

① 매 주일 말씀을 선포해야 한다.
② 설교자는 매 주일 말씀을 선포하기 위하여 월요일부터 토요일까지 창세기로부터 계시록까지의 푸른 초장을 누비고 다니면서 내가 키우고 있는 양들에게 필요한 꼴이 무엇인가를 잘 알아 요리하여 기도로 양념을 치고 또한 성령의 불로 잘 익혀서 좋은 꼴로 먹여야 한다.

7) 이 진설병은 아론과 제사장의 영원한 분깃이다.

① 주의 종에게 주신 하나님의 기업은 하나님의 말씀이다.
② 이 말씀으로 사는 것이 주의 종이며, 이 말씀을 선포하는 것이 주의 종이다.
③ 그러므로 우리의 영원한 기업을 잘 누려서 상급을 받아야 한다.

8) 성도들도 매 주일 진설되는 떡을 먹어야 한다.

① 이 떡을 먹지 않으면 영혼이 병든다.
② 영혼이 병든다는 것은 자라지 못한다는 뜻이다.

第5절 금 등대(출 25:3140, 27:20-21, 37:17-24, 레 24:1-4)

1. 재료

1) 금. 2) 기름

2. 모양

1) 등대를 만든다

① 밑판을 만든다.
② 줄기를 만든다
③ 잔을 만든다(살구꽃 모양의 잔 3개)
④ 꽃받침과 꽃을 만든다.(살구꽃 모양 3개)

2) 가지를 만든다

① 등대를 중심으로 한편에 3개씩 나오게 한다.
② 살구꽃 모양의 잔 셋과 꽃받침과 꽃이 있게 한다.
③ 두 가지 아래 한 꽃받침이 있어 줄기와 연하게한다(두가지 또 두가지)

3) 등잔 일곱을 만들어 위에 두어 앞을 비치게 한다.

4) 부속 기구로써 불집게와 불똥 그릇도 만든다.

5) 모두 정금으로 만드는데 금 한 달란트로 만들었다(약 90파운드로써 1500온스)

3. 우리에게 주는 교훈

1) 등대는 모두 정금으로 되어져있다.

① 이것은 예수 그리스도의 신성을 의미한다.
② 예수 그리스도께서는 거룩하시다. 비록·밖에 있는 자들은 우중충한 해달의 가죽만 보겠지만 성소에 들어가 보면 주님의 거룩하심에 접하게 된다.
③ 또한 이 정금은 성도들의 믿음을 상징하므로 우리 성도들도 금 같은 믿음으로 예수님의 거룩함에 접하게 되는 것이다(벧전 1: 7, 욥 23:10)

2) 등대와 가지로 되어 있다.

① 등대는 원 줄기를 말하는 것이고, 이 줄기에 여섯 가지가 있다.

② 예수는 참 포도나무요, 우리는 그 가지이다(요 15:1).

③ 가지는 열매를 많이 맺어야 한다.

금 등 대

④ 어떻게 해야 열매를 많이 맺을 수 있을까?(요 15:1-9)

⑤ 어떤 열매를 맺어야 하는가?

가) 회개에 합당한 열매(마 :8, 눅3:8)

나) 빛의 열매(엡 5:9)

다) 입술의 열매(찬송, 사57:19, 히13:15)

라) 선한 열매(구제, 약 3:17)

마) 의의 열매(빌1:11, 약3:18, 히1:11)

바) 성령의 열매(갈 5:22-23)

사) 거룩함에 이르는 열매(롬 6:22)

3) 일곱 등진과 기름은 무엇인가?

① 일곱 등잔은 일곱 영과 연관이 된다.

가) 여호와의 신이…(사 11:1-2)
나) 하나님 보좌 앞의 일곱 영 (계 1:4)
다) 일곱 등불은 하나님의 일곱 영 (계 4:5)
라) 예수님이 일곱 영을 가지셨다(계 3:1)
마) 여호와의 눈이다(슥 4:10)

② 기름은 성령을 의미한다.

가) 스가랴가 본 이상 중에서 성령의 강한 역사를 보여준다(슥 4:1-10).
나) 예수께서 성령을 보내주신다고 약속 하셨다(요 14:16, 20:22, 24:49).
다) 초대 교회의 지도자들은 성령이 충만했다(행2:1-4, 4:8, 31, 6:8, 9:31)
라) 우리도 성령을 좇아 행하여야 한다(갈 5:16).

4) 빛을 발해야 한다.

① 누가 빛인가?

가) 주님이 세상의 빛이 되신다(요 1:4-5, 3:19, 8:12, 마 4:16)
나) 우리도 빛된 생활을 해야 한다(마 5:14-16, 요 1서 1:5-7).

② 빛된 생활을 하려면 어떻게 해야 하나?

가) 정금으로 쳐서 만들어야 한다(믿음으로 모든 것을 해야 한다)
나) 밑판과 줄기와 가지가 서로 연결되어져야 한다(요 15:1)
※ 밑판(하나님), 줄기(예수님), 가지(우리들).
다) 살구꽃 형상을 만들어야 한다(주님의 부활의 소망이 있어야 한다)(민 17:1-11).

③ 빛은 어디로 비추고 있는가?

가) 떡 상을 밝히고 있다(말씀은 성령의 깨달음으로, 고전 2:10).
나) 향단을 밝히고 있다(기도는 성령이 도와준다)(롬 8:26-27)

5) 항상 등잔불을 점검해야 한다.

① 기름이 떨어지지 않았나 점검해야 한다.
② 심지가 견고 한가 점검해야 한다.
③ 아침, 저녁으로 점검해야 한다.

제6절 향 단(출 30:1-10, 34-38, 37:25-29)

1. 재료

1) 조각 목　　2) 금

2. 모양

1) 향단의 모양

① 조각 목으로 장이 1규빗, 광이 1규빗의 네모반듯하게 했다.
② 높이는 2규빗이고,
③ 정금으로 뿔을 만들었다(네 귀퉁이에)
④ 상면에 금테를 만들고
⑤ 금테 아래 양편에 금고리 둘을 만듬
⑥ 채를 만들되 조각 목으로 만들고 금으로 쌌다.

2) 향품을 만든다.

① 소합향 - 어떤 향기로운 식물에서 저절로 떨어진 진액
② 나감향 - 어떤 조개류 껍질의 가루로 만든 것
③ 풍자향 - 고무나무와 같은 진액으로 만든 향
④ 유향 - 인도에서 나는 어떤 나무의 향으로 썩는 것을 막는다.
⑤ 소금 - 소금은 하나님의 언약이다.
⑥ 향 얼마를 증거궤 앞에 두었다.

3. 우리에게 주는 교훈

1) 향단과 모양과 자료

① 조각목을 금으로 싼다.

가) 주님의 인성과 신성을 말하며, 주님은 공생애 전에도(마4:1-11), 공생애 중에도(막1:35, 눅5:16, 마14:23, 26:36-46), 십자가 위에서도(눅23:34), 승천 후 하늘나라에서도 기도 하신다(롬8:34)

나) 우리 인간 편으로는 버림 받은 인간(조각목)이 믿음(금)으로 구하여야 함을 보여 준다(계 5:8, 8:3-5, 시 141:2).

② 장, 광이 1규빗씩 네모반듯하게 한다.

금향단

가) 하나님의 공의로우심을 보여준다.

나) 우리의 기도도 하나님 앞에 의인의 기도가 되어야한다(잠15:29, 8)

③ 네 모퉁이에 정금 뿔을 만든다.

가) 뿔은 권세를 의미한다.

나) 우리의 기도는 권세 있는 주님께 하는 것이므로 우리의 기도도 권세가 있다.

다) 기도는 분명한 응답이 따르는 권위가 있다(요14:13, 마17:20, 7:7)

2) 향을 피우는 법

① 제사장이 피운다.(우리는 왕 같은 제사장이다. 벧전 2:9).

② 아침, 저녁으로 피운다(아침저녁으로 하나님께 기도한다).

③ 다른 향을 피우지 말라(반드시 지정된 향을 피워야 한다).

가) 소합향 - 어떤 향기로운 식물에서 저절로 떨어지는 진액으로써 받은 바 은혜와 사랑에 감사하여 드리는 기도(계 5:12-13).

나) 나감향 - 조개류 껍질을 빻아 만든 향으로서 주님의 희생의 기도,즉 자아가 부서지고 깨어지는 기도를 의미한다(마 26:39).

다) 풍자향 - 고무나무에서 나오는 향으로 소독제로 쓰이는 향이다. 우리 심령을 상하게 하는 죄악을 회개하는 기도다(시 51:7).

라) 유향 - 악취를 제거하기 위해 죽은 시체에 바르는 향이다. 죽음은 인

간의 모든 불행의 대표이다. 우리에게 닥친 모든 불행을 하나님께 도움을 요청하는 기도이다(야곱, 한나 등).

마) 소금 - 소금은 '하나님의 언약'의 상징이다(레 2:13). 기도 응답의 근거는 하나님의 응답이다. 그러므로 우리는 하나님의 언약을 붙들고 기도해야 한다(마7:7-12, 요5:7, 마 18:19-20)

④ **반드시 지정한 불로 향을 사른다.**

가) 아무 불이나 가지고 사르면 안 된다(레 10:1-2)

나) 반드시 지정한 불이어야 하며, 그것은 하늘에서 내려온 불이고 번제단에 있는 불이다.

다) 기도는 인위적으로 하는 것이 아니라 성령으로 하여야 하며, 기도는 범죄한 상태로 하는 것이 아니라 그리스도의 보혈의 피로 용서받은 것 가지고 하는 것이다.

⑤ **번제, 소제, 전제의 술을 붓지 말라.**

가) 번제 단에서 하는 일을 다시 여기서는 하지 말라 뜻이다.

나) 번제단에서는 용서함을 받는 것이고, 여기서는 천국 생활이다

⑥ 일 년에 일차씩 향단 뿔을 위하여 속죄하라.

가) 우리가 늘 약하여 죄를 지으므로 이 죄를 용서 받기 위하여 회개하라는 것이다.

나) 성도들이 기도할 수 있는 것은 예수 그리스도의 피 공로이다.

3) 향단의 위치가 주는 교훈.

① 향단은 법궤 앞 속죄소 앞에 놓아야 한다.

② 이것은 우리가 기도할 때 하나님 가장 가까이 계심을 말한다.

③ 번제 단이 주님께서 희생당하신 십자가라면 이 향단은 부활하셔서 우리를 위하여 기도하시는 주님을 보여준다(롬8:34, 고전 15:3-4)

4) 향을 담아 속죄소 앞에 두어라

① 속죄소는 지성소에 있는데 이는 하나님을 의미한다.

② 우리는 기도하므로 하나님 나라에 들어갈 수 있고 하나님도 만날 수 있다.

제7절 성소에 대한 결론

성소는 성막 뜰을 통과한 성도들이 지상에서 누릴 지상 천국의 생활과 기쁨을 예표한다.

1. 성막 널판을 통하여 천국건설 자료를 알 수 있다.

버림받은 인간이(조각목) 믿음(금)으로 천국을 건설하는 것이다. 믿음이 없이는 하늘나라를 건설할 수 없다.

2. 성막 앙장을 통하여 천국의 모습을 알 수 있다.

겉모양은 보잘 것 없으나 속은 귀한 것들로 가득 채워진 것이 하늘나라이다. 그 안에 그리스도의 낮아지심이 있고, 죄인을 사하신 보혈의 피가 있으며, 생명을 주시고, 만민을 다스리시고 ,거룩하시며, 고난당하신 그리스도가 계시며, 나아가서는 천군 천사의 보호가 있는 곳이다. 이것이 바로 성도와 교회의 모습이며, 예수 그리스도의 모습임을 가르쳐 준다.

3. 성소 문을 통하여 천국을 차지할 수 있는 교훈을 얻을 수 있다.

버림받은 인간이(조각목) 십자가를 믿음으로 들어가는 문인데, 바로 그 문이 생명이시요(청색), 왕이시요(자색), 구세주(홍색)이신 거룩하신 하나님의 아들(베실) 예수 그리스도를 믿는 믿음으로 나아갈 때 얻을 수 있는 것이다.

예수 그리스도를 바로 이러한 분으로 믿지 않고 나아가는 자는 하늘의 참 기쁨을 얻을 수가 없는 것이다.

4. 떡상을 통하여 하늘나라 시민이 먹어야 할 생명의 양식이 무엇인가를 가르쳐 주고 있다.

하늘나라 생명의 양식은 그리스도이신데, 이 양식을 먹는 자는 버림받은 인간이(조각목) 믿음으로(금) 진설병(말씀)을 먹는 것이다.

하나님의 말씀은 믿음으로 먹는 것이지 의심하는 자는 먹을 수 없다. 믿음으로 먹되 자아가 부서지고 기도와 성령으로 잘 구워서 먹는 약식이다. 중생한 자가 이 떡을 먹을 때 참 기쁨과 만족이 있다. 이 떡을 떼는 자는 세월이 여류하여 시간이 가는 줄 모르며 천국의 백성이 된 자가 누리는 복을 영위할 수가 있는 것이다.

널판지 제조법

5. 등대를 통하여 세상에 빛된 성도의 생활을 교훈받을 수가 있다.

빛은 예수 그리스도로써 그를 믿고 따르는 자가 세상에서 감당하여야 할 사명이다. 믿음으로 자신을 쳐서 그리스도를 닮아가며, 약속하신 성령을 받아 그리스도의 사자를 통하여 간검을 받을 때에 세상에서 빛된 생활을 할 수가 있는 것이다.

6. 향단은 이 땅에서 누릴 특권을 말씀하고 있다.

약한 자 같으나 강하고, 없는 자 같으나 모든 것을 소유하고 있는 자며, 죽은 자 같으나 참으로 생명을 소유한 자가 성도인데 이 놀라운 권세와 축복이 바로 기도를 통하여 주어지는 것이다.

이런 권세를 누리는 자는 바로 번제 단에서 죽임을 받고, 물두멍에서 철저히 회개하고, 그리스도를 믿는 믿음으로 성소에 나아가 생명의 떡을 먹고, 그의 말씀에 따라 자기를 쳐서 복종시키며 빛 된 생활을 하는 자가 하나님 앞에 나아와 기도할 때 얻는 것이다. 하늘과 땅과 모든 것을 움직이는 권세가 바로 기도로 말미암아 주어지는 권세요 축복인 것이다.

종합하여 정리해 보면 성도가 누릴 지상의 참 기쁨이란 어디를 가나 천군천사의 호위와 보호함을 받으며, 하나님의 말씀인 성경말씀을 부지런히 먹으며, 그 말씀에 따라 빛 된 생활을 하며, 나아가서는 엎드려 기도할 때마다 응답받는 것, 바로 이것이 성도들이 이 세상에 살면서 누리는 기쁨이요, 축복인 것이다.

중생함을 얻은 자는 결코 세상이 주는 만족에 참 만족을 누릴 수가 없다. 얻어지는 재물이 그 영혼을 만족하게 못하며, 배우고 익힌 지식이 그로 하여금 참 기쁨을 주지 못하고 오히려 걱정 근심을 주며, 정성을 기울여 기른 자식이 그로 하여금 참 기쁨을 주지 못하며, 쌓아온 인생 경력이 그로 하여금 참 보람을 주지 못한다.

오직 우리에게 참 만족과 기쁨과 소망을 주는 것은 하나님 말씀을 듣고 그래서 거기에서 살아 움직이는 축복의 역사를 체험할 때, 그리고 그 말씀을 따라 살므로 하나님의 위로를 받으며 열매를 맺게 하심을 맛볼 때, 나아가서는 엎드려 기도할 때마다 응답을 체험할 때 얻어지는 기쁨이란 그 어떤 것으로도 바꿀 수 없는 기쁨이요 평안임을 알게 된다. 그래서 죠 비삐블리라는 가수는 다음과 같이 노래한다.

'주 예수보다 더 귀한 것은 없네 이 세상과 부귀와 바꿀 수 없네'

Ⅳ. 지 성 소

제1절 지성소에 대한 서론

1. 지성소란 히브리어로 '코데쉬 하코다쉼' 혹은 '코데쉬 카디쉼'이라고 하는데 이 뜻은 'holy place'라는 말이다.
2. 이 지성소는 성소를 지나 휘장 뒤에 있다.
3. 이 지성소 안에는 법궤와 법궤를 덮은 속죄소와 속죄소 위에 있는 두 그룹이 있다.
4. 성소와 지성소를 가르는 휘장이 있다.
5. 이 지성소는 우리가 장차 누릴 '천상천국'이 어떠함을 보여준다.
6. 이제 성막을 통과하여 성도가 되고 성소를 통하여 지상천국의 축복과 권세를 맛본 성도들이 천상천국에 들어가야 하는데 거기에서 주는 교훈을 배우는 것이다.

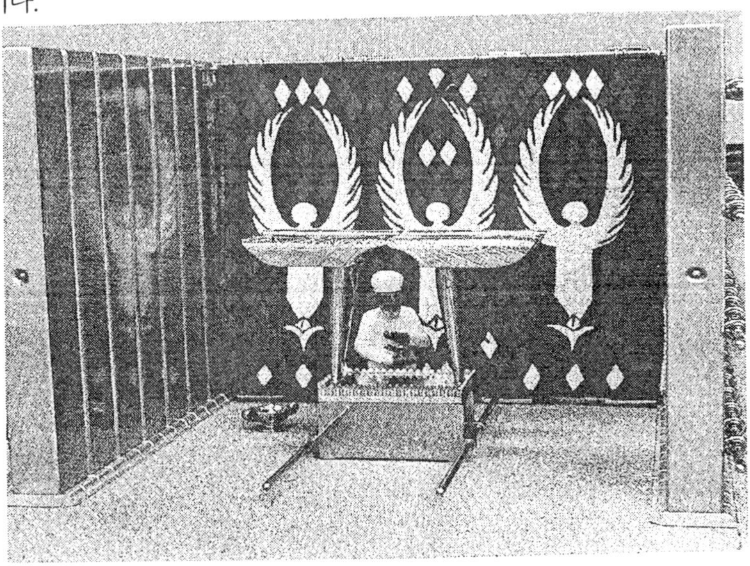

지성소에서 대제사장이 일하는 모습

제2절 성소 휘장(출26-21-33, 36:35-36, 마27:50-51, 히10:20)

1. 휘장의 모양

1) 재료 및 모양

① 청색, 자색, 홍색, 가늘게 꼰 베실로 짜서 장을 만든다.

② 그 위에 그룹들을 공교히 수놓아 짠다.

③ 금 갈고리를 만들어 네 기둥에 드리운다.

④ 네 기둥은 조각 목으로 만들고 금으로 싸고 받침은 은으로 만든다.

2) 휘장의 용도

① 성소와 지성소를 구분한다(출 26:33).

② 대 제사장이 일 년에 한번 이 휘장을 걷고 들어가(히 9:7) 자기와 백성들의 허물을 위하여 제사를 드린다(레 16:15).

2. 우리들에게 주는 교훈

1) 이 휘장은 에덴동산에서의 타락을 보여 준다.

① 휘장에는 그룹들을 공교히 수놓아 짰다.

② 이것들은 아담과 하와가 범죄 했을 대 그룹과 화염검으로 에덴동산에 들어가지 못하도록 지키셨던 것과 같은 의미이다(창 3:24).

③ 지성소는 거룩한 장소이므로 대 제사장 외에는 아무도 들어갈 수 없다. 이와 같이 범죄한 인간은 하나님의 거룩한 영역에 들어갈 수 없는 것이다.

2) 이 휘장은 우리를 구속하신 주님을 보여준다.

① 하나님과 우리 사이에 죄악의 담으로 막혀있다(사 59:1-2)

② 그러나 휘장 되시는 예수 그리스도께서 십자가에 죽으심으로 하나님께 나아가는 길이 열리게 된 것이다(마 27:5-51, 히 10:20).

※ 휘장이 찢어졌다는 놀라운 사건

첫째 : 휘장은 한번만 찢어졌다(예수 그리스도의 구원은 단 한번만으로 완성된다).

둘째 : 휘장은 위에서 아래로 찢어졌다(구원은 하나님께서 시작하신 것이다).

※ 휘장이 찢어짐으로 우리에게 주어진 세 가지 축복(히 4:16)

첫째 : 죄인이 직접 하나님을 만날 수 있게 되었다.

둘째 : 한번이 아니라 계속 주님을 만날 수 있다.

셋째 : 죄인이 하나님과 교제를 나눌 수 있게 되었다.

③ 구원의 길은 오직 예수 그리스도 뿐이시다.

3) 이 휘장은 예수 그리스도의 네가지 성품을 나타낸다.

① 청색

가) 예수 그리스도의 신성을 의미한다(요 1:1, 14, 딤전 3:16)

나) 요한복음은 예수 그리스도를 하나님의 아들로 묘사하는 신성을 말한다.

② 자색

가) 예수 그리스도의 왕권을 보여준다(마 1:1-7).

가) 마태복음은 예수 그리스도를 왕으로 묘사하고 있다.

③ 홍색

가) 이것은 예수 그리스도의 희생 즉 종됨을 의미한다(막 10:45)

나) 마가복음은 예수 그리스도를 종으로 묘사한다.

④ 가늘게 꼰 베실

가) 예수 그리스도의 성결과 완전성을 의미한다(히 4:12).

나) 누가복음은 예수 그리스도를 완전하신 인간으로 묘사한다.

제3절 법궤(출 25:10-16, 37:1-5, 히 9:4)

1. 재료

1) 조각 목으로 궤를 만든다.
2) 정금으로 안팎을 쌌다.

2. 모양

1) 장이 이 규빗 반, 광이 일 규빗 반, 고가 일 규빗 반의 궤를 만든다.
2) 이 궤를 정금으로 싸되 안팎으로 싼다.
3) 이 궤의 윗 가로 돌아가며 금테를 두른다.
4) 금 고리 넷을 만들어 발에 달되 이편에 두 개 저편에 두 개를 만든다.
5) 조각 목으로 채를 만들어 금으로 싸고 고리에 꿴다.
6) 채를 궤의 고리에 꿴 대로 두고 빼어내지 말아야 한다.
7) 궤 속에는 만나를 담은 항아리와 십계명을 새긴 돌비와 아론의 싻난 지팡이가 들어 있다.

법궤의 모양

3. 우리에게 주는 교훈

1) 법궤의 용어가 주는 교훈

① 히브리어로 '아론'이라고 하는데 이 말은 동사 '아라'에서 나온 말로 '끌다' 혹은 '모이다' 라는 의미에서 나온 말이다.

② 즉 법궤의 의미는 '하나님의 백성을 모아 이끌다' 이다.

③ 이 의미대로 법궤는 하나님의 백성을 애굽에서 이끌어 내어 가나안 땅으로 인도 하였다.

④ 이들은 법궤를 따라 진행 하였으며, 전쟁터에도 이 법궤를 앞세우고 원수들을 정복했다(수 6:4, 8, 12)

2) 법궤를 만드는 재료가 주는 교훈

① 조각 목으로 만들었다는 것은 주님의 인성을 보여 준다.

② 조각 목으로 만든 궤의 안팎을 금으로 쌌는데, 안팎을 금으로 싼 것은 법궤뿐이다. 이것은 거룩하시고, 성결하신 주님을 보여준다.

③ 하늘나라에는 믿음으로 거룩해진 자만이 들어갈 수 있다.

3) 법궤 안에 있는 것이 주는 교훈

① 만나는 생명의 떡, 즉 하나님의 말씀이 가득 채워졌다는 것이다.

② 십계명은 하나님의 법이다. 하나님의 법대로 산 자만이 하늘나라에 들어갈 수 있다.

③ 아론의 싹난 지팡이는 부활하신 주님을 보여준다. 우리도 죄에서 부활해야 하늘나라에 들어갈 수 있다.

제4절 속죄소(출 25:17-22, 37:6-9, 히 9:5)

1. 재료

✸ 순전한 금으로 만들어졌다.

2. 모양

1) 장이 이 규빗 반, 광이 일 규빗 반이다.

2) 속죄소를 궤 위에 올려놓는다.

3) 그룹을 만들어 양쪽 가에 붙였다.

① 그룹은 모두 둘이다.

② 이 그룹들은 속죄소와 연하게 한다.

③ 한 그룹은 이 끝에 한 그룹은 저 끝에 둔다.

④ 그룹들은 날개를 높이 펴서 그 날개로 속죄소를 덮는다.

⑤ 그 얼굴들은 서로 대하여 속죄소를 향하게 한다.

3. 우리에게 주는 교훈

1) 속죄소 용어가 주는 교훈

① 히브리어로 '카포레트'라고 하는데 이는 동사 '카파르'에서 나온 말로 '덮다'

속죄소(시은좌)

혹은 '잊어버리다'라는 뜻이다.

② 즉 속죄소는 우리의 지은 모든 죄를 주님의 보혈로 덮어주고 잊어버린다는 의미이다(사 1:18).

③ 그 얼굴들은 서로 대하여 속죄소를 향하게 한다.

2) 속죄소의 의미가 주는 교훈

① 예수 그리스도를 의미한다.

② 예수 그리스도의 구속을 의미한다(롬 3:24).

③ 예수 그리스도가 화목제물이심을 보여준다(롬3:25, 요1서2:2, 4:10).

3) 속죄소의 목적이 주는 교훈

① 하나님께서 인간을 만나기 위하여 주셨다(출 25:22, 요 14:6).

② 하나님께서 인간에게 말씀하시기 위하여 주셨다(출 25:22, 민 7:89).

4) 속죄소가 주는 축복들

① 법궤를 덮고 그 속에 있는 율법위에 드리워졌다(공의, 사랑)

② 하나님이 대표자를 통하여 죄인을 만나는 곳(레 16:14-16)

③ 속죄소는 우리들의 영적 교제 장소(히 4:14-16)

④ 두 그룹은 우리들을 도와줌을 의미함(미가엘, 가브니엘(히1:14)

법궤와 죄

제5절 대 제사장과 예복(레 8:1-13)

하나님은 거룩한 성막에서 봉사할 일군을 특별히 성별하여 세우신다. 이 제사장을 세우시는 하나님의 명령에서 어떠한 자격을 갖추어야 하며, 어떠한 일을 하는가를 알 수 있다.

대제사장의 자격은 어떠하며, 하는 일은 무엇이고, 입어야 할 예복은 무엇이며, 대 제사장이 되는 위임 식은 무엇인가?

1. 대 제사장의 자격은?

1) 레위 인이어야 한다(민 3:5-10).

이스라엘의 12지파 중에 특별히 뽑힘을 받는다. 이것은 하나님의 전적인 은혜이다(출 28:1-,히 5:4).

부르심 즉 소명에는 주의 일군으로 부르심이 있고, 종으로 부르심이 있고, 자녀로 부르심이 있는데, 여기 레위인은 주의 종으로 부르심은 물론이지만 주의 백성으로 불러 주신 가운데 종으로 삼으셨기에 얼마나 큰 은혜인지 모른다(엡 2:8).

하나님의 일군은 임의로 되는 것이 아니요 자기가 원해서 되는 것도 아니라 오직 하나님의 전적인 부르심으로 되는 것이다. 그것은 성경 여러 곳에서 찾아 볼 수 있고, 예수님의 열두 제자를 부르신 사건에서도 볼 수 있다.

2) 육체에 흠이 없어야 한다.

레위 인이라 하더라도 육체에 흠이 없어야 한다.

레 21:18-21에 보면 '소경이나 절뚝발이나 코가 불완전한 자나 지체가 더한 자나 발 부러진 자나 손 부러진 자나 곱사등이나 난쟁이나 눈에 백막이 있는 자나 괴혈병이나 버짐이 있는 자나 불알이 상한 자나' 이 사람들은 성전에서 성물은 먹을지언정 봉사하는 데는 금하였다. 아무래도 육체가 부자연하면 일하는데도 많은 어려움이 있고, 또 모든 사람 앞에 본을 세우는데 여러 가지 문제가 있기에 그렇다.

3) 몸을 더럽히지 말라(출 29:4-　, 시 119:9-11)

부정한 시체를 만지지 말라(심지어 죽은 부모의 시체라도).

과부나 이혼한 여인이나 더러운 여인이나 기생을 취하지 말라. 다만 처녀와 결혼하라. 시집가지 아니한 골육 친척과 하라.

대 제 사 장

여기에 보면 하나님의 일을 감당하는 종이 이성에 대하여 깨끗해야 할 것을 말씀하고 있다.

이것이 깨끗하지 못할 때 많은 어려움이 온다. 자신 뿐 아니라 가정에도 더구나 하나님의 일을 하는데 더욱 그러하다.

처녀와 결혼 함이라 함은 이성에 대한 성결함이요, 골육지친과 결혼 하라 함은 신앙의 여인을 취하라는 것이다. 하나님의 종이 불신앙의 여인을 얻어 신앙생활을 한다면 많은 어려움이 있는 것이다.

4) 몸을 단정히 하라

'머리를 깎아 대머리 같이 하지 말며, 수염 양편을 깍지 말며, 살을 베지 말라' 자연인 그대로 봉사하는 것, 그리고 지나치게 몸을 단장하여 덕스럽지 못한 행동을 금하는 것이다.

시대에 너무나 첨단을 걸어도 문제이지만 너무나 뒤떨어져서 사회로부터 도외시 한 행위도 좀 생각해 볼 문제이다. 몸을 잘 단장하는 것이 중요하다.

5) 가정을 잘 다스려라.

가정을 다스리되 특히 자녀들을 잘 다스릴 것을 말씀하고 있다. 그래서 성경은 제사장의 딸 중에 음행하는 자는 아비를 욕되게 하였으므로 죽이라 하였다.

6) 머리를 풀지 말고 옷을 찢지 말라.

제사장으로서 머리 단정과 제사장으로서 옷단장을 말씀하고 있다. 머리와 옷으로 인하여 하나님의 종으로서 손상을 입히지 않도록 함이 대단히 귀한 것이다.

이상을 종합해 보면 하나님의 은혜로 부르심을 입되 몸에 이상이 없고, 몸을 단정히 하며, 머리와 의복에 덕을 세우면서 단정할 것을 말씀하고 있다. 왜냐하면 거룩한 일을 함으로, 부르심을 입어야 하고, 온전하여야 하며, 깨끗해야 한다.

이렇게 구약에는 육체적으로나 혈통적으로나 흠이 없는 제사장이 봉사했는데 신약에는 우리를 위하여 어떤 제사장이 있는가? 히브리 기자는 '혈통으로는 멜기세덱의 반차를 따른 거룩하고 흠이 없는 자'(히 5:10,)

'육체적으로 흠이 없고 악이 없고 더러움이 없고(히 7:26).

아론은 지상의 성막을 부리는 자이지만 예수 그리스도는 하늘의 장막을 부리는 분이시다.

우리에게는 이렇게 온전하신 제사장이 계시므로 얼마나 놀라운 축복과 은혜인가.

2. 제사장의 임무

1) 번제단에서 백성들의 죄를 속죄하는 일을 한다.

백성들이 범한 죄를 사함받기 위하여 번제단에서 제사하는 일을 제사장이 한다. 이와 같이 하나님의 좋은 성도로 하여금 예수 그리스도를 믿게 하고 의지하게 하며, 그와 더불어 죽는 생활을 가르치고 권면하여야 한다. 자신은 물론 성도로 하여금 날마다 그리스도와 더불어 죽고, 그리스도와 더불어 사는 생활을 가르치고 실천하도록 한다.

2) 물두멍에서 손을 씻는 일을 잊지 말아야 한다(레 30:17-21).

자신이 지은 죄를 회개하기에 힘쓰며, 그리고 난 뒤 백성의 죄를 회개하도록 힘써야 한다. 그리고 나서 하나님의 일을 하도록 지도하며, 성막의 일에 봉사하도록 훈련시키는 것이 중요하다.

3) 떡상에 떡을 진설하는 일을 해야 한다(레 24:5-9).

하나님의 백성의 양식인 생명의 떡을 진설하는데 힘써야 한다. 하나님 말씀에 부서지며, 기도와 성령의 도우심을 힘입어 하나님의 백성의 양식인 하나님 말씀을 잘 준비하여 먹이는 일이 하나님의 종들이 할 일이다.

4) 등대불이 꺼지지 않도록 하여야 한다(출 27:20-21, 레 24:1-4).

성도들은 빛된 생활을 하는데 힘써야 한다. 세상에서 빛의 사명을 고취시키고 빛된 사람이 되려면 먼저 자신을 쳐서 그리스도의 형상을 닮아가라고 교훈하고, 그리고 약속하신 성령을 받도록 인도하며, 나아가서는 이들이 정상적으로 빛을 비취는가를 점검 하여야 한다.

성령의 역사 없이는 어찌 빛을 발할 수가 있으며, 말씀에 의한 지도, 점검이 없는 한 어찌 빛을 발할 수 있겠는가?

5) 아침저녁으로 향단에서 향을 사르는 일을 해야 한다.

향은 기도이다. 하나님의 종은 하나님의 성전에서 기도의 향이 떠나지 않도록 하여야 한다. 그래서 아침저녁으로 향내 나는 기도를 해야 한다.

6) 일년 일차씩 지성소에 들어가 속죄하는 일을 해야 한다(레 16:1-34).

매년 7월 10일 속죄일을 맞이하여 이스라엘 백성이 지은 죄를 사하기 위하여 속죄하는 일을 한다. 모든 국민을 성회로 모이게 하고 죄를 자복하고 육체노동을 금하며 스스로 괴롭게 하며 백성이 제사를 드릴 때 대제사장 아론은 수송아지 피를 가지고 지성소에 들어가 속죄하는 일을 한다. 먼저 향을 피워 성소 안에나 지성소 안에 향이 가득하게 하고 난 뒤에 성소 휘장에 수송아지의 피를 일곱 번 뿌리고 사죄함을 받는 예식을 행하는데 이때에 제사장 옷가에 달린 방울이 소리를 낼 때 밖에 있는 백성은 그 소리에 귀를 기울이고 아멘 아멘으로 화답 한다

구약에는 대 제사장 아론이 이렇게 매년 수송아지의 피를 가지고 들어갔지만 신약에는 예수 그리스도께서 단번에 자기의 피를 가기고 지성소에 들어 가셨다(히 9:23-26).

7) 하나님을 대신하여 제판하는 일을 한다.(출28:30, 민27:21, 삼상 28:6)

우림과 둠밈을 가슴에 차고 이스라엘 백성들을 재판하는 일을 한다. 범죄한 것을 재판하고 정, 부정을 재판해 준다.

8) 하나님을 대신하여 축복한다(레 9:23-24).

성경에 보면 하나님은 아론에게 축복의 사명을 주셨다.

9) 성막의 제반 일을 봉사했다(민 3:-4:).

특히 성막을 운반 할 때 제반 일을 감당했다. 대 제사장의 지도 아래 성막 기구를 옮길 때 각기 맡겨진 일들을 감당했다.

(1) **게르손**(민 3:21-26, 4:21-28, 38-41)

진을 장막 서편에 치라. 성막 장막 그 덮개와 회막 문장과 뜰의 휘장 단 사면 뜰의 문장과 모든 띠를 운반하는데 이는 제사장 아론의 아들 이다말이 감독한다. 여기에서 봉사할 사람 30-50세까지 계수하여 보니 2,630명이었다.

(2) **고핫**(민 3:27-32, 4:1-16, 37)

장막 남편에 진을 치라

- 증거궤 : 아론과 그 아들들이 성소 휘장으로 그것을 덮어라. 그 위에 해달의 가죽으로 싸라. 그 위에 순 청색 보자기를 덮어라. 그리고 난 뒤에 고리에 채를 꿰라.
- 떡 상 : 청색 보자기를 펴고 그 위에 대접, 숟가락, 주발, 붓는 잔을 그 위에 두라. 그 위에 항상 진설하는 떡을 두라. 그 위에 홍색 보자기를 펴

고 해달의 가죽으로 덮으라. 그리고 난 뒤에 고리에 채를 꿰라.

- 등　대 : 청색 보자기를 취하여 등대, 잔, 불집게, 불똥 그릇, 그 쓰는 바 모든 것을 가죽으로 덮으라.
- 번제단 : 재를 버리고 자색 보자기를 펴고 단의 모든 기구를 거기에 싸라. 단 위에 놓고 해달의 가죽으로 그것을 싸라. 이 모든 것을 싸는 것은 아론과 그 아들들이 하게 하라. 고핫 자손은 다만 운반하는 일만 봉사하라. 여기에 봉사할 사람을 계수하여 보니 30-50세까지 2,750명이다.

(3) **므라리(민** 3:33-37, 4:29-33, 42-45).

장막 북편에 진을 치라. 장막의 널판, 띠, 기둥, 받침들, 뜰 사면의 기둥을 아론의 아들 이다말의 감독 아래 운반. 30-50세까지 계수하여 보니 3,200명이다.

(4) **제사장 아론과 그 아들들과 그리고 모세(민** 3:38-39, 4:16)

장막 동편에 진을 치라. 할 일과 멜 것을 지시 감독한다. 등유와 분향과 향품과 항상 드리는 소제물과 관유.

10) 율법을 가르치는 일을 한다.

하나님이 주신 십계명과 율례를 가르치는 일을 한다. 제사장과 선지자들이 주로 한 일이다. 이들 중에 특히 제사장이 이 일에 힘썼음을 알 수가 있다. 선지자는 하나님으로부터 말씀을 받는 일을 주로 하였다면 제사장은 받은 말씀을 가르치는 일에 힘썼다.

제6절 성막에 대한 총 결론

1. 성막 뜰을 통하여 성도란 무엇인가를 말씀하고 있다.

1) 성막 울타리

① 세상과의 분리와 구분을 보여준다.

② 사악한 인간은 하나님께 접근하지 못하도록 금지 되어 있다.

③ 울타리의 기둥은 하나님의 의로운 표준이며, 울타리가 너무 높아 문(예수 그리스도)을 통하지 않고는 들어 올 수가 없다

④ 은으로 된 기둥 싸게는 하늘을 향하면 구속의 은총이 있고, 놋으로 된 기둥 받침은 땅을 향하면 심판이 있다는 것이다.

⑤ 기둥을 연결한 띠는 사랑의 띠이며, 기둥에 쳐져있는 세마포는 성결과 의를 나타내는 것이다.

2) 성막 문

① 이 문은 하나뿐인데, 이것은 오직 구원은 예수 그리스도 한 분뿐이다(행 4:12)

② 이 문은 동쪽에 있는데 의로우신 태양 즉 빛되신 예수이다.

③ 이 문은 네 가지 색으로 되어 있는데, 청색(그리스도의 신성 -요한복음), 자색(그리스도의 왕권- 마태복음), 홍색(그리스도의 희생 -마가복음), 백색(그리스도의 정결 -누가복음) 이다.

3) 번제단

① 주님의 십자가 희생을 보여준다.

② 문을 통과한 사람은 십자가의 구속의 은총을 맛보아야 한다.

③ 제단 뿔은 구속의 권세를 의미한다.

④ 제단의 불은 하나님의 심판을 보여준다.

4) 물두멍

① 십자가의 구속을 맛보았으면 항상 하나님의 말씀으로 씻음을 받고 항상 새로운 생활을 하여야 한다.

② 이 물두멍은 여인들의 거울로 만들었는데 우리 자신을 하나님의 말씀의

거울에 비추어봐야 한다.

③ 물두멍에는 치수가 없는 것처럼 우리들은 항상 하나님의 말씀에 우리의 죄를 씻어야 한다.

2. 성소를 통하여 성도가 지상에서 누릴 천국의 기쁨을 알수있다.

1) 성막 널판

① 널판의 받침이 은인데, 지상에서 구속자만이 누릴 수 있는 천국의 기쁨을 말한다.

② 널판의 띠는 구속함을 받은 자들의 사랑의 교제이다.

2) 성소 문

① 기둥 다섯 개는 말씀을 의미하며 기둥 받침이 놋인 것은 심판인데 기둥 싸개가 금이므로 모든 심판이 우리의 믿음으로 가리워졌다.

② 성막문은 수놓아 짠 천으로 이 네 천은 그리스도의 사역을 말한다.

3) 성막 덮개

① 성막 덮개의 가장 외부는 웃 덮개라고 하는데 해달의 가죽으로 되어 있다. 이것은 세상 사람들이 보는 성도의 초라한 모습이며 역시 이들이 보는 예수의 연약성이다.

② 막의 덮개는 물들인 수양의 가죽으로써 예수님의 희생의 죽으심과 십자가를 보여 준다.

③ 그 속에는 염소 털인데 이것은 우리 죄를 담당하시는 예수님의 사랑과 온유 겸손이다.

④ 가장 속에는 흰색, 청색, 자색, 홍색으로 짠 막인데 예수님의 가장 속에 있는 속성으로써 성막에 들어간 자만이 볼 수 있다.

4) 떡 상은 항상 우리에게 주는 영적 양식을 말한다.

5) 등대는 빛 되신 주님을 말 하며, 성도들의 빛된 생활을 말한다.

6) 향단은 주님의 기도와 성도들의 기도를 보여준다.

3. 지성소를 통하여 성도들이 누릴 천상 천국의 모습을 볼 수 있다.

1) 법궤를 통하여 하나님의 실존을 알 수 있다.

2) 속죄소를 통하여 예수 그리스도의 속량하심을 알 수 있다.

3) 휘장을 통하여 예수 그리스도의 엄청난 사랑을 알 수 있다.

4) 우리가 누릴 천상천국의 모습을 계 21:-22:에서 볼 수 있다.

① 모양 - 신랑을 맞이하기 위한 신부의 단장 같다.
② 성소의 빛 - 지극히 귀한 보석 같고 벽옥과 수정 같다.
③ 성곽 - 열두 기초석 위에 열두 사도 이름이 있고 벽옥으로 싸여 있다. 장, 광이 12000스타디온(약 2000km), 성벽의 두께는 144 규빗이다.
④ 성문 - 열두 지파의 이름이 새겨진 동, 서, 남, 북의 열두 대문이 있고 그 문은 진주로 만들어져 있다.
⑤ 성곽의 기초석 - 벽옥 남보석, 옥수, 홍보속, 홍마노, 녹보석, 홍옥, 녹옥, 담황옥, 비취옥, 청옷, 자정.
⑥ 성의 길 - 맑은 유리 같은 정금
⑦ 성에 없는 것
가) 성전이 없다(하나님과 어린 양이 성전)
나) 해와 달과 별이 없다(하나님의 영광과 어린양의 빛이 가득하여)
다) 밤이 없다(빛이 있는 곳이기에)
라) 속된 것, 가증한 것, 거짓말하는 자가 없다.
마) 다시는 저주가 없다
바) 사망과 곡하는 것과 애통하는 것과 아픈 것이 없다(주님이 눈물을 씻기시기에).
⑧ 성에 있는 것
가) 어린 양의 생명록에 기록된 자.
나) 어린 양으로부터 흘러내리는 생명수 강
다) 열두 가지 열매를 맺는 생명나무
라) 어린양의 보좌
마) 영광스러운 찬양과 영광스러운 빛이 있다.

5) 에스겔 40장 이하에 나오는 성은 천년 왕국 때의 성이며, 계시록 21장-22장에 나오는 성은 천국의 성을 보여주고 있다.

6) 이런 천국의 선물을 받을 수 있는 자격자는 예수 그리스도의 십자가의 사

역을 믿는 믿음의 사람들이다.

7) 성막 안에 세 가지의 문이 있다.

① 성막문은 그 기둥이 놋 받침에 놋 기둥이며 여기에 천이 쳐져 있다.
② 성소 문은 그 기둥이 놋 받침에 금 기둥으로 세워져 있다.
③ 지성소 문은 그 기둥이 금 받침에 금 기둥으로 세워져 있다.
④ 우리 주님께서 요 14:6에서 다음과 같이 말씀하셨다.
'나는 길이요 진리요 생명이니 나로 말미암지 않고는 아버지께로 올 자가 없느니라'
⑤ 여기에서 말하는 길은(성막 문), 진리는(성소 문), 생명은(성소 휘장)이다.

레위기

1. 성경에서 레위기서의 위치

신, 구약 성경의 구성

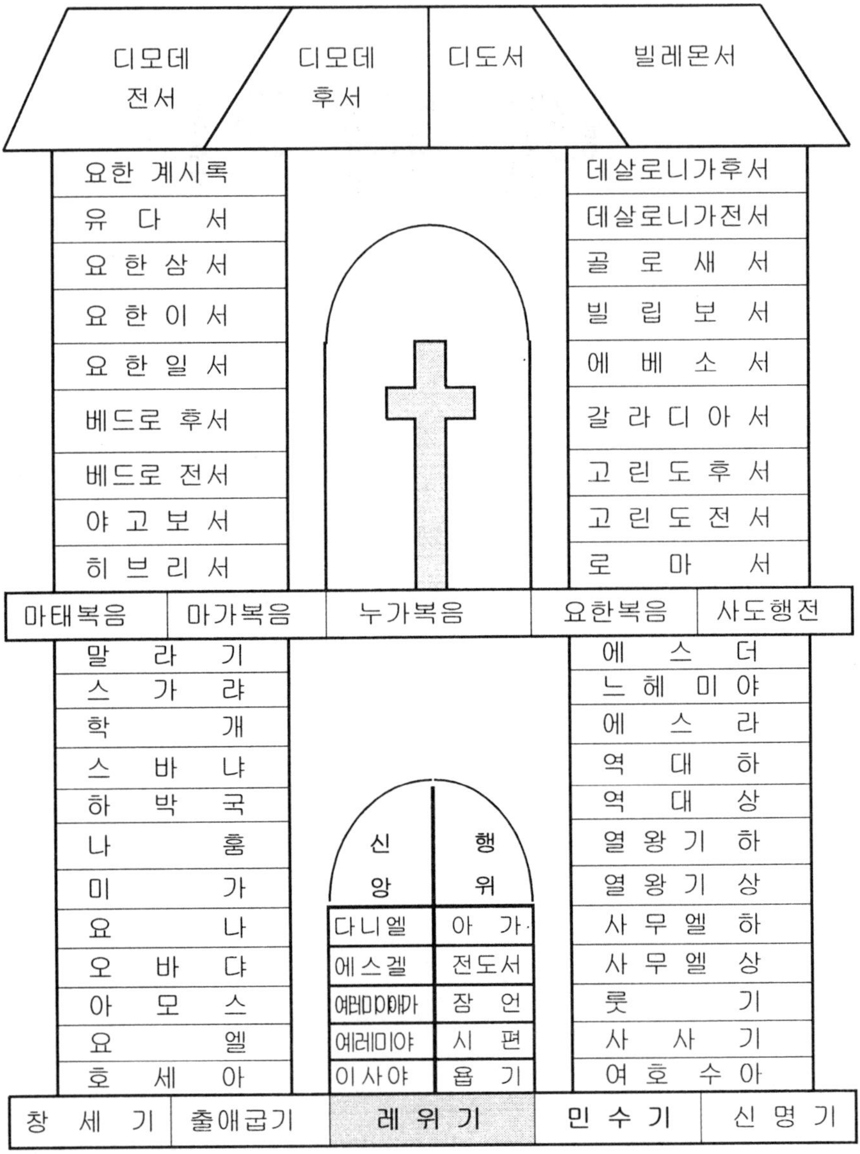

성경 역사 년대 표 (창세기 – 신명기)

창조시대	족장시대	출애굽 광야시대				
창조 — B.C.2166년	B.C.1805년					B.C.1405년
창 1:–11:	창 12:–50:	출 1:–출11:	출12:–24:	출25:–민10:10	38년동안	민 16: 36:
• 천지창조 • 죄가들어옴 • 구원 방법 게시 • 죄의 결과 * 살인 * 음란 * 명예	• 믿음의 사람 아브라함 • 순종의 사람 이삭 • 은혜의 사람 야곱 • 의로운 사람 요셉 * 하나님이 먼저 역사하심	• 애굽에 들어 감 (B.C.1876년 70명 (창 46:1–27) • 430년을 지냄 (출 12 : 40, 갈 3:17) • 모세의 출생 • 모세의 소명 • 10가지 재앙 * B.C. 1446년 1월 15일 고센땅 라암셋을 출발	• 유월절(출 12:) (십자가) • 홍해 (부활) (출 14:) • 마라의 쓴물 • 엘림 (출15:27) (성령충만) • 만나 (말씀) (출 16:) 메추라기 • 아말렉과 전쟁 (출 17:) (완전승리) • 이드로 방문 • 시내산 도착 • 시내산 율법전수(거룩한 생활)	• 1차 인구 조사(속전) (출 38:26) • 성막완성 (1:1) 낙성식(1월1일) • 시내산에서. 유월절 지냄 • 레위기 전수 • 2차 군대 계수(민1:1–46) (2월1일) • 성막 헌당식 (2월8일–19일) • 시내산 출발 2월 20일\ (민 10:11) 정탐꾼을보냄 (민13:–14:)	(기록이 없음) (광야에서 방랑생활) o 20세 이상 모두 죽었음	• 고라일당 반역 (고라, 온, 다단) (민 16:) • 아론의 싹난 지팡이 (민 17:) • 미리암, 아론의 죽음 (민 20:) • 신명기 전수 • 3차 군대 계수 (가나안 땅 건너 오기 전 무단) • 요단 동편 분배 • 모세의 후계자로 여호수아를 지명 함
죄		구원		거룩한 생활		
복 (창1:–2:) / 죄 (창 3:–11:)	족장시대 (창 12:–50:)	구 원의 준비 (출 1: – 11:)	구 원 (출 12:–24:)	거룩중심, (출 25:–40:)	예배 중심, (레 1:–27:)	교회중심 (민 1:–36:) / 말씀중심 (신 1:– 34:)

2. 레위기서의 목차

Ⅰ. 제사를 통하여 하나님을 만난다(1:1-7:38)

1. 번제(1:1-17, 6:8-13)
2. 소제(2:1-16, 6:14-23)
3. 화목제(3:1-17, 7:11-38)
4. 속죄제(4:1-5:13, 6:24-30)
5. 속건제(5:14-6:7, 7:1-10)

Ⅱ. 제사장을 통하여서 하나님을 만난다.(8:1-10:20)

1. 제사장 위임 식(8:1-29)
2. 위임 식 기간(8:30-36)
3. 첫 제사장 집무(9:1-24)
4. 제사장 집무 불 이행(10:1-20)

Ⅲ. 거룩한 생활을 통하여 하나님을 만난다(11:1-15:33)

1. 정결한 동물과 부정한 동물(11:1-8)
2. 정한 어류와 부정한 어류(11:9-12)
3. 정한 새와 부정한 새(11:13-19)
4. 곤충의 정한 것과 부정한 것에 관한 것(11:20-28)
5. 산모의 정결 법(12:1-8)
6. 문둥병과 죄(13:1-14:57)

1) 문둥병과 죄가 의식상 불결하다.
2) 성경이 규정하는 문둥병의 부위별 증세
3) 문둥병의 정결 의식과 죄인의 구원
4) 문둥병자의 정결 의식과 죄인의 구원

7. 유출병과 죄와의 관계(15:1-33)

Ⅳ. 대속죄 일에 관한 규례(16:1-17:16)

1. 대 속죄일의 제사 절차와 영적인 교훈(16:1-34)

2. 피의 금지 규례(17:1-16)

V. 성결에 관한 규례(18:1-22:33)

1. 회중의 성결 규례(18:1-20:27)
2. 제사장의 성결 규례(21:1-22:33)

Ⅳ 절기에 관한 규례(23:1-44)

1. 절기에 대한 서론
2. 여덟 절기의 풀이
   1) 안식일(1-3)
   2) 유월절(4-5)
   3) 무교절(6-8)
   4) 초실절(9-14)
   5) 오순절(15-22)
   6) 나팔절(23-25)
   7) 속죄일(26-32)
   8) 초막절(33-44) 독조
3. 성막의 등잔과 진설병과 신성모독죄(24:1-23)
4. 안식년과 희년의 법(25:1-55)
5. 가나안 정착 이후 지킬 법(25:1-26:46)
6. 서원 물에 관한 규례(27:1-27)
7. 온전히 바칠 것에 대한 규례(27:28-29)
8. 십일조에 관한 규례(27:30-34)

3. 레위기 서론

1) 레위기의 책 이름

성경의 본서 제목 '류이티콘'(Leuitkon)에서 유래했다. 이 말은 '레위인에게 속한 것'이란 뜻이다.

2) 기록자와 연대

저자는 모세이다(본서에서 기록자가 모세임을 증거한다). 그리고 기록 연대는 이스라엘 광야 체류기간(B.C.1446-1406)이다.

3) 레위기의 특징

레위기는 제사장 위임 식(8:1-10:20) 부분을 제외하고는 구체적인 사건도 거의 없고 추상적 율법으로 구성되어 있다. 대개 율법은 도덕법, 시민법, 의식법 등으로 나누는데 이 레위기는 의식 법에 속한 제사법 혹은 절기 법에 국한 되어 있다.

그리고 이스라엘 민족이 시내 산에 이르러 '시내 산 언약체결', '성막 건립' 등을 마치고 지리적 이동이 전혀 없이 시내 산 바로 그 자리에서 한 달여 동안에 받은 율법을 기록한 것이다.

4) 하나님을 만날 수 있는 예표들

① '제사'를 통하여 하나님을 만날 수 있다.

- ✱ 제사는 오늘날 '예배'와 같은 것이다.
- ✱ 레위기의 희생제사(예배)는 현대인들에게는 별로 매력이 없다. 그러나 하나님께서는 '피 없는 종교'는 원하지 않으신다. 그래서 '피'(완전한 헌신)가 오늘 날 우리들의 예배의 중심이 되어야 한다.
- ✱ '속죄'라는 말은 '가리운다'라는 뜻이다. 그런데 레위기에서 '속죄'란 말이 45회 사용되지만 이 구약의 희생 제사의 피로 '죄'를 결코 없애지 못한다. 그래서 '예수의 피'가 필요하게 된 것이다(히 9:12, 10:1-18).
- ✱ 레위기의 5대 제사는 오늘 날 '예배의 모형'이 되는 것이다.
  - ○ 번제(1장) - 이것은 '완전 헌신'이다.
  - ○ 소제(2장) - 이것은 곡물로 드리는 제사인데 '생활 헌신'이다.

○ 화목제(3장) – 이것은 '감사'이다.
○ 속죄제(4장) – 이것은 '원죄'에서의 해방이다.
○ 속건제(5장) – 이것은 '자범죄'에서의 해방이다.

✷ 6장과 7장은 앞의 5대 제사의 규례이다.

② '제사장'을 통하여 하나님을 만날 수 있다.

8장 – 10장에서는 '제사장 위임 식'이 나온다. 이 제사장들은 앞의 '제사들'을 집례하기 위해 세워진 존재들이다. 그래서 이들을 통하여 모든 예식이 진행되어 진다. 그러나 이들은 자신조차 허물이 있으면서 동물의 피를 근거로 하나님의 지명에 의하여 불완전한 중보직을 담당 하였다. 특히 제사장들의 대표인 대 제사장은 완전한 중보직을 담당할 그리스도의 예표였다(히 9:28, 10:10-12).

③ '거룩한 생활'을 통하여 하나님을 만날 수 있다.

레위기서에는 '거룩한', 또는 '거룩함' 이란 단어가 80회 이상 기록이 되어 있다. 11장부터 끝장까지를 살펴보면 '거룩한 생활'을 통하지 않으면 안된다. 특히 11장에서 '정한 음식과 부정한 음식'을 소개하면서 '거룩할 것'을 강조한다. 16장과 17장에서는 '대 속죄'를 말하면서 너희들이 '거룩한 백성이 되어야 한다고 강조한다(19:2).

23장에서는 '성회로 삼을 여호와의 절기'도 이야기 한다(23:2)

○ 이곳의 여호와의 절기는 신약시대가 어떻게 이루어지고 있는지를 구속사 흐름을 예표하면서 영원한 세계 안식까지 말하고 있다.

- 유월절 →(십자가)
- 무교절 →(거룩한 생활)
- 첫 이삭절 →(부활)
- 오순절 →(성령강림)
- 나팔절 →(휴거)
- 속죄일 →(속죄 사역)
- 초막절 →(천년 왕국)
- 안식일 →(영원한 안식)

Ⅰ. 제사(예배)를 통하여 하나님을 만난다(1:1-7:38).

하나님께서 회막에서 모세를 부르셨다. 그리고 그에게 말씀하셨다. 이 말씀은 회막이 세워지기 이전에는 시내산에서 모세에게 말씀하셨지만 회막이 세워진(출애굽 제 2년 1월 1일. B.C. 1445년경) 이후에는 모세를 회막에서 부르신 것이다. 즉 이제 하나님께서는 인간을 만나기 위하여 회막을 이용하시는 것이다.

이것은 하늘에 계신 거룩하신 하나님께서 인간 사이에 거처를 정하신 최초의 지상처소이다. 이곳이 곧 '성막'이라는 것이다.

그런데 더 나아가 구속사의 예표론 적으로 사도요한은 이렇게 말하고 있다. '말씀이 육신이 되어 우리 가운데 거하심에 우리가 그의 영광을 보니 아버지의 독생자의 영광이요 은혜와 진리가 충만하더라'(요 1:14).

우리는 이 말씀에서 놀라운 진리를 발견하게 되는데 그것은 '거하신다'는 말이다. 이 단어는 헬라어로 "Eσχήνωσεν,에스케노센'이라고 하는데, 이 뜻은 '장막에 산다'라는 뜻이다. 즉 예수께서 직접 인간의 몸을 입고 이 땅에 오셨다는 것이다.

이제 하나님께서는 연약한 인간이 율법을 다 지킬 수 없는 연약한 존재임을 아시고 그 죄인이 그 죄를 속죄 받을 수 있는 방법까지 세심히 배려해 주신 것이다. 그리고 속죄에는 반드시 희생제물의 '피'가 요구된다. 그러므로 하나님께서는 생축을 예물로 드리도록 하셨고, 이것은 신약시대에서 하나님의 어린양이 되사 인간의 죄를 위해 십자가 위에서 보혈의 피를 흘려 대속사역을 담당하신 그리스도의 구속 사역을 예표하고 있는 것이다.

그리고 이 일을 진행하기 위하여 제사장이 필요했다. 그래서 제사장 위임식이 있어야 한다. 그 후 백성들은 거룩한 생활에 힘써야 하는 것이다.

이곳에 소개된 제사(예배)는 모두 다섯 가지이다. 그것은 곧 '번제, 소제, 화목제, 속죄제, 속건제'이다. 그런데 이 제사는 통상적으로 드려지는 원칙들이 있다.

소제는 번제와 화목제와 반드시 같이 드려져야 하며, 이 제사들은 '하나님께 향기로운 냄새'(레 1:9, 17, 2:2, 9, 12, 3:5, 16)가 되어야 한다. 그래서 이들의 제사를 '향기로운 제물' 혹은 '즐거운 향기 제물'이라고도 한다.

그리고 속죄제와 속건제는 원죄와 자범 죄에서 해방되기 위한 제사(예배)이다. 앞의 세 제사(예배)는 자발적 제사라고하며 뒤의 두 제사는 비자발적 제사라고도 한다.

1. 번제(레 1:)

1) 번제에 대한 용어적 의미

① 영어로는 'Burnt Offering'이라고 한다.

② 히브리어로는 'עֹלָה 올라' 라고 하는데 이 말의 어근은 'עָלָה'(아라)라는 동사에서 온 여성 명사이다.

③ 이 'עָלָה' 아라는 올라간다(go up), 승강한다(ascend), 또는 기어오른다(climb)라는 뜻이다.

④ 이 '오라'가 여성 명사화 되어 '하늘로 올라가는 모든 번제'라고 한다.

⑤ 이 말의 내용 자체를 보면 종교적이고, 또 존대하는 이에게 향한 태도가 있음을 알 수 있다.

⑥ '올라간다'는 단어는 하나님의 성산에 올라간다. 또 산위에 쌓아좋은 제단에 올라간다고 할 수 있다(시 24:3, 15:1).

⑦ 성서 고고학 적으로 보면 제단과 성전은 모두 높은 곳에 있든지 높이 세웠다. 그래서 그 원어는 '올라간다' 혹은 '가져온다, 드린다'라는 단어를 써서 존경하고 숭앙하는 이에게 선물이나 제물을 드릴 때 사용된 것이다(시 69:30, 미 6:6)

⑧ 이 단어는 내적 상태와 외적인 모습을 암시하고 있는데, 내적으로 하나님께 감사와 감격이요, 외적으로는 그것을 행동으로 옮기는 것을 말하는데 예물과 제물을 가지고 가서 드리는 것을 의미한다.

2) 번제의 의미

① 번제는 향기로운 냄새의 제사이다(레 1:9 13 17)
하나님을 만족시킬 수 있는 제물은 하나님을 기쁘시게 할 수 있도록 향기로운 냄새의 제사이어야 한다.
우리 주님은 향기로운 제물로 하나님께 드려졌다(엡 5:2).

② 번제는 열납되어지기 위한 제사이다(레 1:3-4).
번제의 핵심은 제주 자신이 하나님 앞에 열납되기 위하여 드려지는 제사이다. 제물도 중요하지만 번제에서 더 중요한 것은 제사를 드리고 있는 내가 하나

님 앞에 열납 된다는 사실이다.

③ 번제는 생명 있는 제물을 제단에 드렸다.

생축을 하나님께 드렸다는 것은 그 '피'를 하나님께 드렸다는 것이다. '피'는 생명을 의미하며 히브리어에서는 '영혼'을 의미하기도 한다. 피는 비물질적이고 불멸적인 것을 상징하기도 한다.

예수께서는 자기의 피로 영원한 속죄를 이루셨다(레 9:12, 22)

④ 번제는 제물을 단 위에서 완전히 불살라 드리는 제사이다(레 1:9)

소제와 화목제는 제물의 일부만 불살라 드렸지만 번제는 완전히 불사른 화제이다. 이것은 그리스도께서 단번에 하나님께 드렸음을 보여주는 것이다.

3) 번제물의 종류

① 종류 : 소, 양, 염소, 비둘기.

② 제물의 선택

✓ 소, 양, 염소는 생축 중에서 흠 없고 가장 좋은 것을 선택하되 수컷이어야 한다.

✓ 각각 형편에 따라 선택했다.

③ 제물이 주는 의미

✓ 소(힘으로 봉사하고, 인내하고, 순종하는 것을 의미한다)(잠 14:4, 시 144:14).

✓ 양(복종하고 순종함)(사 53:7).

✓ 비둘기(순결을 보여준다)(마 10:16).

④ 제물의 특징

✓ 제물은 모두 사람들과 가깝고 사람들에게 사랑을 받는 동물이다.

✓ 제물은 모두 온순한 동물이다.

4) 번제의 절차

① 소의 번제를 드리는 절차

✓ 제물을 헌납 하여야 한다(레 1:2).

✓ 제물 머리에 안수한다(레 1:4). 번제물과 제주가 동일시된다. 또한 죄의 전가이다.

✓ 제물을 죽임(레 1:5, 11-15). 제물이 죽음으로 제주가 속죄 받음

✓ 피 뿌림(레 1:5, 11-15). 주님께서 우리를 위하여 죽으셨음
✓ 제물을 태움(레 1:9, 13-17). 하나님의 거룩하심에 따르는 것이다

② 양이나 염소를 번제로 드리는 절차
✓ 단 북편에서 번제물을 잡음(레 1:11)
✓ 제사장은 그 피를 단 사면에 뿌림(레 1:11)
✓ 번제물의 각을 뜨고 그 기름을 베어냄(레 1:12)
✓ 제사장은 제물을 단 윗불 위에 있는 나무에 벌려놓음(레 1:12)
✓ 그 내장과 정강이는 물로 씻음(레 1:13).
✓ 제물을 태움(레 1:13)

③ 비둘기를 번제로 드리는 절차
✓ 머리를 비틀어 끊고(레 1:5)
✓ 피는 단 곁에 흘릴 것이며(레 1:5)
✓ 더러운 찌꺼기들은 단 동편 재 버리는 곳에 버렸으며(레 1:6)
✓ 그 몸은 제사장이 단 위에서 불살라 번제로 드렸다(레 1:17)

5) 번제의 특성

① 번제는 하나님께 드려지는 제사이다(레 1:2-3).

번제의 제물은 사람을 위한 것이 아니라 하나님께 드려지는 것이다. 이 말은 우리의 죄가 해결되려면 하나님의 관계 속에서만 이루어지는 것이다(시 51:)

② 번제는 자원해서 드리는 제사이다.

예수님께서 자원해서 십자가를 지신 것처럼(요 10:18) 우리도 자원해서 헌신해야 한다.

③ 번제는 죽음과 죄를 강조하는 제사이다.

모든 죄는 죽음을 요구한다(롬 6:23).

④ 전제는 정강이와 내장을 강조한다(레 1:9-13)

- 정강이 - 우리들의 행위.
- 내장 - 우리들의 마음

⑤ 번제물은 완전히 불살라졌다(레 1:8).

이것은 우리가 주님께 완전히 헌신해야 함을 보여 준다.

※ 우리는 무엇을 헌신해야 하는가?

✓ 우리는 몸을 드려야 한다(롬 12:1, 고전 6:19-20)

✓ 우리들의 물질을 드려야 한다(신 16:15-17).

✓ 우리들의 시간을 드려야 한다(엡 5:16).

✓ 우리들의 재능을 드려야 한다(마 25:15).

6) 번제의 영적 의미

번제는 인간의 대표자 이신 예수 그리스도의 희생을 의미한다. 번제를 드리기 위해서는 살아있는 짐승을 죽여 완전히 불살라 드린 것같이 예수 그리스도는 택하신 그의 백성을 구원하기 위하여 한 마리의 제물이 되어 하나님께 자신을 완전히 드리셨다

2. 소제(레위기 2장)

1) 소제에 대한 용어적 의미

① 영어로는 'Meal Offering'이라고 부르는데 KJA에는 Meat Offering'으로 나와 있다.

② 히브리어로는 'מִנְחָה, 민하'라고 하는데 이 '민하'는 'מָנָה마나'라는 어근으로부터 나온 여성 명사이다.

③ '마나'는 아랍어로는 '준다'는 뜻이 있으며 이것이 히브리어에 인용되어 '선물'이라는 뜻으로 고정되었다.

④ 이 말은 히브리 종교에서 하나님이 주신 것을 '하나님께 드리는 제물' 또는 '희생물'로 번역되었는데 특히 피 없는 제물에 사용되게 되었다.

⑤ 그러므로 '민하'는 그 언어 자체가 '피 없는 곡물제사', 즉 '소제'를 말 한다.

2) 소제의 특성

① 소제는 향기로운 냄새의 제사이다(레 2:2, 9)

소제도 번제와 같이 향기로운 냄새의 제사로 하나님께 열납되어지기 위하여 드렸다.

우리가 감사와 믿음을 가지고 예물을 드릴 때 우리 제사는 하나님께서 기쁘시게 받으시는 향기로운 제사가 되는 것이다.

② 소제의 주된 재료는 '고운 가루'이다(레 2:1).

소제의 재료는 곡식인데 이 곡식을 곱게 빻아서 그 고운 가루를 드렸다. 이 곡식은 하나님께서 인간에게 주신 식물이다(창 1:29). 하나님께서 인간에게 주신 소산물 중 일부를 소제의 제물로 드리는 것이다

③ 소제는 번제와 달리 제물의 일부만 태워서 하나님께 드렸다.

소제와 화목제는 일부분만 재단 위에서 태워 하나님께 드렸고, 그 나머지는 제사장이 먹을 수 있었다(레 2:3, 10). 이것은 신약 성경에서 일하는 자가 그 품삯을 받는 것이 당연하다(딤전 5:18)고 했고, 복음 전하는 자들은 복음에 의해서 살아야 하다는 것과 같다(눅 10:1-7).

3) 소제를 드리는 방법

소제를 드리기 위하여 고운 가루, 기름, 유향, 소금이 있어야 한다(레 2:1, 13)

① 고운 가루

소제 물 가운데 가장 주된 재료는 고운 가루이다(레 2:1,4, 5, 7).

이 고운 가루를 만들기 위해서는 곡식의 낱알을 으깨어 곱게 만들어야 한다. 그 의미는

✓ 예수 그리스도의 육체의 고난을 의미한다. 우리 주님은 죄 많은 우리들을 구원하기 위하여 성육신 하시고 낮아지고 부서지고 깨어지셨고, 십자가의 고통을 참으셨다.

✓ 우리도 주님의 삶의 모습에서 나를 발견해야 한다.
예수님은 그의 삶에서 '자기포기, 자기희생'을 보여주셨다. 그렇다면 우리도 주님처럼 '자기를 부인하고 자기 십자가를 져야 한다.

② 기름

고운 가루 위에 기름을 부으라고 했다(레 2:1, 4, 6, 15.).
기름을 붓는다는 것은 성령의 기름부음을 가리키는데

✓ 예수님께서는 성령 충만 하셨다.(눅 3:21-22, 행 10:38).

✓ 우리들도 성령의 충만을 받아야 한다. 성령 충만 없이는 능력도 없고, 기적도 없고, 역사도 없는 것이다.

③ 유향

고운 가루에 기름을 부운 다음에 유향을 쳐야 한다.

✓ 이 유향은 주님께서 가시는 곳마다 향기로우심을 나타내셨음을 의미하는 것이

다. 그리고 주님께서 선포하신 복음은 세상 끝날까지 풍겨질 그리스도의 향기인 것이다.

✓ 우리도 그리스도의 향기를 나타내야 한다(고후 2:15-16)

④ **소금**

소금은 모든 제물에 들어가게 되어 있다(레 2:13).

✓ 소금은 부패를 막는다.

✓ 소금은 '언약'을 의미한다(민 18:9).

✓ 소금은 맛을 낸다(막 9:49-50).

※ 소제 물에 넣지 말아야 할 것이 두 가지가 있다.

첫째 : 누룩을 넣지 말아야 한다(레 2:5, 11)

누룩의 특성은 부패, 위선, 교만, 악 등을 나타낸다. 예수님께서는 제자들에게 '바리새인들의 누룩'(눅 12:1)과 '사두개인들의 누룩'(마 16:6)과 '헤롯의 누룩'(막 8:15)을 주의하라고 했고, '적은 누룩이 온 덩이에 퍼지는 것을 비유'(고전 5:6)로 바울은 말씀하셨다.

우리는 하나님께 예배드릴 때 '신령과 진정'으로 드려야 한다(요 4:23).

둘째 : 꿀도 사용해서는 안 된다(레 2:11).

꿀은 죄의 유혹을 상징하는 것이다(사사 삼손의 경우).

4) 소제 드리는 절차

① 제사를 드리러 오는 자가 제물은 준비한다(고운가루, 기름, 유향, 소금).

② 소제물을 제사장에게 가져온다(예수 그리스도께 드린다).

③ 소제물이 분배된다.

✓ 소제물의 일부분은 단에서 불살라 하나님께 드린다.

✓ 소제물의 남은 부분은 아론과 그 자손들의 몫이 된다(복음 전하는 자가 복음과 함께 산다).

5) 소제물의 종류

① 고운가루(어떤 종류의 곡식이든 소제물로 사용할 수 있다).

② 무교병(굽는 그릇에 따라 종류가 다양하다)

✓ 화덕에 구운것(레 2:4).

✓ 번철에 부친 것(레 2:5-6).
✓ 솥에 삶은 것(레 2:7).

③ 처음 익은 것(첫 열매)(소금을 치고 단 위에 올리지 말라고 했다).

④ 첫 이삭(이것은 볶아 찧고 기름과 유향을 섞어 만들고 단 위에 올려놓고 불살라 드렸다).

6) 소제의 영적 의미

소제의 재료가 고운가루인 것처럼 우리들의 악성, 독성, 시기, 질투, 욕심, 정욕, 교만 등 잘못된 모든 것들을 곱게 빻고, 거기에 성령 충만과 향기로운 헌신으로 하나님께 나아가되 소금이 희생되어 부패를 막고 맛을 내는 것처럼 우리가 자기 십자가를 짊어짐으로 승리할 수 있다.

잘못된 위선, 부패, 악 등을 버리고 입술로만 달콤하게 떠들어대는 과시적인 사역도 버리고 자기를 포기하고 자기희생이 있을 때 승리할 수 있다.

3. 화목제(레 3:17, 7:11-34, 17:1-9)

1) 화목제에 대한 용어적 의미

① 영어로 Peace Offering 이라고 하지만 하나님의 구속의 은총에 감사하여 'Thank Offering(레 7:1-12)' 이라고도 하고 헌신 을 서원한다는 뜻에서 Vow Offering(레 7:16)'이라고도 하고 혹은 자원제(Freewill Ofering, 레 7:16)라고도 한다.

② 히브리어로는 ' וּפֶת שְׁלָמִים , 제바크 쉬라밈' 혹은 וּפֶת   שְׁלָמִים (쉬라밈 제바크)라고 한다.

③ '쉐라임'은 'שְׁלָם 쉐렘'에서 파생된 말로 축복과 능력 혹은 구원과 관계를 가릴 때 쓰는 단어이다.

④ 화목제는 '찬양제사' '서원제사' 자원제사'(레 7:12, 16) 라고도 불렀다.

2) 화목제의 특정

① 화목(화평)을 이루는 향기로운 냄새의 예물이다.

✓ 만물이 화평을 이룸(골 1:20-23)
✓ 이방인과 이스라엘이 화목케 됨(엡 2:13-17)
✓ 예수 그리스도 안에서 영생을 얻음(요 6:51-57)

✓ 감사하는 제사를 드림(고후 9:15, 히 13:15).

② 화목제물에는 새가 없다.

✓ 화목제에는 '기름'이 매우 중요하게 강조된다(레 3:3-4).

✓ 이 '기름'은 하나님의 몫으로 드려졌다.(하나님을 기쁘게 해야 한다).

✓ 그러나 새에는 기름이 별로 없다.

③ 제물에 성이 구별되지 않는다.

✓ 하나님께만 드려지는 중보로써의 제물은 예수 그리스도를 예표하기 때문에 수컷을 드린다.

✓ 화목 제사는 하나님 편과 인간편이 똑같이 강조되는 제사이다(레 3:1).

✓ 하나님과 화목에 있어서는 성별의 차이가 있을 수 없다.

④ 화목제물은 각각 몫의 분배가 있다.

✓ 하나님의 몫

• 하나님의 몫은 제주가 준비한 제물을 먼저 하나님께 드린다.(먼저 전체를 드림).

• 하나님의 몫은 기름과 피이다(레 3:17)(시 63:5, 사 55:2, 겔 44:7)(가장 좋고 귀한 것으로 드림).

✓ 제사장의 몫

• '흔든 가슴'과 '오른 편 뒷다리'이다(레 7:31-34).

• 이것은 예수의 십자가 죽으심과 부활을 보여 준다.

⑤ 드리는 자의 몫

✓ 제물 중 한 부분은 하나님께 드려졌고(기름과 피), 또 한 부분은 제주의 것이다(레 7:15).

✓ 이것은 우리가 하나님과 '화평, 화목, 평화'를 누리게 됐다는 것이다.

✓ 이렇게 하나님과 화목된 자는 '하나님의 평화'를 누리는 것이다(요 14:27, 빌 4:6-7)

3) 화목제의 절차

① 흠이 없는 소, 양, 염소 중 수컷이나 암컷을 택한다(레 3:1, 7, 12).

② 예물을 가지고 회막 문으로 나온다(레 3:2).

③ 그 예물의 머리에 안수 한다(레 3:2).

④ 회막 문에서 예물을 잡는다(레 3:2).

⑤ 제사장은 그 예물의 피를 제단 사면에 뿌린다(레 3:2, 8)
⑥ 제사장은 예물의 기름을 제단에서 불태운다(레 3:4-5).
⑦ 제사장이 취할 몫을 준다(레 7:31-34).
⑧ 남은 부분은 제사장과 그의 가족이 먹는다(레 7:31).
⑨ 예물을 드리는 자도 예물의 한 몫을 소유 한다(레 7:16).

4) 화목제의 종류

① 소, 양, 염소 중 하나를 택함.
② 흠이 없고 성별의 구별 없고, 수컷이나 암컷 중 아무것이나.

5) 화목제의 영적 의미

① 모든 인간은 죄인이고 죄로 사망이 왔다(롬 3:23, 6:23).
② 하나님은 죄인과 화목하시기 위하여 화목제물(예수)를 보내셨다(요일 4:10, 고후 5:18).
③ 화목시키기는 수단은 '예수의 피'이다(골 1:20, 벧전 1:18-19).
④ 하나님과 화목된 인간은 '기쁨, 교제, 완전, 아름다움'을 누리게 된다(요일서 1:4, 계 3:20).

4. 속죄제(레 4:1-35, 6:24, 30:, 출 29:10-14)

1) 속죄제에 대한 용어적 의미

① 영어로는 Sin Ofering' 이라고 하는데 이것은 하나님께 대한 인간의 죄로써 즉 인간이 하나님과의 관계에서 범하는 죄를 다루고 있다.
② 히브리어는 'הַטָּאת, 하타트'라고 하는데 이 단어는 여성 명사 단수이다.
③ 카타의 미래형은 '과녁을 잘못 맞춘다'라는 뜻이 있다.

2) 속죄제의 특성

① 이 제사는 향기로운 냄새의 제사가 아니다.
✓ 번제, 소제, 화목제는 모두 향기로운 제사로써 하나님께 열납되었다.
✓ 이 제사는 하나님께 열납을 위한 제사가 아니라 속죄를 위하 제사이다.
✓ 그러므로 제주가 죄인으로 나왔으며 진 바깥 재 버리는 곳에서 제물을 태웠다.
② 속죄제물은 진 밖에서 태워졌다.

✓ 진 밖에서 태워졌다는 것은 우리 죄를 대신하여 죽으신 예수 그리스도의 죽음을 보여준다.
✓ 예수님은 우리 죄 까닭에 하나님께 버림을 받았다.
✓ 십자가상에서 하신 말씀(마 27:46)은 이것을 보여준다.
✓ 우리는 여기에서 하나님의 사랑을 놀랍게 발견할 수 있다(요1서 4:)
✓ 속죄제물을 통하여 죄가 법적으로 끝났음을 보여준다(롬 8:1)

③ 속죄제의 특성은 죄를 속하기 위하여 드려진다.
✓ 속죄제는 인간의 본성 안에 있는 죄(원죄)를 위한 것이고, 속건제는 그 죄의 본성의 열매(자범죄)를 다루는 것이다.
✓ 속죄제는 개인의 인격에 깊이 관여된 것이고, 속건제는 죄인의 행동에 깊이 개입되는 제사이다.
✓ 예수 그리스도께서는 '우리를 위하여 죄인이 되셨고' '우리의 죄를 지셨고', '우리의 범죄함을 위하여 내어 줌이 되셨다'.
✓ 예수 그리스도는 '많은 사람들의 죄를 담당하시려고 단번에 드리신바 되었고(히 9:24)' '죄를 정결케 하는 일을 하셨다'(히 1:3).

3) 속죄제의 네 가지 종류

본문에 보면 속죄제를 드려야 할 사람이 네 가지 종류임을 보여준다.

① 기름부음을 받는 제사장의 죄 문제
✓ '만일 기름부음을 받는 제사장이 범죄하여'(레 4:3).
✓ 당시 종교적인 지도자 제사장은 백성들과 달리 그 직임에 있어 매우 위엄이 있는 직책을 맡았으나 제사장도 역시 인간인고로 죄를 짓게 마련이다.
✓ 그래서 하나님은 제사장의 죄 문제를 처리하기 위한 대책을 마련하신 것이다.

② 이스라엘 온 회중의 죄 문제
✓ '만일 이스라엘 온 회중이 여호와의 금령 중 하나라도 그릇 범하여……' (레 4:3)
✓ 여기 회중은 하나의 공동체이다.
✓ 이 공동체가 국가 혹은 가정일 수도 있는데 여기에도 범죄했을 때 용서받을 수 있는 문을 열어 놓으신 것이다.

③ 족장의 죄 문제

✓ 만일 족장이…… 범하여(레 4:22).
✓ 여기 족장은 사회적 지도자 혹은 정치적 지도자 즉 통치자이다.
✓ 지도자가 깨끗해야 좋은 공동체가 될 수 있다.

④ 평민을 위한 죄 문제

✓ '만일 평민의 하나가…… 범하여(레 4:27).
✓ 아무리 계급이 낮은 평민이라도 각자의 죄가 있으므로 죄를 처리해야 한다.

4) 속죄제의 절차

① 제사장을 위한 속죄 절차

✓ 수송아지 중 흠 없는 것을 제물로 선택한다.
✓ 희생 제물을 회막문 여호와 앞으로 끌어온다.
✓ 제물을 드리는 자가 희생 제물 위에 손을 얹고 안수한다.
✓ 그 희생 제물을 여호와 앞에서 잡는다.
✓ 제사장은 그 피를 회막 안으로 가지고 들어와 손가락으로 피를 찍어 여호와 앞 곧 성소 장 앞에 일곱 번 뿌리고, 그 후 향단 뿔에 바르고 나머지 피는 번제 단 밑에 부었다.
✓ 내장의 모든 기름은 두 콩팥과 함께 취하여 번제단 위에 올려놓고 불살랐다
✓ 그 나머지 부분(가죽, 모든 고기, 머리, 다리, 내장, 똥 등)은 진 바깥 재 버리는 곳에 가져다가 나무 위에 올려놓고 불살랐다.

② 이스라엘 회중을 위한 속죄 절차

※ 제사장을 위한 제사와 같음.

③ 족장을 위한 절차

✓ 수 염소 중 흠 없는 것을 택하고,
✓ 희생 제물에 안수하다.
✓ 여호와 앞에서 잡는다.
✓ 제사장은 그 피를 손가락에 찍어 번제단 뿔에 바르고 나머지는 번제단 밑에 쏟았다.
✓ 모든 기름은 단 위에 불살랐다.

④ 평민을 위한 속죄의 절차.

✓ 암 염소 혹은 흠 없는 어린 양을 택한다.
✓ 희생 제물 머리에 안수하고,
✓ 그 제물을 여호와 앞에서 잡는다.
✓ 그 피를 찍어 번제단 뿔에 바르고 나머지는 단 밑에 쏟는다.
✓ 모든 기름은 화목제와 같이 번제단 위에서 불살랐다.

5) 속죄제의 영적 의미

① 인간은 하나님 앞에 죄인이다(롬 3:23, 3:10).
② 희생 제물은 흠 없는 것이어야 한다(레 4:3, 23, 28, 32).
③ 희생물은 제물 드리는 자의 죄를 대신 전가 받은 것이다.
예수 그리스도는 우리 죄를 짊어지시고 십자가에서 죽으셨다(고후 5:21).
④ 속죄제의 피는 여호와 앞에 일곱 번 뿌리고 남은 피는 제단 밑에 쏟았다. 예수 그리스도께서는 단번에 영원한 속죄를 이루셨다(히 9:12).
⑤ 희생물은 진 바깥 재 버리는 곳에서 태웠다.(레 4:12)
이것은 고난당하신 예수 그리스도를 보여 주는 것이다(요 1:29
⑥ 속죄제에 있어서 제물을 드리는 자의 죄가 개인적으로 적용 된다.(레 4:2).
예수 그리스도는 한 사람 한 사람의 죄를 위하여 죽으셨다(갈 2:20).

5. 속건제(레 5:, 6:6-7)

1) 서론

① 다섯 종류의 제사 중 가장 마지막이 '속건제'이다
② 속죄제와 속건제는 비슷하면서도 구별되어진다.
✓ 속죄제는 죄를 위해 제물을 드리는 것이요, 속건제는 범과를 위해 제물을 드리는 것이다.
✓ 속죄제는 하나님께 대한 죄의 근원을 말하고 속건제는 하나님에 대한 죄의 열매를 말하는 것이다.
③ 스캇이라는 사람은 말하기를 '속죄제에 있어서는 죄의 선고가 가장 큰 특징인 반면, 속건제에 있어서는 죄의 자복이 필요하다.

2) 속건제 대한 용어적 의미.

① 영어로는 'Trespass Offering' 이라고 하는데 이것은 '법률을 범함'이라는 뜻으로 사회의 생활 질서를 침해하는 반사회적, 반문화적, 반규범적 행위라고

말한다.

② 히브리어로는 'אָשָׁם,아솸)'이라고 하는데 이 뜻은 '의무를 다하지 못하다. 위반하다. 범죄하다'의 뜻이 있다

② 이 '아솸'은 동사와 명사 두 가지 형이 있는데, 여기서 말하는 '아솸'은 남성명사 단수로써 그 뜻은 죄(sin)가 아니고 범죄(guilt), 범과(transgress), 손해(damage) 등의 의미기 있다.

3) 속건제의 특성

① 이 제사는 죄를 범한 행위에 대한 제사이다.

- ✓ 속건제는 속죄제와 달리 죄(인간의 본성)가 아닌 '범죄' 혹은 '범과'에 대한 제사이다(레 5:15-16, 6:2-4)
- ✓ 죄에 대한 범과는 하나님께 대한 범과와 이웃에 대한 범과가 있다.
- ✓ 그러므로 속건제는 인간의 행위에 대한 범과를 말하는 것이다.

② 이 제사는 반드시 범과에 대해 고백을 해야 한다는 것이다.

- ✓ '이 중 하나에 허물이 있을 때에는 아무 일에 범과 하였노라(레 5:5) 라고 한 것처럼 반드시 회개가 있어야 한다.
- ✓ 구약에서도 인간이 직접 회개할 길을 열어 주었다(요 1서 1:9).

③ 이 제사는 범과에 대한 충분한 배상이 필요하다.

- ✓ '성소의 세겔'로 배상해야 한다(레 5:15).
- ✓ '범과에 대해 이웃에게 5분의 1을 더 배상해야 한다.'
- ✓ 이유는 범과한 자가 하나님께만 해결 할 것이 아니라, 손해를 입힌 이웃에게 충분한 대가로 손해가 없게 해야 하는 것이다.

4) 속건제의 유형

① 속건제에서 여호와께 드리는 희생물은 흠 없는 수양이어야 한다(레 5:15, 18, 6:6).

② 하나님께 대한 범죄의 경우는 그 5분의 일은 제사장에게 주었고, 사람에게 그릇행한 경우는 사취당한 사람에게 주었다. 예수 그리스도는 하나님 앞에서는 화목 제물이 되시고, 인간을 위해서는 구속주가 되셨다(롬 3:24-25).

5) 속건제의 절차

① 제물이 될 흠 없는 수양을 취하여(레 5:15, 18),

② 회막 즉 번제 희생을 잡는 곳에서 그 제물을 잡고, 제사장은 그 피를 단 사면에 뿌려야 하며(레 7:2),
③ 기름과 콩팥은 단 위에서 불사르고(레 7:4-5),
④ 고기는 제사장이 취하였다(레 7:7).
⑤ 배상이 뒤따랐다.
✓ 여호와께 대한 배상은 5분의 1을 제사장에게 더주고,
✓ 사람에게 대한 배상은 그 본물의 5분의 1을 더하여 임자에게 주었다(레 6:5).

6) 속건제물의 종류.

① 희생물은 수양이다.
② 속건제를 드리는 범죄의 종류
✓ 나실인에 관하여(민 6:2-12)
✓ 여호와의 성물을 그릇 범하였을 때(레 5:150
✓ 여호와의 금령을 범하였을 때(레 5:18-19)
✓ 여호와께 신실치 못하여 범죄한 자(레 6:1-7)
✓ 문둥병자가 청결케 된 날(레 14:10-12)
✓ 행음 하였을 때(레 19:19-22)

7) 속건제의 영적 의미

① 인간은 죄를 범할 가능성이 있다는 것을 보여주고 있다(롬7:19).
② 속건제에 배상이 따라야 한다. 그러기 때문에 우리 주님을 우리의 죄 때문에 대신 죽으셨다(마 5:23-24).
③ 모든 범죄는 회개가 따라야 한다(레 5:5, 행 2:38).

율법에 정해진 제사

제사	제물의 종류	번제단 위에서 하나님의 역할	제사장의 몫	예수 그리스도의 유형과 비교	참 조
번제	• 소. • 염소. • 양. • 수양. • 어린양. • 비둘기 (수컷만)	• 모두 태움	• 가죽	• 그의 생명과 죽음 안에서 완전하게 하나님의 뜻을 성취. • 향기로운 제물 (레 1:17)	•레1:4:8-13, 6:1-13, •민 28:3-15, •신 33:8-10, •시40편, •엡 5:2, •히 10:7.
소제	• 고운 가루 • 유향. • 기름. • 소금.	• 기름 중 일부분, • 모든 유향 • 가루 한 줌, • 제사장의 제물	• 모든 남은 것	• 예수는 인간으로서 흠 없는 생명을 하나님께 드림. • 향기로운 제물 (레 2:9)	•레 2장, 6:14-23. •민 28:5, •히 7:26.
화목제	• 소. • 양. • 염소 (암, 수컷).	• 모든 기름	• 짐승의 우편 뒷 다 리 , 가슴.	• 그의 죽음이 우리의 평화가 되고 영교의 기초가 되심. • 향기로운 제물 (레 3:16)	•레 3장, 7:11-13, 31, 32, 17:1-9, •롬 5:1, •골 1:20.
속죄제 · 속건제	• 양. • 염소의 암, 수컷. • 비둘기. • 가루 에바 1/10. 성소의 세겔.	• 모든 기름을 태움(내장에 덮인 기름. 두 콩팥의 기름, 허리 근방의 기름). • 제단 뿔과 사면에 있는 피를 태움	• 고기 피를 성막 안으로 가지고 들어오지 아니한 제물	• 십자가상에서 인간의 죄를 변상 • 그의 희생에 의하여 죄의 책임을 지심. • 하나님과 인간에 대하여 죄의 책임을 지심.	•레 4장 , 6:24-30 •고후 5:21 •레 5장, 6:1-7,7:1-8. •골 2:13-14, •민 6:2-12, •벧후 2:24.

Ⅱ. 제사장을 통하여 하나님을 만난다(8:1-10:20).

하나님께서는 모세에게 회막 건립을 명하셨다(출 35:-40:). 그리고 회막에서 시행할 각종 제사법(레 1:-7:)에 대한 규례를 지시하신 하나님은 이 모든 것이 완료되자 이제 제사장 위임 식을 지시하신다.

1. 제사장 위임 식(8:1-36)

여기 제사장 위임식은 이미 출 29장에서 명령되어진 것을 본 장에서 공식 거행되고 있는 것이다. 그리고 아직 아론이 위임된 상태가 아니라 이미 하나님으로부터 백성의 중보자로 인정받은 모세가 집전하고 있는 것이다.

1) 제사장 위임식 예비(1-4절)

하나님께서는 제사장 위임식을 위해 아론과 그 아들들의 성복과 관유, 그리고 위임식 제사를 위한 여러 제물을 준비케 하시고 위임식의 증인으로 회중을 회막문으로 불러 모으신 것이다.

① 아론과 그 아들들

이들은 제사장으로 위임받을 장본인들이다. 아론의 아들들은 모두 4명인데 그들의 이름은 나답, 아비후, 엘르아살, 이다말 이다(출 6:23). 그런데 아론은 대 제사장으로 네 아들은 제사장들로 임명을 받았는데 이중 나답과 아비후는 위임 직후 제사를 집전할 때 하나님의 규례를 좇지 않음으로 징계를 받아 죽었다(10:1, 2). 그러므로 초기 대 제사장(아론)과 2명의 제사장들(엘르아살, 이다말)에 의해 제사가 행해졌었다.

② 관유

감람유에 몰약, 유향, 창포, 계피 등 네 가지 향품을 섞어 만든 성막용 기름을 가리킨다. 이 기름은 거룩한 기름으로서 제사장, 왕, 선지자를 성별하는 거룩한 의식에 사용되었다. 그리고 성전의 기물들을 성결케 하는 목적으로도 사용되었다.

때문에 이 기름은 거룩하게 여겨졌고, 제사장에 의해 직접 관리되었다(민 4:16)

③ 속죄제의 수송아지, 수양 둘, 무교병 한 광주리

여기서 수송아지는 죄 사함을 위한 속죄 제물로(14절), 그리고 두 마리의 숫양은 각각 번제(18)와 화목제(22-29절)의 제물로 드려졌다. 또한 무교병과 기름 석인 무교병, 기름 바른 무교전병(출 29:2, 3)에 들어 있는 '무교병 한 광주리'는 소제물로 드려졌다.

④ **속죄제의 수송아지, 수양 둘, 무교병 한 광주리**

여기서 수송아지는 죄 사함을 위한 속죄 제물로(14절), 그리고 두 마리의 숫양은 각각 번제(18)와 화목제(22-29절)의 제물로 드려졌다. 또한 무교병과 기름 섞인 무교병, 기름 바른 무교전병(출 29:2, 3)에 들어있는 '무교병 한 광주리'는 소제물로 드려졌다.

⑤ **온 회중을 회막 문에 모으라**

회중이 제사장의 위임식에 참여해야 했던 이유는 제사장 위임식이 제사장들만을 위한 개별적 성별의식이 아니라 하나님과 이스라엘 백성 사이의 장엄한 계약의식이기 때문이다

2) 제사장 위임식(5-29절)

위임 식은 네 단계의 의식으로 이루어진다. 몸을 씻는 의식, 의복을 입는 의식, 기름 부음을 받는 의식, 제사를 드리는 의식이다.

① 첫 번째 단계 - '몸을 씻는 의식'(6절)

아론과 그 아들들(나답, 아비후, 엘르아살, 이다말)에게 물로 씻긴다.

② 두 번째 단계 - '의복을 입히는 의식'(7-9절)

- 베옷에 소매가 있는 흰 세마포 속옷을 입힌다.
- 띠를 띤다.
- 청색 겉옷을 걸쳐 입는다.
- 청색 겉옷에 에봇을 덧입힌다.
- 에봇에 흉패를 붙이고 흉패 속에 '우림과 둠림'을 넣는다.
- 마지막으로 머리에 흰 세마포 관을 쓰고, 관 전면에 '여호와께 성결'이란 글자가 새겨진 금패 부착.

3) 위임식 기간(30-36절)

이들은 화목제의 희생 고기를 제사장의 신분으로서가 아닌 헌제자의 입장에서 먹어야 했으며, 당일에 먹지 못한 것은 완전히 불태워야 했다. 뿐만 아니라 이들은 하나님의 명을 기다리면서 1주일 동안 회막에서 이 같은 위임식을 반복해야 했다. 하나님께서 이 의식을 1주일 동안 계속하게 하신 이유는 이들을 완전하고 철저하게

성별하시기 위함이었다.

오늘날 복음 안에서 하나님의 제사장이 된(벧전 2:9, 계 5:10) 우리 성도 역시 이 땅에서 하나님의 부름 받은 사역자로서의 사명을 온전히 감당하기 위해서는 자신을 하나님께 철저히 구별하여 드리는 거룩과 성별의 삶을 사는 자세가 요구된다 하겠다(고후 6:14-17, 벧전 2:5, 9).

2. 첫 제사장 직무(9:1-24)

여기 1절의 '여덟째 날'이란 제사장 위임식을 한 주간 마친 다음 날이라는 말이다(7:33). 그리고 이날은 아론과 아들들이 제사장 직을 수행하는 첫날이다.

구체적으로 말하면 이스라엘 백성이 출애굽하여 성막을 건립했다(출애굽 2년 1월 1일. B.C 1446년). 그리고 최소한 일주일이 지난 이후부터 '두 번째 유월절(출애굽 2년 1월 14일)(민 9:2-5)' 사이의 어느 기간이다.

1) 첫 제사장 집무를 위한 준비(1-7절)

아론과 그 아들들은 제사장 위임 식을 마치고 첫 제사장 집무를 시행한다. 그래서 이들은 먼저 흠 없는 송아지를 준비했다. 이것은 이들의 속죄제를 위한 준비이다. 그리고 번제를 위해서 흠 없는 숫양도 준비해야 한다.

그 다음은 이스라엘 백성들을 위해 속죄제, 번제, 그리고 소제물을 겹들인 화목제를 드릴 준비가 필요한 것이다.

2) 첫 집무(8-24)

이들은 첫 집무를 하면서 또 아론과 아들들을 위해 제사를 드린다. 즉 속죄제(8-11)와 번제(12-14), 그리고 이스라엘 온 회중을 위한 제사(15-21)를 드린다.

하나님께서는 첫 제사장 집무에 응답 하셨다(22-24). 모세와 아론이 회막에 들어갔다가 나와서 백성들에게 축복하니 여호와의 영광이 온 백성에게 나타나며 불이 여호와 앞에서 나와 단 위의 번제물과 기름을 살랐다. 백성들은 엎드려 경배 했다.

3. 제사장 집무 불이행(10:1-20)

성막이 완성되고, 여기에서 드릴 제사법도 완료 되었다. 그리고 제사장의 위임과 취임이 마무리 되어지는 마지막 날 저녁에 매우 불미스러운 일이 일어났다. 그것은 아론의 첫 아들 나답과 차남인 아비후가 하나님께서 지시하지 않으신 불로 분향하다가 불이 여호와 앞에서 나와 그들을 삼켜서 죽은 사실이다.

이 얼마나 무서운 일인가?

우리는 하나님 앞에서 경건해야 한다. 만약 그렇지 못하면 하나님의 공의가 나타나 우리는 멸망당하고 말 것이다. 그리고 아론의 셋째와 넷째 아들인 엘르아살과 이다말도 하나님 앞에서 실수 하여 모세의 책망을 들었다. 물론 아론의 변명(19절)으로 그들의 잘못은 용서를 받았으나(20절), 우리는 주의 일을 할 때 한 치의 착오 없이 세밀하고 성실하게 감당해야 한다는 것을 알아야 한다.

Ⅲ. 거룩한 생활을 통하여 하나님을 만난다(11:1-15:33) .

하나님을 만나는 방법을 알아야 한다. 하나님은 제사'(예배)를 통하여 만날 수 있다. 그리고 '제사장을 통하여' 만날 수 있다. 또한 '거룩한 생활'을 통하여 만날 수 있는 것이다.

1. 정결한 동물과 부정한 동물(11:1-8)

1) 정결한 동물의 기준

① 굽이 갈라진 것, 그리고 새김질 하는 것.

② 대략 소, 양, 염소, 사슴, 노루 등

③ 먹을 수 있는 이유는 대략 몇 가지 이유인데, '위생적'이고 또 '종교적'일 것이다.

④ 매튜 헨리는 '세상과 분리' 또는 '하나님의 말씀을 되새기는 묵상'이라고 영해해석을 한다.

2) 부정한 동물

① 약대, 사반(토끼와 비슷함), 토끼, 돼지 등

② 성결 동물의 기준 중 하나만 해당 하는 것

2. 정한 어류와 부정한 어류(11:9-12)

1) 정한 물고기

① 지느러미가 있는 것

② 비늘을 가진 것

2) 부정한 어류는 위생학 적으로 문제가 있기 때문이다.

3. 정한 새와 부정한 새(11:13-19)

여기에는 정한 새의 이름이 나오지 않고 부정한 새만 대략 20여종이 나온다. 부정한 이유는 분명하지 않지만 대략 죽은 고기를 먹는 것으로 죽음과 관계되어 있음을 알 수 있다.

4. 곤충의 정한 것과 부정한 것에 관한 것

1) 정한 것은 날개가 있고, 네 발로 뛰는 다리가 있어야 하며, 메뚜기, 베짱이,

귀뚜라미, 팟종이 등이 있다.

2) 날개가 있고, 네발로 기어 다니는 것은 가증하다.

5. 산모의 정결 법(12:1-8)

산모의 정결 법은 남아와 여아를 출생했을 경우 그 부정을 벗기는 규례가 다른데 남아를 낳으면 40일간이요, 여아를 낳으면 80일간이다.

이 부정의 기간이 끝나면 번제와 속죄제를 드리는데 번제는 집의 형편에 따라 어린양 혹은 집비둘기를 드리되 완전히 불살라 드리고, 속죄제는 빈부의 격차 없이 산비둘기나 집비둘기를 드린다.

6. 문둥병과 죄(13:1-14:57)

주님께서는 문둥병자를 고치셨다(마 10:8, 11:5, 막 1:40-45, 눅 17:11-19). 그런데 주님께서 문둥병을 고치실 때 항상 말씀하시는 것은 '네가 깨끗함을 받으라' 라는 말로 표현 하셨다. 즉 문둥병은 더러운 것에서 '정결함'을 얻는 것으로 표현된 것이다.

1) 문둥병과 죄가 의식상 불결하다

① 불결 성

문둥병이 사람을 부정하고, 불결하게 하듯 죄도 모든 사람을 부정하고 추하게 한다.

② 파괴성

문둥병이 사람들의 신체를 파괴하여 우묵하게 하는 것처럼 죄 또한 사람의 영혼과 마음, 또 육체를 파괴한다.

③ 전염성

문둥병이 사람의 신체 일부분에서 전체로 퍼지듯 죄 또한 그 전염성이 심각하여 부분에서 전체로 퍼진다.

④ 격리 성

문둥병이 환자를 사람과 분리시키듯, 죄도 사람을 다른 사람과 교회, 하나님으로부터 격리 시킨다.

2) 성경이 규정하는 문둥병의 부위별 증세

① 일반 피부(13:2-8)

✓ 무엇이 돋거나 딱지가 앉거나 색 점이 생김
✓ 환처의 털이 희어짐
✓ 환처가 우묵함
✓ 병이 피부에 퍼짐

② 난육 난 피부(13:9-17)
✓ 흰 점 등이 돋음
✓ 털이 희어짐
✓ 난육이 생김

③ 종기 난 피부(13:18-23)
✓ 종처에 흰 점이 돋아나 희고 불그스름한 색 점이 생김
✓ 환처가 얕음
✓ 털이 희어짐
✓ 병이 피부에 생김

④ 불에 덴 피부(13:24-28)
✓ 덴 곳에 불그스름하고 흰 점이 생김
✓ 색 점의 털이 희어짐
✓ 환처가 우묵함
✓ 병이 피부에 생김

⑤ 머리와 수염(13:29-37)
✓ 수염에 환처가 생김
✓ 환처가 우묵함
✓ 누르고 가는 털이 남
✓ 병이 피부에 생김

⑥ 대머리(13:40-46)
✓ 대머리에 희고 불그스름한 색 점이 생김

3) 문둥병의 증세와 영적 의미

① 색 점이 생김(13:2, 10) - 죄는 오점과 흠을 내게 함(엡 5:27)
② 환처의 털이 희어짐(13:3, 10, 20) - 죄는 부패하고 왜곡된 삶을 살게 함
③ 환처가 우묵함(13:3, 20) - 죄는 본성에 자리 잡고 있음
④ 피부에 퍼짐(13:7, 36) - 죄는 전염성이 있음

⑤ 난육이 돋음(13:10) - 죄는 타락한 인간의 육신적 모습.

4) 문둥병자의 정결 의식과 죄인의 구원

① 스스로 정결케 못함(14:2) - 죄는 스스로 의롭게 못함(롬 3:28, 30)

② 제사장이 진 밖에서 확인 함(14:3) - 그리스도가 구원하심(요 3:16)

③ 제물이 희생됨(14:4-5) - 예수의 피가 요청 됨(마 14:28, 16:21, 27:27-50).

④ 피가 뿌려짐(14:6-7) - 예수의 피로 의인이 됨(엡 1:7, 히 9:12-14, 23)

⑤ 정결케 됨(14:8-9) - 새롭게 됨(고후 5:17, 엡 4:23-24)

⑥ 속건제, 속죄제, 번제, 소제를 드림(14:10-20) - 성도들이 헌신함(롬 3:24-25, 히 7:27, 9:12, 14, 26)

7. 유출 병과 죄의 관계(15:1-33)

1) 유출 병은 불결성이 있다(15:1-3).

타락한 인간 즉 육신 안에서 나오는 것은 근본적으로 부패하고 죄된 것임을 암시해 준다(롬 7:14, 18, 20).

2) 유출 병은 전염성이 있다(15:4-12)

타락한 인간으로부터 나오는 죄는 그 속성상 전염성이 강해 전염된 자 또한 죄의 영향을 받고 부정하게 됨을 암시한다(잠 1:10-19).

3) 유출 병에서 나은 자의 해야 할 일(15:13-33).

✓ 7일 후에 옷을 빨고 몸을 물로 씻는다- 이것은 자신의 생활을 새롭게 하고 그 자신을 하나님의 생명수로 정결케 씻음 받음을 암시 한다(요 7:37-39, 15:3, 엡 4:22-24).

✓ 8일에 속죄제를 드린다 - 이것은 부정에서 치유된 자가 이제 하나님의 새로운 백성으로 그의 모든 죄를 속죄 받음을 암시한다.

✓ 8일에 번제를 드린다 - 이것은 부정에서 치유된 자가 그의 속죄 후 이제 전적으로 하나님께 헌신할 것임을 암시한다.

Ⅳ. 대 속죄일에 관한 규례(16:1-17:16)

대 속죄일의 규례만큼 예수 그리스도를 통한 인간의 죄 용서와 하나님과의 관계 회복을 말해주고 구속사의 근본 원리를 보여주는 것도 없을 것이다. 그리고 대 속죄일의 제사만큼 예수 그리스도의 속죄 및 중보 사역을 선명하게 예표하는 일도 없을 것이다. 우리들은 이 두 장에서 주는 대 속죄일의 사건에서 그 영적 의미를 예표로 받아드릴 수 있을 것이다.

1. 대 속죄일의 제사 절차와 영적 교훈(16:1-34)

1) 물로 씻음(16:4)

대 속죄일에 제사를 드리기 위하여 대제사장이 첫 번째 해야 할 일은 물로 자기 몸을 씻어야 한다. 이것은 육신의 더러움을 하나님의 생명수로 씻어 정결케 하는 것과 같은 것이다(요 15:3).

2) 의복을 입음(16:4)

평소에 입던 대제사장의 영광스러운 옷을 벗고 세마포 옷을 입어야 한다. 이것은 주님께서 인간을 구원하시기 위하여 세상에 오신 것을 보여 준다(빌 2:6-8)

3) 속죄 제물을 잡음(16:6-10)

① 자기와 권속들을 위해 속죄한다.(6절)

아론은 먼저 자기와 집안 식구들을 위해 속죄해야 한다. 이것은 이스라엘 백성의 중보사역을 담당하는 대제사장과 그 가정 역시 허물 많고 연약한 존재로 하나님으로부터 사죄의 은총을 받아야 함을 말해준다(이때 제물은 수송아지).

② 두 염소를 위한다(7-8절)

이 두 마리의 염소는 이스라엘 온 백성들의 속죄를 위해 마련된 제물이다. 그런데 전승에 의하면 이 제물은 나이와 몸집의 크기, 털의 색깔 등 그 외형이 거의 흡사한 것으로 마련되었다고 한다. 제비를 뽑기 위해 하나에는 '여호와를 위하여'라고, 또 다른 하나는 '아사셀을 위하여'로 기록한 것을 같은 모양으로 하여 하나의 단지에 넣어 회막 문 앞에 두었으며, 대 제사장은 양손에 각각 하나씩의 제비를 동시에 뽑아 각 염소 머리위에 놓았다. 그리고 제비의 결과에 따라 한 마리는 하나님께 속죄 제물로, 다른 한 마리는 광야로 내어 보내었다.

③ 아사셀 염소(9-10)

두 염소중 한 마리 '여호와를 위1하여'에 뽑힌 염소는 회막 안에서 죽이지만 '아사셀을 위하여' 뽑은 염소는 광야 무인지경으로 방출되어 사람들의 눈에 보이지 않도록 가게 한다. 여기 'עזאזל,아사셀' '염소'는 아사셀이란 단어가 '염소'를 가리키는 'עז.에즈'와 '내어보내다'는 뜻을 가진 히브리어 'עזל,아잘'의 합성어로 이루어졌다는 생각에 근거한다. 이것은 '제거된 것'이란 의미로 아사셀 염소를 광야로 내어보냄으로써 이스라엘 회중의 죄가 제거되었음을 상징하는 것이다. 이는 '아사셀'의 어근 '아잘'이 '없이하다'는 의미를 갖는다는 사실에 근거한다.

무인지경의 광야를 향해 이스라엘 백성의 죄를 짊어지고 한발 한발 옮겨간 아사셀 염소는 이스라엘의 죄를 회중에게서 제거하기 위해 드려진 속죄제의 염소이다. 이 영적의미는 십자가를 지고 골고다를 향해 가신 예수 그리스도의 속죄 사역에 대한 예표라 할 수 있다.

4) 향연으로 속죄소를 가리움(16:11-13)

대 제사장은 대 속죄일에 세 번 지성소에 들어간다. 첫째는 향을 피우기 위하여, 두 번째는 자기 죄를 사함 받기 위하여, 세 번째는 백성들의 죄를 사하기 위해서이다. 이것은 우리 주님이 모든 죄를 사해주는 것이 하나님께 영광 돌려보내는 것임을 일깨워 주는 것이다(롬 8:34).

5) 피는 속죄소 동편과 앞에 뿌림(16:14)

대 제사장은 자기와 자기가족을 위해 먼저 피를 뿌려야 한다. 수 송아지의 피를 먼저 손가락으로 속죄소 동쪽에 뿌리고 또 손가락으로 속죄소 앞에 일곱 번 뿌린다. 우리 주님은 죄가 없으시므로 그럴 필요가 없다(히4:15).

6) 백성들을 위한 속죄(16:15-17)

백성들의 죄를 위하여 속죄제 염소를 잡아 그 피를 휘장 안의 속죄소 위와 앞에 뿌렸다. 이것은 주님께서 단번에 십자가에서 우리 죄를 속해 주심을 보여 준다(히 9:12, 10:1-8).

7) 제단의 정화와 속죄 염소를 광야로 보냄(16:18-22)

지성소와 회막의 나머지 곳이 이스라엘의 오염에서 상징적으로 정화되어야 할 뿐 아니라 여호와 앞에 있는 단도 정화 되어야 한다. 이 때 사용된 피는 수송아지 피와 염소의 피를 섞어 단 귀퉁이 뿔들에 바르고 그 피를 그 위에 일곱 번 뿌림으로써 이루어졌다.

그리고 대제사장이 지성소와 회막과 단을 위해 속죄를 끝낸 후에야 그가 산 염소 머리에 안수하고 이스라엘 자손의 모든 불의와 그 범한 모든 죄를 고하고, 그 죄를 염소의 머리에 두어 그것을 보낸다. 산 염소를 광야로 보내는 것은 이스라엘 자손을 그들의 죄에서부터 정화시킨다는 뜻이다.

8) 대제사장의 정결의식(16:23-28)

대제사장은 세마포 옷을 회막에서 벗어 거기에 두고, 물로 몸을 씻고 불사르는 의식을 위해 휘황찬란한 대제상의 복장을 입는다. 그는 자기를 위해 수양(3절)의 번제를, 백성을 위해 두 번째 수양(5절)의 번제를 드리며 더불어 속죄제 희생의 기름을 드린다. 주목해야 할 것은 자기와 백성을 속죄하는 것이 여기서는 번제인 것이다.

그리고 염소를 사막으로 보낸 자를 정화시키고 속죄제 수송아지와 염소의 가죽과 고기와 똥을 진 밖에서 태우고 불사르는 자는 그의 옷을 빨고 물로 그의 몸을 씻고 진영에 들어간다.

9) 대 속죄일 준수 명령(16:29-34)

이 부분은 대 속죄일 준수 명령과 대 속죄일에 가져야할 백성들의 태도를 보여주고 있다. 즉 하나님께서는 대 속죄일을 영속적으로 지킬 것과 그날에는 백성들 자신을 괴롭게 할 것과 그리고 속죄제 규례의 핵심 내용이 요약된다.

우리가 알 것은 이 속죄제 속에 나타난 희생 대속의 원리는 예수의 희생 대속의 원리와 근본적으로 같은 것으로써 전자는 후자를 시대에 앞서 예언적으로 보여주는 구실을 하고 있다. 이것은 한마디로 인간 구원이 이 시대를 뛰어넘어 동일한 원리로 성부 하나님에 의해서 선행됨을 보여 주는 것이다.

2. 피의 금지 규례(17:1-16)

하나님께서는 유대인들이 아무 곳에서나 조심 성 없이 살육하기 때문에 금지령을 내리셨다. 그래서 짐승을 성막 문으로 가져와 제사장이 여호와께 화목제로 드리도록 하였다. 물론 그들이 우상이나 마귀에게 제사를 드리는 유혹을 받을 위험이 있었기 때문이다(7절). 하나님이 받으시는 한 가지 값은 '피'이며, 하나님이 받으실 유일한 장소는 '성막 문'이다. 육체적으로나 영적으로 생명은 '피'에 있다. 우리의 영적인 생명은 그리스도의 흘리신 '피'에 종속되어 있다(요일서 1:7, 엡 1:7, 골 1:14, 히 9:22).

Ⅴ. 성결에 관한 규례(18:1-22:33)

1. 회중의 성결 규례(18:1-20:27)

1) 성범죄(18:1-30)

본장은 인간이 육신으로 존재하면서 가장 타락하기 쉬운 성 생활의 순결과 도덕적인 것을 다루고 있는데 너희는 이방인들의 사고방식을 따르지 말고(3절) 하나님의 신앙을 가지라고 권면한다. 그리고 더 나아가 '근친상간' 금지(6절), 각종'변태성 행위'를 금지하고 이런 사람을 추방하라고 권고 하고 있다.

① 이방 관습에 대한 금령(1-5)

하나님께서는 이스라엘 백성들에게 애굽 땅의 풍속과 가나안 땅의 풍속을 좇지 말 것을 명령하신다.

애굽은 여러 잡신을 숭배했을 뿐만 아니라 하나님을 대적한 곳이었기 때문에, 악과 구속과 슬픔의 장소였으며, 그곳에서의 이스라엘은 죄의 종이었던 죄인의 운명의 전형적인 모형이었다.

따라서 만약 이스라엘이 이 가나안의 풍습을 좇는다면 그들 역시 가나안 거민의 운명 같이 될 것임에 틀림없다. 곧 하나님의 은혜를 저버리는 행위일 뿐 아니라 그들을 통해 이루시고자 하는 하나님의 구속 사역의 섭리를 방해하는 도전적 행위가 아닐 수 없다. 그래서 하나님은 이러한 불행을 미연에 방지하시고자 규례를 주심으로써 그 모든 것을 경계 하셨던 것이다.

② 근친상간 금지 규례((6-18)

본문은 어머니, 계모, 자매, 혹은 배다른 자매, 손녀, 혹은 외손녀, 계모의 딸, 이모와 고모, 삼촌의 아내, 자부, 형수와 계수, 후처의 딸과 생존한 형제의 아내를 범하지 말라고 명령하고 있다. 이렇게 금하는 이유는 하나님의 창조 질서를 지키기 위함이고, 또한 사회를 퇴폐시키기 때문이다. 따라서 본문의 규례는 가정의 질서와 화평과 계보를 유지하고, 하나님의 종교적인 질서를 보존하며, 인간의 기본적인 도덕질서의 확립을 위하여 반드시 필요한 것이었다.

③ 부도덕한 성교와 우상 숭배 금지(9-23)

본문은 불결하고 타락한 성교(19, 20) 및 극악한 우상 숭배의 관습(21), 남색(22), 그리고 수간(獸姦. 23절)을 금지하고 있다. 특별히 여기에서 언급된 것들은 모두 변태적 성욕으로 인한 부부생활의 순결을 파괴하는 죄악이다.

④ 율례에 순종하라(24-30)

하나님께서는 불순종에 따르는 징벌을 구체적으로 제시하신다(24-25, 27-29). 그리고 내 명령을 지키라고 말씀하신다.

본장에 보면 '나는 여호와 너희 하나님' 이라고 시작 하셨고, 또 '나는 너희의 하나님 여호와이니라'로 끝을 맺는다. 즉 이스라엘은 잡신을 섬기는 애굽 민족이나 가나안 족속들의 추잡하고 문란한 생활로부터 거룩하게 성별되어야 함을 보여 주고 있는 것이다.

2) 택한 백성의 생활(19:1-37)

본장에서는 어느 한 특정 율법을 집중 보도하지 않는다. 여기에서는 이스라엘 백성들이 생활 하면서 하나님과의 수직적 관계와 이웃끼리의 수평적 관계에서 어떤 생활을 하여야 하는지를 가르치고 있다.

① 하나님을 향한 규례(1-8)

본 단락은 모든 이스라엘이 언약백성으로서 하나님 앞에 지켜야 할 규례에 관한 기술이다. 즉 본문은 거룩하라는 명령(2), 부모공경(3), 우상숭배 금지(4), 화목제를 드리는 방법(5-8)으로 구성되었다. 우리는 여기에서 특별히 3절의 내용, 즉 부모를 경외하라는 명령에 주목할 필요가 있다. 여기에서 '경외'란 부모를 공경하라는 제 5계명의 '공경'과 같은 뜻이다(말 1:6).

성경에서 이 경외라는 말은 대부분 하나님을 섬기는데 사용되고 있다. 그럼에도 불구하고 본문이 부모에게 이 말을 사용하고 있는 것은 부모공경이 하나님을 경외하는 것과 매우 밀접한 관계를 갖기 때문이다. 즉 부모는 자식에 대하여 하나님의 대리 자격이 있는 것이다. 그래서 성경은 부모의 사랑과 하나님의 사랑을 자주 연관 시킨다(눅 15:, 히 12:7-10).

② 이웃과 사회를 향한 규례(9-18)

본 단락은 사랑에 대한 기록이다. 이러한 본문은 크게 사랑의 규범(9, 10, 17, 18)과 이웃의 권리 존중에 대한 규범(11-16)으로 나누어진다. 특별히 본문에서 크게 비중을 차지하는 것은 '사랑의 법'이라 할 수 있는 1절과 18절의 내용이다.

- 형제를 마음으로 미워하지 말라.
- 이웃을 반드시 견책하라.
- 원수를 갚지 말라.

• 동포를 원망하지 말라.
• 이웃 사랑하기를 네 자신과 같이 하라.

주님께서도 마 22:38절에서 이 '사랑'을 매우 심도 있게 강조 하셨다. 기독교의 강령도 한 마디로 말하면 이 '사랑의 종교'임을 알 수 있다.

③ 여러 가지 도덕률(19-37)

이곳에서는 이스라엘 백성들이 하나님 앞에서 지켜야 할 규례들을 구체적으로 이야기 하고 있다.

• 교잡을 금하는 규례(19)
• 정혼한 여자 노예와 간음을 범한 자에 대한 규례(20-22)
• 유실수 수확에 관한 규례(23-25)
• 미신적 관습에 관한 규례(26-28)
• 자기 딸을 매음시키는 것을 금하는 규례(29)
• 안식일에 관한 규례(30)
• 신들린 자에 대한 규례(31)
• 연장자에 대한 규례(32)
• 타국에 대한 규례(33-34)
• 공정한 상거래를 위한 규례(35-37)

우리가 특별히 주목해야 할 것은 교잡을 금하는 규례, 즉 육축을 다른 종류와 교잡해서는 안 되고, 두 종류의 곡식을 함께 파송해서도 안 되며, 두 재료로 만든 옷을 입어서도 안 된다는 규례이다. 즉 하나님께서 창조하신 본래의 것에 다른 것을 섞어 혼합하지 말라는 말이다.

하나님은 우리가 하나님을 섬기고 바알도 섬기며 의와 불의를 함께하는 일을 싫어하신다. 그것은 빛과 어두움이 조화를 이룰 수 없으며, 그리스도와 벨리알이 조화 될 수 없고, 하나님과 우상의 전이 일치될 수 없기 때문이다(고후 6:14-16) 그런즉 세상을 사랑하면서 하나님을 사랑할 수 없다. 하나님을 사랑하고 그분의 나라를 사모한다면 이 세상의 모든 권리를 포기해야 하는 것이다(마 16:24-26, 19:21, 22).

3) 사형에 처할 죄들(20:1-27)

본장에서는 하나님과 인간관계에서 지켜야 할 근본적 자세인 순결 문제와 관련된 율법이다. 하나님과의 수직적 관계에서 지켜야 할 영적 순결에 대해 규정한 율법을 범한 자들에 대한 중형 규정(1-9), 또는 인간끼리의 수평적 관계에서 요청되는 육적 성결을 지키지 못 한 자들에게 가해질 중형의 규정(10-21)또한 이스라엘 백성은 다른 민족과 달리 하나님의 백성으로서 그분의 순결의 명령을 지킬 의무가 있음을 강조한다(22-27절).

① 몰락을 숭배하는 자에 대한 규례(1-5절)

이 부분은 몰렉을 섬기는 자에 대한 처벌 규정(2-3)과 몰렉 숭배자를 방관하는 자에 대한 하나님의 응징(4-5)이 나온다. 몰렉은 '몰족' 혹은 '밀곰'이라고도 하며 암몬족이 섬기던 신이다(20:2-5, 왕상 11:7, 렘 32:35).

하나님께서 이와 같은 우상숭배에 불같이 진노하시는 것은 당연하다. 특별히 하나님은 이 몰렉을 숭배하는 자를 보고도 못 본채 하는 자까지도 몰렉을 숭배하는 자로 동일하게 취급하여 백성 중에서 끊는다고 경고하고 계신다(4, 5)

② 무당 추종자와 부모를 저주한 자(6-9절).

본문은 사형에 해당하는 죄악 중에서 무당을 추종한 자(6-8)와 부모를 저주한 자(9)에 대한 처벌 규례이다. 여기에서 신접한 자나 박수는 마귀와 사신을 섬기는 자를 가리킨다. 그런즉 이러한 자들이 하나님의 백성으로서의 자격을 상실하고 백성 중에서 끊어지는 것은 당연한 것이다.

하나님께서는 이스라엘 백성을 그의 백성으로 선택하시고 언약을 맺으신 후에(출 19:5), 그들로 하여금 하나님 외에 다른 신을 섬기지 말 것을 요구하셨다(출 20:3). 따라서 이스라엘 백성이 다른 신을 좇는다면 그것은 계약 위반이요, 간음 행위였다(겔 16:20, 호 5:4).

③ 음행하는 자에 대한 규례(10-21절)

본문의 '간음하지 말라'는 십계명 중 제 7계명이다. 이것을 범하는 자들에 대한 규례로서 간음하는 자, 골육지친을 범하는 자. 수간, 불결한 선 행위 등을 범하는 자는 사형에 처한다.

- 성 범죄는 '생육하고, 번성하라'는 것에 위반된다.
- 하나님은 인간이 거룩해 지기를 원하신다.
- 규례를 범한 성행위는 배우자를 저버리는 간음 행위이다.
- 규례를 범한 성행위는 쾌락을 추구하는 자들의 행위이다.

④ 정결한 백성의 법도(22-27절).

이스라엘 백성들은 당연히 정결하게 살아야 한다. 그래서 하나님께서는 정결한 백성이 되도록 요구하시는 것이다.

- 모든 규례와 법도를 준수하라(22절).
- 가나안 족속의 풍습을 좇지말라(23-24).
- 짐승이나 곤충의 정함과 부정함을 구별하라(25).
- 거룩하라(26).
- 무당을 제하라(27).

특별히 이러한 모든 규례는 선민 이스라엘로 하여금 오직 하나님만을 섬기는 순수한 신앙을 유지하도록 하기 위해 주어졌다.

2. 제사장의 성결 규례(21:1-22:33)

21장에서는 제사장이 되기 위한 기본 자격과 일상생활에서의 제사장들의 성결 의무를 보도함으로 주로 제사장 자신들의 성결 의무를 다루고 있으며, 22장에서는 제사장들이 제사 업무 시 필연적으로 다루게 될 성물의 보호 규정을 다루고 있다.

1) 제사장의 성결 규례(21:1-6)

본문은 제사장이 죽은 시체를 접촉하여 스스로 부정하게 되지 말 것(1-4)과 머리털이나 수염 양쪽을 밀지 말고 살을 베지 말도록(5-6) 명령하고 있다.

여기 아론은 레위의 증손자이자 모세의 형이다(출 6:16-20). 이스라엘 공동체에서 레위족속은 성전 봉사에 관한 일을 맡았다. 그중에서도 아론의 자손들은 특별히 구별되어 제사장의 직무를 수행했다(출 28:1, 2). 즉 이들만이 모든 제사를 주관하고(민 18:1-7), 백성들을 축복할 수 있는 특권(민 6:22-27)을 누렸다.

그런데 고라의 주동 아래 레위인들이 모세와 아론의 이러한 권위에 반역했다가 여호와의 징계로 250명이 불에 타 죽고, 일만 사천 명이 염병에 걸려 죽었다(민 16:1-50).

2) 제사장 가정의 정결 (21:7-9)

본문은 제사장의 결혼 규례(7-8)와 그 자녀의 죄악에 대한 처벌 규례(9)를 언급하고 있다. 제사장은 사람들에게 평판이 나쁘거나 죄를 지었거나 혹은 죄가 있다고 의심이 가는 여자와는 결혼 할 수 없다. 즉 제사장의 아내는 단정하고 절제가 있는 여인이어야 한다(딤전 3:11).

이는 제사장이 하나님의 직무를 담당하는 자이며 행동과 말로써 모범을 보여야 하는 하나님의 증인이기 때문이다. 특별히 제사장은 그의 부정한 행동으로 인하여 하나님의 거룩하심을 손상시키고 영광에 누가 되어서는 안 되고, 부정한 여인과 결합함으로 세습적인 제사장 직분을 오염되게 해서도 안 된다.

한편 본문은 시집가지 아니한 제사장의 딸이 행음하면 화형에 처하도록 규정하고 있다. 이는 시집가지 아니한 딸은 그 아비에 속하여 그 아비를 더럽히는 것이 되기 때문이다. 따라서 행음한 제사장의 딸은 사형에 처해 제사장의 성결을 회복하여야 한다.

3) 대 제사장의 정결에 관한 규례(21:10-15)

본문은 대제사장이 직무와 관련하여 지킬 규례(10-12)와 결혼과 관련하여 지킬 규례(14, 15)를 언급하고 있다. 일반 제사장들은 그의 가족들이 죽었을 때는 한동안 그들의 사역에서 놓여 그 가족들을 위해 슬퍼할 수도 있었고, 시체를 만져 몸을 부정하게도 할 수 있었다(2, 3, 민 19:4). 그러나 대제사장은 어떠한 경우에도 부정하게 되거나 슬퍼해서는 안 되었다. 이는 그가 집무를 중단하면 성소의 모든 예배가 중단될 뿐 아니라 그가 부정하넌 온 백성들을 대신해 속죄할 자가 없게 되기 때문이다.

이것은 대제사장 되신 예수 그리스도의 생애를 잘 반영해 주는 예표인데 예수 그리스도는 공생애 동안 그 자신과 가족을 위해서가 아니라 온 인류를 위해서 그의 삶을 살았음을 알 수 있다.

4) 제사장으로 부적합한 자들(21:16-24)

본문은 신체에 장애가 있거나 타인에게 혐오스러움을 줄 수 있는 자들의 제사장 직후에 부적합한 자라고 규정한다.

그러나 이러한 규정이 그 신체적 결함 때문에 인격을 무시하는 것은 아니다. 비록 불구이거나 결함이 있는 자라 할지라도 한 집안에서 자녀로서의 몫은 차지할 수 있다(22). 다만 이와 같은 규정을 정한 것은 드려지는 예물이 온전하듯 예물을 드리는 자 즉 제사장도 온전해야 함을 교훈하기 위함이다. 즉 하나님은 이 규정을 통하여 흠과 점이 없는 온전한 제물이자 제사장이신 예수 그리스도의 대속 사역을 예표하신 것이며(히 9:11-28), 또한 의식적 규례를 통하여 그리스도 안에서 발견되는 영적 완전함으로 그의 택한 백성들이 완전해 지기를 요구하고 계신 것이다(벧전 2:9).

따라서 성도들은 주 앞에서 점도 없고 흠도 없이 보존되기를 힘써야 한다(살전 5:23, 벧후 3:13). 오늘날 우리에게 제사장으로서의 결격 사유가 되는 것은 불구와 같은 신체적 결함이 아니라 영적 불구, 곧 진리 앞에 바로서지 못하고 날마다 속사람이 새롭게 변화되지 못하는 불완전한 신앙에 있는 것이다.

5) 성물을 먹을 수 없는 자의 조건(22:1-9)

본문은 여러 가지 부정한 일로 의식상 더럽게 된 자는 정하게 될 때까지 성물을 먹지 말 것(1-7)과 일상적 생활에 있어서도 부정한 것을 먹지 말 것(8), 그리고 그 모든 명령을 준수 할 것(9)에 대하여 언급하고 있다.

신앙은 거룩한 내적 생활이다. 따라서 신앙생활은 의식이나 상징과 같이 외적인 것들로 이루어지는 것이 아니라 그 영혼이 하나님을 공경하며, 또한 그분에 의해 용납될 뿐만 아니라 그분의 응답 등으로 이루어진다. 그러나 그러한 내적 생활은 그것을 표현하는 외적인 의식과 규례에 의해 도움을 받지 않으면 안 된다.

6) 성물을 먹을 수 있는 자의 신분(22:10-16)

성물을 먹을 수 있는 자와 먹을 수 없는 자(10-13), 그리고 부지중에 성물을 먹은 자의 배상(14)과 그리고 성물을 더럽히지 말라는 경고(15-16)이다.

하나님의 성물은 제사장의 집에서 늘 살고 있는 자들만이 먹을 수 있으며, 외국인이나 객과 같이 잠깐 다녀가는 자는 먹을 수 없다.

한편 우리는 여기에서 비록 종이라 할지라도 제사장이 돈을 주고 산 자는 성물을 먹을 수 있다는 것에 주목할 해야 한다. 이것은 죄인이요 이방인이었던 우리가 예수 그리스도의 공로로 하나님의 기업에 참여하게 된 사실을 상징적으로 보여준다. 즉 하나님께서는 예수 그리스도로 값 주고 우리를 당신의 소유로 삼으신 것이다. 따라서 우리는 대제사장인 예수 그리스도와 더불어 영원한 생명의 양식인 영생을 먹고 마실 수 있는 것이다(요 4:14).

7) 완전한 제물과 결론(22:17-33)

하나님께 드려진 예물은 오직 흠 없고 깨끗한 제물이어야 한다(7-12). 또한 하나님께 드릴 수 없는 제물도 있다(22-25). 그리고 드려질 제물에게 자비를 베풀도록 규정하고 있다(26-28).

한편 본문에서 우리들에게 주는 교훈은 제물로 들릴 생축은 단지 7일 이후에 드리라는 것과 그 어미와 새끼를 함께 잡지 말라는 규례이다(26-28). 즉 하나님은 이 규례를 통하여 제사보다도 형제와 이웃에 대하여 자비와 긍휼을 베푸는 것을 더 원하신다는 것을 간접적으로 가르치시고 있다(호 6:6, 마 9:13).

하나님께서는 하나님의 이름이 하나님이 택하신 이스라엘 백성들 가운데 거룩하게 되기를 원하셨고, 또한 그들의 영혼이 그의 임재하심에 의해서 거룩하게 되도록 하기 위한 목적을 가지고 계신다. 따라서 성도들은 하나님의 부르심에 합당한 삶을 지향하고 계명에 순종하는 삶을 살아야 할 것이다.

Ⅵ. 절기에 관한 규례(23:1-44)

거룩한 여호와의 일곱 절기는 풍성한 영적 교훈으로 가득 차 있다. 이 절기들을 깊이 연구해 보면 인류 역사의 흐름을 정확하게 알게 해 줄 것이다. 또 절기의 순서가 이스라엘과 교회를 상징적으로 예언하고 있음을 알 수 있다.

1. 절기에 대한 서론(레 23:2, 4, 37)

1) 성막, 제사, 절기의 의미

(1) 성막 : 성막은 예수 그리스도의 성품을 계시하여 줌으로 예수 그리스도에 대하여 깊이 알 수 있다(왕, 종, 완전한 사람, 완전한 신).

(2) 제사 : 제사는 예수 그리스도께서 하신 일을 세밀히 보여주면서 우리들의 예배 행위에 대한 교훈해 준다.(번제. 소제. 화목제. 속죄제. 속건제).

(3) 절기 : 절기는 예수 그리스도께서 지상에서 일어날 그의 생애를 계시해 주고 있으면서 영원한 안식 세계까지 보여주고 있는 것이다.

2) 신약 성경에서 말하는 절기에 대한 이해

(1) 히 10:1 '율법은 장차 오는 좋은 일의 그림자요, 참 형상이 아니므로…'

(2) 골 2:16-17 '그러므로 먹고 마시는 것과 절기나 월삭이나 안식일을 인하여 누구든지…

(3) 고후 3:14-18 '그러나 저희 마음이 완고하여 오늘까지라도 구약을 읽을 때에 그 수건이 오히려 벗어지지 아니하고…'

(4) 요 4:23 '아버지께 참으로 예배하는 자들은 신령과 진정으로 예배할 때가 오나니…'

(5) 요 16:13 '…진리의 성령이 오시면 그가 너희를 모든 진리 가운데로 인도하시리니…'

3) 구약 성경에 기록된 두 곳의 절기

(1) 기록 되어진 곳

① 출 23:12-19, 34:18-24(안식일. 무교절. 맥추절. 수장절).

② 레 23:1-36.(안식일. 유월절. 무교절. 초실절. 오순절. 나팔절. 속죄일. 초막절).

(2) 두 성경의 차이점.

① 출애굽의 4대 절기는 이스라엘 백성이 광야 40년 동안 지킨 근본적인 절기이며, 레위기의 7대 절기는 광야 생활을 청산 한 후에 지킨 절기이다.

② 출애굽의 절기는 모세가 이스라엘 백성과 같이 광야에서 지킨 경험적이고, 역사적인 사건이다. 레위기의 절기는 모세가 하님의 명령을 받아 예언 적이고 미래적이며, 정치적인 측면에서 규례를 선포한 것이다.

③ 각각의 절기는 그 지역과 상황에 따라 맞게 규정된 귀중한 신앙적 절기이다.

4) 절기에 관한 언어적 의미

① 출애굽에서는 절기를 'חַג,칵' 라고 하는데 이것은 '축제일' 혹은 '경축일' 즉 종교적인 목적을 가지고 예배하며 기념하는 제사이다.

② 레위기에서는 절기를 '모아데이'라고 하는데, 이것은 '아이드'에서 나온 말이다. 이 뜻은 '정한 장소에 모이는 회합…'이라고 하며, 이것이 다시 '에닿'으로 '총회' 경축일'이라고 한다.

③ 출애굽기의 단어는 종교적인 기념 예배일이고, 레위기의 단어는 국가적인 기념일이다. 물론 국가적인 기념일에도 종교 축제가 포함되어 있다.

5) 절기의 두 부분 설명

① 첫째 부분(안식일. 유월절(무교절). 초실절. 칠칠절)은 봄 절기에 행하며, 이것은 초림으로 완성된 주님을 보여준다.

② 두 번째 부분(나팔절, 속죄일, 초막절)은 가을 절기에 행하며 재림으로 완성될 주님을 보여준다.

2. 여덟 절기의 풀이

하나님께서는 모든 만물을 창조하신 후 제 7일을 복 주시고 거룩하게 하시며 안식하셨다(창 2:3). 이때부터 안식일이 생겼으며 이 날을 창조의 기념일(출 20:11)이라고도 한다.

또 이날은 가나안 입성 직전에 애굽의 노예생활로부터 구원받은 날로 부여되었다(신 5:15).

또한 안식일은 노동의 수고로부터 창조적인 삶을 살기 위한 육체의 휴식과 함께 정신적 휴식을 도모하는 날일뿐만 아니라 죄와 고통으로부터 그의 백성을 구원하신

하나님의 새로운 창조사역(구원)을 기념하는 날이다

이 날의 영적 의미는 앞으로 이 세상에서 일어날 세상 종말 후 신천신지(계 21:1-3)를 예표하고 있는 것이다.

1) 안식일(The Sabbath Day)

(레 1:1-3, 출 31:12-17, 창 2:1-3, 신 5:12-15)

(1) 서론

① 이스라엘 백성은 하나님과의 계약의 백성으로써 모세를 통하여 시내산에서 십계명을 주셨다.

② 십계명 중 1-4계명은 인간이 하나님께 지킬 도리이며, 5-10계명은 인간이 인간에게 해야할 도리이다.

③ 이 중 '안식일을 기억하여 거룩하게 지키라' 라는 계명은 네 번째 계명이다.

④ 출 31:12-18절에는 네 번(13, 14, 15, 16) 씩이나 안식일을 지키라고 강조한다.

(2) 안식일에 관한 어의

① 안식일은 영어로 'Sabbath'라고 한다.

② 히브리어로는 'שַׁבָּת,삽바트'라고 하는데 이 단어는 동사인 'שָׁבַת,사바트;에서 나왔다. 이 사바트는 '휴식하다, 쉬다, 그만두다, 그치다, 중지하다'라는 뜻으로써 '노동으로부터 쉬다, 안식일을 지키다'라는 의미이다.

③ 이것은 인간뿐만 아니라 인간의 노동을 돕는 모든 가축과 기계도 해당된다.

④ 그리고 육신 적인 것뿐만 아니라 이 날을 잘 지킴으로 영적인 세계에 신령한 은혜와 복을 받을 수 있다.

(3) 안식일을 지키는 방법

안식일은 철저하고도 엄숙하게 그리고 거룩하게 지켜야 한다. 그 이유는 안식일은 하나님이 제정하셨을 뿐 아니라 하나님의 피조물인 인간이 하나님과 영교 하는 날이요 은혜와 축복을 받는 날이기 때문이다.

① 구약

✓ 주인, 아들, 딸, 남종, 여종, 육축 문안에 거하는 객(출20:8-11).

✓ 경작과 추수할 때(출 34:21)

✓ 나귀의 운반이나 짐을 옮기지 말 것(느 13:15-22).
✓ 장사를 하지 말 것(암 8:5)
✓ 만나도 그침(출 16:26)
✓ 나무도 하지 말 것(민 15:32).
✓ 처소에 불도 못 피움(출 35:3)
✓ 여행과 오락과 사사로운 말도 금함(사 58:13-14)

② 신약

✓ 예수님이 안식일에 회당에서 성경을 가르치심(눅 6:6).
✓ 병자를 고치심(눅 6:1-11)
* 구약은 안식일에 육신의 일만 쉬지만 신약은 안식일에 신령한 일을 할 것을 가르치심(눅 6:9, 막 2:28, 마 12:8).
✓ 사도 시대는 안식일이 주일로 변경되었다.
가) 주님이 부활하신 날(요 20:1, 마 28:1, 막 16:1).
나) 성령이 강림한 날(행 2:1-).
다) 사도 요한이 계시 받던 날(계 1:).
라) 초대 교회의 공적인 예배(행 20:7, 고전 16:2).

(4) 안식일의 배경

① 구원의 역사적 배경
✓ 이스라엘 백성들은 가나안에 들어 갈 때 참 안식을 누리게 된다(신 12:9-10).
✓ 가나안은 이미 안식의 장소로 하나님께서 그들 조상과 약속하신 것이다(수 21:43-44)
✓ 그들이 가나안에 들어온 후에 얻은 안식은 다음과 같다.
가) 애굽의 노예생활에서의 안식이다.
나) 광야를 지나는 육체적 피로에서의 안식이다.
다) 가나안 전쟁에서의 안식이다.

② 구약적 배경
✓ 구약의 안식일의 배경은 하나님의 천지창조와 함께 시작되었다(창 2:1-3).
가) 안식일의 근원은 하나님이시다.

나) 안식일은 성별된 날이다.
다) 안식일은 복된 날이다.
라) 안식일은 거룩한 날이다.

✓ '안식일'이란 단어는 출16:23에서 처음으로 기록되어 나온다.

가) 안식일은 만나와 밀접한 관계가 있다.
- 제 육일에는 그들이 거둔 것의 갑절이 되리라(출 16:5).
- 제 육일에는 각 사람이 갑절의 식물 곧 하나에 두 오멜씩 거둔지라(출 16:23).
- 하나님이 이같이 하셨으며 내일은 안식일이라(출 16:23).

나) 안식일을 범했을 때는 형벌이 뒤 따랐다(출 31:14).
다) 창세기 이후에 나온 안식과 연관된 성경구절
- 휴식의 안식(출 31:15, 35:1)
- 속죄일(레 16:31, 35:2).
- 나팔 부는 날(레 23;24)
- 성막의 절기(레 23:39).
- 안식년(레 25:4-5) .

③ 신약적 배경

✓ 구약의 안식일은 이스라엘 백성이 하나님을 떠나지 않게 하기 위하여 제정한 언약이다.

✓ 그러나 에서는 예수 그리스도께서 성육신 하셔 하나님의 약속을 직접 보여 주셨는데 특히 안식일에 선을 행하시고, 가난한 자, 고통당하는 자를 만나 주셨다.

✓ 예수님은 이 땅에 오셔서 바리새인들의 율법에 상관없이 안식일을 다루셨다.
- 수고하고 무거운 짐진 자들아 다 내게로 오라(마 11:29).
- 안식일에 병 고침(막 12:10, 눅 6:6-10)
- 선한 일을 많이 하심(마 10:12, 막 3:4, 눅 6:9)
- 인자는 안식일의 주인이다(마 12:8, 막 2:28, 눅 6:5).

✓ 구약의 안식일이 신약에 와서 '주의 날'로 변화되었다(부활, 성령강림 등).

※ 구약의 안식일과 신약의 주의 날의 비교

구약의 안식일(Sabbath)	신약의 주의 날(Lord's Day)
일곱째 날	첫 날이 됨
이스라엘의 상태를 시험	교회의 증명 수락
옛 창조와 관련됨	새 창조와 관련됨
유대인을 위한 육체의 안식	그리스도인을 위한 영적 안식
유대인은 장막에서 살도록 하심	그리스도인은 성령에 의하여 앞으로 나가도록 하심
이날에 일하는 자는 죽임	이 날에 일한다고 살 수 있는 것이 아님

※ 성경에 나타난 안식일에 관한 구절

◆ 구약 -

출 16:23, 25, 26, 29. 20:8, 10, 11, 13, 14, 15, 16. 35:2, 3,
레 16:31, 19:3, 30. 23:11, 15, 16, 24, 32, 38. 24:8.
민 15:32,. 28:9, 10,
신 5:12, 15.
왕하 4:23. 11:5, 7, 9. 16:18.
대상 9:32. 23:31.
대하 23:4, 8, 31:3.
느 9:14. 10:31, 33. 13:15, 16, 17, 18, 19, 21, 22.
사 1:13, 56:2, 4, 6. 58:13. 66:23.
렘 17:21, 22, 244, 27.
겔 20:12, 13, 24, 22:8, 26. 23:38. 44:24. 45:17. 46:1.
호 2:11.
암 8:5.

◆ 신약

마 12:1, 2, 5, 8, 10, 11, 12. 24:20. 28:1.
막 1:21. 2:27. 6:2.
눅 4:16. 6:16. 13:15, 16. 14:1, 5. 23:54, 56.

요 5:9, 10, 7:22, 19:31.

행 1:12. 13:14, 27, 42. 15:21. 16:13. 17:2.

골 2:16.

2) 유월절(Passover)(출 12:3-14. 레 23:4-5)

이 유월절(Pass-over)은 이스라엘의 3대 절기(유월절, 칠칠절, 장막절) 가운데 가장 큰 절기이다. 이스라엘 백성들이 애굽에서 해방되어 나올 때 열 재앙 중 열 번째 재앙인 장자의 죽음과 연관되어 있다(출 12장). 이 절기는 유대력 니산월 14일 저녁에 지켜졌다(출 12:1-8).

이 절기의 영적 의미는 앞으로 이 세상에 오셔서 모든 죄에서 우리들을 구원하실 예수 그리스도를 상징하고 있는 것이다(요 1:29, 19:36).

(1) 서론

① 유월절은 애굽으로부터 구원을 뜻한다.

② 어린양, 문설주의 피, 장자의 죽음, 애굽에서의 탈출, 즉 하나님께서 피를 바른 이스라엘의 거처를 넘어 가셨던 것을 기념하는 절기이다.

③ 유월절은 이스라엘 절기 중 첫 번째 절기로써 나머지 절기의 기초가 되는 것이다.

④ 이 유월절은 이스라엘 절기 중 첫 번째 절기로써 나머지 절기의 기초가 되는 것이다.

⑤ 이 유월절의 역사는 안식일보다 짧으나, 귀중하고 아름다운 의미를 가진 절기이다.

(2) 유월절에 관한 어의

① 유월절은 영어로 'Passover'(뛰어 넘는다)라고 한다.

② 히브리어로는 'פֶּסַח 페사흐이다.

③ 이 '페사흐'는 'פָּסַח, 파사흐'에서 나온 남성명사인데, 파사크는 동사로 '지나간다, 넘어간다, 넘어 뛴다'라는 뜻이 있다.

④ 명사의 '페사크'는 '유월절'도 되지만 '유월절에 먹는 어린양'도 되며, '유월절 축제일'도 된다.

⑤ 그러므로 이 유월절은 재앙과 죽음이 넘어감으로 그것을 면케 되고 결박과 멸망의 자리에서 '유월절 어린양'을 잡아먹음으로 자유와 구원을 받은 날을 기념하고 지키는 명절이다.

(3) 유월절 유래

① 유월절은 애굽에서 시작 되었다.

② 출 12:1절에 보면 '이달로 너희에게 달의 시작, 곧 해의 첫 달이 되게 하라고 했으니 그 해를 이스라엘의 원년으로 삼고 그 달로 정월이 되게 하였다.

③ 출 12:6절에 보면 유월절에 쓸 어린양은 흠 없고 일 년 된 수컷으로 하며, 1월 14일이 될 때까지 간직 하였다가 해 질 때 잡으라고 했으니 바로 1월 14일 저녁이 유월절의 절정이다.

④ 어린양은 1월 10일에 취하였다가 14일까지 둔 후 해질 때 잡는 것이다. 그런데 왜 4일간의 간격을 두었는가?

가) 이 기간은 하나님께서 애굽 백성들에게 재앙을 내리는 기간이고(장자의 죽음), 이스라엘 백성들에게는 구원을 받는 기간이다(자유와 해방의 기간).

나) 이 기간에 이스라엘 백성들은 양을 잡아 문설주와 문 인방에 바르고 고기는 안에서 구원 먹음으로 하나님의 심판을 면하게 된다.

⑤ 이 유월절은 이스라엘 역사 속에서 계속 지켜왔다(출 34:25, 민 9:2, 신 16:1-2).

⑥ 그 이후로 유월절을 계속 지켜 왔는데 여호수아(수 5:10), 역대의 왕들도(왕하 23:21-23) 지켰다.

⑦ 신약에 보면 예수님도 지키셨다(마 26:2-9, 막 14:1-16, 요 2:13).

(4) 유월절을 지키는 방법

① 제물을 선택한다.

가) 유월절에 쓸 제물은 1년된 흠 없는 양이나 염소의 수컷이어야 한다.

나) 첫 달 10일에 선택한다(출 12:3).

다) 취한 제물을 14일까지 분리시켜 간직해야 한다.

② 유월절 어린양을 잡는다.

가) 14일 저녁에 가족 수대로 선택된 양을 잡는다.

나) 잡을 양은 반드시 어린양(Lamb)이어야 하고(요 1:29), 처음 난 양이며(롬 8:29) 흠 없는 양(벧전 1:19)이어야 한다.

③ 잡은 양의 피는 집 좌우 문설주와 문 인방에 발랐다.

가) 이 피는 모든 사람들이 볼 수 있는 곳에 발랐다.

나) 예수 그리스도는 세상의 모든 죄를 담당하신 것이다.

④ 양과 염소의 고기는 불에 구워 먹었다.

가) 피는 바르고 고기는 구워 먹으라고 했다.

나) 고기는 날로나, 물에 삶거나, 아침까지 두어서는 안 된다.

다) 머리와 정강이와 내장도 불에 구워 먹고 아침까지 두지 쏘 말라고 했다.

⑤ 유월절 양은 무교병과 쓴 나물과 같이 먹었다.

가) 무교병과 쓴 나물을 먹는 것은 애굽에서 겪은 고통을 상기하기 위한 것이다.

나) 우리 주님의 고난이 우리들을 죄에서 해방 시켰다.

⑥ 이들이 먹을 때 허리에 띠를 띠고, 발에 신을 신고, 손에 지팡이를 잡고, 급히 먹을고 했다(출 12:11).

가) 이것은 이들이 애굽을 출발할 때의 급한 상황을 묘사하고 있다.

나) 그러나 아침까지는 한 사람도 집 문밖에 나가지 말라고 했다(출 12:22).

(5) 현대 유대인의 유월절

① 현대 유대인은 유월절과 무교절을 하나의 절기로 지키고 있다.

② 모든 유대인들은 이 때 온 가족이 모여서 경건하게 준비한 유월절 만찬 예배에 참석한다.

③ 집안을 정결하게 정돈하고 무교병을 잘 준비한다.

④ 그리고 과거 자기의 조상들이 먹었던 무교병의 흔적을 발견하려고 노력한다.

⑤ 유월절 밤에는 기쁨으로 온 가족이 만찬을 가지며 함께 예배를 드린다. 이러한 가정의 예식을 'Seder'(세다)라고 한다.

⑥ 이 때 준비한 음식은 지역에 따라 조금씩 다르나 대개 경우 무교병, 쓴 나물, 포도주, 구운 계란, 양의 다리, 소금물, 서양 고추, 파슬리 등이다.

⑦ 식사와 함께 예배를 드리는데 부모들이 자기 조상들의 출애굽 이야기를 해 주고 노래와 기도, 시편 낭송 등으로 이어진다.

⑧ 이 순서를 'Haggadah(하가다), 혹은 Storg(tmxhrm)'라고 부른다.

3) 무교절(The Feast OF Unleavened Bread)

(레 23:6-8, 출 23:14-15, 신 16:2-3, 고전 5:8)

(1) 서론

① 무교절은 유월절과 같은 사건으로 유월절의 계속이라고 할 수 있으며, 유월절 다음날인 니산월 15일부터 7일 동안 계속되는 것이다.

② 레위기 23장을 잘 살펴보면 유월절, 오순절, 나팔절, 속죄일은 단 하루만 지키는 절기인 반면에 무교절은 7일 동안 지키는 절기이다(레 23:6).

③ 하루만 지키는 절기들이 여호와의 분명하고 완전한 행위에 대한 결과라면 무교절이나 초막절과 같이 7일, 그리고 8일 동안 계속되는 절기들은 여호와의 완전한 행위의 결과에 대해 감사의 행위를 백성들이 나타내는 것이다.

④ 모세와 이스라엘 백성들은 그 당시 유월절과 무교절을 혼동하지 않고 잘 지켰으나, 후대의 사람들이 혼동하여 지킬까봐 제 23장에서 각각 세밀하게 기록하고 있는 것이다.

(2) 무교절에 대한 어의

① 무교절은 영어로 'The Feast of Unleavened Bread'(출 23:15, 레 23:6)라고 한다.

② 헬라어로는 'ἄζυμος.아주모스' 라고 하며, 그 의미는 '발효작용을 하지 않는' 혹은 '누룩을 넣지 않고 만든'이라는 뜻이다.

③ 무교절의 원어인 히브리어로는 'חַג הַמַּצוֹת 각 하마출' 이라고 한다.

④ 이 단어는 두 단어 חַג 과 הַמַּצוֹת 으로 되어 있는 합성명사이다.

⑤ 유대인들의 주식은 분식인데 분식에는 누룩이 반드시 들어간다. 그러나 무교절만은 누룩을 넣지 않는 떡을 만들어 먹는다.

(3) 무교절의 유래

① 무교절이란 말은 출애굽 이후에 나타난다.

가) 출애굽 12장은 애굽에서의 출발 장이고(유월절),

나) 출애굽 13장은 애굽에서 떠나온 장이다(무교절).

② 성경에 기록되어 있는 무교병을 사용한 곳

가) 창19:3절(롯이 소돔과 고모라에서 하나님의 사자들을 대접할 때) - 소돔과 고모라는 멸망했으나 롯의 식구들은 구원을 얻다

나) 출 12:8절(장자가 죽던 날 밤 이스라엘백성들이 집안에서 먹는 음식)
- 애굽 인들에게는 죽음이지만 이스라엘 백성들에게는 생명과 자유를 얻었다.

다) 그 후 죄에서의 해방과 자유를 얻는 상징으로 사용되었다.

✓ 하나님이 명령 하셨다(출 13:6, 23:15).
✓ 모세가 공포했다(출 12:8, 15, 17, 18, 20, 29).
✓ 이스라엘이 철저히 지켰다(수 5:15, 삿 6:19, 삼상 28:24, 왕하 23:9).
✓ 예수님과 그 당시에도 지켰다(마 26:17, 막 14:1, 12, 눅 22:1, 7).
✓ 사도들 당시에도 지켰다(행 12:3, 20:6)

(4) 무교절을 지키는 방법.

무교절에 대한 규례는 레위기 23장을 비롯하여 성경 여러 군데 기록되어 있다.

① 이 절기는 7일 동안 지키라고 했다(레 23:6).
니산월(1월) 15일부터 21일까지 7일 동안 지켰다(출 12:17).

② 이 절기를 지키는 7일 동안에는 무교병을 먹어야 한다.
레위기 23:6절에 무교병을 먹으라고 한 이유는 '급히 슬픔의 빵, 고난의 빵'을 먹는다는 의미이다.

③ 첫 날과 마지막 날에는 성회로 모이라고 하셨다(레 23:7-8).
이 성회는 이스라엘 모든 백성이 함께 모여 즐거움을 나누는 날이고, 그 날을 되새기며 영원한 즐거움을 가지게 하기 위한 목적이었다.

④ 성회로 모이는 날에는 아무도 노동을 하지 말아야 한다(레 23:7-8).

⑤ 7일 동안 여호와께 화제로 드려야 한다(레 23:8).
민 28:19-23절에는 이 사실이 자세히 언급되어 있는 것을 볼 수 있다. 그러나 레 23:4-8절에는 양을 화제로 드리는 방법과 먹는 방법에 대하여 언급되어 있지 않다.

⑥ 집안에서 누룩을 제하라고 했다(레 12:19).
무교절 기간에는 무교병을 먹어야 하며, 유고병은 물론 집안에 누룩을 두지 않도록 했다. 이것은 옛 생활과 새로운 생활 사이의 다른 점을 강조하기 위한 표시이다.

(5) 무교절의 영적 의미.

① 유월절 영적 의미는 그리스도의 십자가를 통한 구원을 뜻한다. 그러나 유월절과 함께 지키는 무교절은 구속 뒤에는 거룩한 삶과 행동이 뒤따라야 한다(고전 5:7, 고후 7:1, 갈 5:7-9).

② 유월절이 그리스도께서 믿는 자들을 위해 무엇을 하셨는가에 대한 언급이라면 무교절은 믿는 자들은 어떻게 해야 하는가를 말해준다.

③ 유월절이 그리스도의 죄로 구속 곧 죄사함을 언급한다면 무교절은 우리의 회개와 새로운 생명과 불의에서의 분리된 성결 생활을 말하는 것이다.

④ 무교절이 7일동안 행해지는 것은 우리의 삶이 완전한 성결된 삶이어야 함을 말한다.

⑤ 무교절은 '누룩 없는 떡'을 먹어야 하는데 '누룩'은 죄(막 8:15, 눅 12:1)를 상징한다.

⑥ 고전 5:7-8절에서의 세 종류의 누룩

가) 묵은 누룩- 구약시대의 바리새인의 외식, 율법의 교훈, 거짓 선지자들의 가르침.

나) 괴악하고 악독한 누룩- 말세 종말의 비 진리, 합리주의, 세속주의, 인본주의, 물질숭배주의 등.

다) 순전하고 진실한 누룩없는 떡- 말씀중심, 신앙중심, 예수중심.

4) 초실절(레 23:9-14)

이 절기는 무교절 기간 중 안식일이 지난 다음날 행해지며(1월 17일) 이 때 첫 이삭 단을 드리게 된다. 백성들은 새로 추수한 곡식(보리)단을 제사장에게 가져오고(11절), 제사장은 그 곡식 단을 요제(흔들어)로 드리고, 이 때 제사장은 번제와 소제와 전제를 함께 드려야 했다(12-13절).

이 절기의 영적 의미는 잠자는 자 가운데서 부활하사 처음 열매가 되신 예수 그리스도의 육체적 부활과 그 부활로 인하여 부활하게 될 모든 성도들의 육체적 부활에 대한 예표이다(고전 5:20-30, 살전 13-18).

(1) 서론

① 초실절은 영어로 'Day of firstfruits 라고 하며 히브리어로는 '바쿠림'이라고 한다.

② 이 절기는 유월절 후(무교절 기간) 첫 안식일 이튿 날 지킨다. 이 때는 태양력으로는 3, 4월이 된다.

(2) 초실절을 지키는 방법

이 초실 절을 첫 이삭 절이라고도 한다.

① 추수 전 곡식의 첫 이삭 한단을 하나님께 요제로 흔들어 드린다(레 23:9-11)

② 일 년 되고 흠 없는 숫양을 번제로 드린다(레 23:12).

③ 고운 가루 에바 10분의 2의 소제와 포도주 4분의 1 힌을 전제로 드린다(레 23:13).

④ 초실 절 예물을 드리기 전에는 떡이나 볶은 곡식, 생 이삭 등을 먹지 아니한다(레 23:14).

(3) 초실 절을 지키는 목적

① 곡물을 주신 하나님께 감사하며 첫 곡식 단을 봉헌한다.

② 모든 필요의 공급이 하나님께로부터 옴을 인정하는 것이다.

(4) 초실 절이 주는 상징 및 교훈

① 첫 열매는 부활하시어 잠자는 자들의 첫 열매가 되신 그리스도를 상징 한다(고전 15:20).

② 첫 열매로서 부활하신 그리스도는 장차 성도들의 부활의 보증이 되신다(롬 8:23, 고전 15:20-23).

③ 하나님께 바쳐진 첫 이삭 단은 그리스도께 드려 진바 성도 각 개인, 나아가 성도들의 모임인 교회를 암시 한다(고전 15:20-24, 엡 1:22-23).

5) 오순절(Pentecost)(레 23:15-22, 신 16:10)

이 절기는 초실 절 이후 50일 되는 날 지켜졌고, 칠칠절 혹은 맥추절이라고도 한다. 그리고 앞의 무교절에는 누룩을 넣지 않은 떡을 먹었지만 이 오순절에는 누룩을 넣어 구운 떡 곧 유교병 두 개를 첫 소제로 번제와 함께 드리고(16-18절), 또한 속죄제와 화목제를 드렸다(19절). 그리고 이 날은 성회로 공포하여 노동을 금했다(21절).

이 절기의 영적 의미는 신약교회의 '성령 충만'을 상징한다. 즉 초실절은 예수 그리스도의 부활과 오순절의 성령강림으로 말미암아 세워질 '교회'를 예표한다.

(1) 서론

① 오순절은 레 23:15-21, 신 16:9절에 기록되어 있는데 서로 비교해 보면 잘 알 수 있다.

② 오순절은 무교절이 지난 후 50일 만에 맞이하는 절기이다.

③ 오순절은 유대인들에게 귀한 절기로써 구약뿐 아니라 신약에 예수님 당시에도, 초대교회 시대에도, 그리고 현재 우리 시대에도 지켜지고 있다.

(2) 오순절에 대한 어의

① 오순절은 헬라어로 'πευτηκοστή'(펜테코스테)라고 하는데 이 말은 'πευτήκουτα'(펜테콘타)인 50이란 말에서 변형된 말이다.

② 히브리어로는 'הַקָּצִיר חַג'(칵 하카치르)는 'חַג'(칵)은 축제일이라는 말이고, 'הַקָּצִיר 하카치르는 'ה(하)라는 정관사 '그(the)'와 'קָצִיר(카치르)이다.

③ '카치르'는 'קָצַר'(카차르)에서 나왔는데 그 뜻은 '벤다, 수확하다'는 동사에서 나와서 '열매를 거둠, 추수함' 이라는 명사로 된 것이다.

④ 이 단어는 곡식이 익어 거두고 수확하는 것을 말하며 특히 첫 열매를 거두는 절기이다.

(3) 오순절의 유래

① 오순절은 헬라어 'πευτηκοστή, 펜테코스테'라고 하는데 이 말은 'πευτ κουτα, 펜테콘타'인 50이란 말에서 나온 것이다. 즉 유월절(니산월 14일)이 지난 후 50일째 되는 날이 오순절이다.

② 오순절은 유월절과 밀접한 관계가 있다(출 19:1). 이스라엘 백성들이 애굽을 탈출한 후 시내 광야에서 지켰다.

③ 오순절은 율법과 밀접한 관계가 있다(시내산에서 율법을 받음과 동시에 지켰다).

④ 오순절은 신약의 성령강림의 사건과 비슷하다.

가) 죽음과 회개

- ✓ 구약(3천명이 죽음. 출32:28). 신약(3천명이 회개함. 행 2:41)
- ✓ 구약(빽빽한 구름과 나팔소리. 출 19:16). 신약 불이 혀같이 갈라짐. 행 2:1-3).
- ✓ 구약(금송아지 앞에서 먹고 마시다죽음. 출 32:6). 신약(떡을 떼며 기쁨과… 행 2:46-47).

(4) 오순절의 다른 명칭들

① 칠칠절(출 34:22, 신 16:10, 16).

초실절인 처음 익은 이삭에 낫을 대어 하나님께 요제로 드린 후 50째 되는 날이다.

7x7=49(49일 다음날 50째)

② 맥추절(출 23:6)

백성들이 수고하여 밭에 뿌린 것의 첫 열매를 거둔 것을 의미한다.

③ Joseppus는 오순절을 'atzereth'(end-feast, 끝 절기) 라고도 했다.

④ 신약에서 '오순절'(행 2:1) 혹은 The Day of Pentecost'(고전 16:8)라고 부른다.

(5) 오순절을 지키는 방법

① 곡식에 낫을 대는 날부터(무교절 때 낫을 댄 첫 곡식) 칠주를 계수하여 50째 날을 지켰다(신 16:9-10)

② 풍성히 수확을 주신 하나님의 은혜를 감사함으로 드렸는데 그 예물에 대한 규례는 레위기 23장 5-21절에 언급하고 있다.

가) 소제(레 23:16)

✓ 에바 십 분의 이로 만든 떡 두 개를 흔들어 드림

✓ 고운가루에 누룩을 넣어 구운 유교병(유월절의 무교병과 대조됨)

나) 번제 - 일 년 된 흠 없는 어린양 일곱, 젊은 수소 하나, 수양 둘.

다) 속죄제(레 23:19) - 수염소 하나(떡 먹기에 합당치 못한 자를 위해)

라) 화목제(레 23:19) - 일 년 된 두 마리의 수양(하나님의 은혜에 대한 감사와 헌신)

마) 요제(레 23:20) - 제물을 흔들어 드림.

(6) 오순절은 가난한 자에 대한 규례

① 오순절은 가난한 자들을 위해서 밭에 이삭을 남겨 두라고 했다(레 23:22, 신 24:22).

② 가난한 자들은 객, 고아, 과부(신 24:19-21)라고 언급한다.

③ 남길 열매의 종류

가) 곡식의 경우(레 23:22, 29:9, 신 24:19).

✓ 가난한 자를 위한 밭모퉁이의 곡식

✓ 잊어버리고 묶지 않은 곡식.

✓ 곡식 단을 묶을 때 일부러 내놓은 곡식.

✓ 잊어버리고 베지 않은 곡식

나) 포도밭의 경우(레 19:10, 신 24:21).

✓ 모퉁이에 있는 열매는 따지 말 것.

✓ 잊어버리고 따지 않은 열매

✓ 땅에 떨어진 열매.

✓ 포도의 이삭(포도송이)을 남겨두어라.

다) 감람 밭의 경우(신 24:20)

✓ 열매를 따기 위해 다시 흔들지 말며,

✓ 땅에 떨어진 열매를 줍지 말며.

✓ 열매를 딴 후 다시 살피지 말 것.

(7) 오순절의 영적 의미

① 개요

절 기	유 월 절	무 교 절	초 실 절	칠 칠 절
날 자	1월 14일	1월 15일	1월 16일	오 순 절
사 건	십자가 죽음	무덤 장례	예수 부활	성령 강림

② 성령강림으로 인한 풍성한 영적 수확이다(행 2:1-4, 8:15-17, 10:44, 19:6).

③ 교회의 탄생을 가져왔다(마가의 다락방 교회로부터 교회가 시작됨).

가) 떡 두 개는 유대인과 이방인을 가리킨다.

나) 떡 두 개는 교회를 보여 준다(유대인 교회. 이방인 교회)

다) 떡 두 개는 신, 구약을 의미 한다.

6) 나팔절(The Feast of Trumpets) (레 23:23-25, 민 10:10)

나팔 절은 유대 종교 력(曆)으로 7월 1일, 민간 력(曆)으로 1월 1일 즉 신년 첫날에 지켰다.

유대인들은 은 나팔 둘을 만들어 회중을 소집할 때, 진을 진행할 때, 그리고 대적을 치러 나갈 때 나팔을 불었다(민 2:9, 사 27:12-13), 그런데 이것은 주님도 말씀하셨다.(마 24:19-31)

이 나팔 절기는 말세에 '교회'에도 적용된다. 주님께서는 대 환난 직전에 성도들을 모으고, 자녀들을 세상에서 데려간 후에 이 땅의 나라들에게 전쟁을 선포하는 나팔을 불 것이다.

(1) 서론

① 나팔절은 'Rosh Hashanah'(로시하상나=신년)라고 부른다.

② 나팔절은 오순절 다음에 오는 절기로 이날은 유대교 월력 7월(Tishri) 1일이며, 민력(Civil Year = 曆年)으로 새해 첫 날이 된다.

③ 이 날에는 아침부터 해 질대까지 나팔을 불어 신년 축제의 기쁨을 알렸다.

④ 성경에 보면 '나팔'은 두 가지이다.

가) 은 나팔(민 10:2)

✓ 재료가 금속(은)이다

✓ 국가의 행사나 일반 회중의 회집과 국가적 중대한 사건에 사용된다.

나) 양각 나팔(출 19:13, 25:3, 수 6:4-6, 삿 7:16, 22).

✓ 동물의 뼈로 만들었다.

✓ 종교 행사와 하나님께 명한 절기 즉 성회때 사용되었다.

(2) 나팔절에 대한 어의

① 영어 성경엔 한글 성경에는 '나팔'이란 단어가 나와 있다.

(RSV) 'A memorial proclaimed with lolast of trumpets'
(KJV, AV) 'A memorial of blowing of trumpets'
(NIV) 'Commemorald with trumpets blasts'
(한글) '이는 나팔을 불어 기념할 날이요…'(레 23:23-25).
'은 나팔 둘을 만들되…'(민 10:2).

② 히브리 원어 성경에는 나팔(שׁוֹפָר쇼팔)이라는 단어가 없다. 그 대신(זִכְרוֹן תְּרוּעָה,지카론 투루아)로 되어 있는데 이(זִכְרוֹן,지카론)은(זָכַר, 제켈)에서 파생된 낱말로써 '큰 소리를 지르다, 주둥이, 나팔소리'를 의미한다.

③ 이 두 낱말에서 '나팔'이란 말이 나타나지 않았지만, '투루아'의 의미 속에 '나팔'이 포함된 것이다.

(3) 나팔절의 기원

① 레 23:23-25절에 보면 '칠월 곧 그달 일일로 안식일을 삼을찌니이는 나

팔을 불어 기념할 날이요 성회라'고 했다. 이스라엘 백성들은 그 날에 아무 노동도 하지 않고 성회로 모였으며, 여호와께 화제를 드렸다.

② 유대 백성들이 바벨론 포로 생활에서 다시 그들의 땅으로 귀환하게 되는데 이 날이 일곱째 달의 첫 날이었다(약 B.C. 485). 총독 느헤미야와 제사장 에스라가 백성들을 수문 앞 광장에 모으고 율법을 낭독했다.

③ 그 후 이스라엘 백성들은 신년 축제일로 계속 지켜왔다.

(4) 나팔절을 지키는 방법.

① 7월 1일에 지켰다(이날은 민력으로는 새해 정월 초하루이다).

② 이 날에는 나팔을 불었다(첫 새벽부터 저녁 해질 때까지 계속 불었다).

③ 이 말에는 안식일로 지켰다(쉬는 날로써 하늘 안식의 상징으로 지켰다)

④ 이 날은 성회로 모였다(이 날은 찬양과 기쁨의 날로 하나님 앞에 모였다.)

⑤ 이 날에 화제를 드렸다(민 29:2-6, 겔 45:18-20)

가) 번제(수송아지나 수양 하나, 일 년 된 흠 없는 수양 일곱)(민 29:2).

나) 속죄제(수염소 하나)(민 29:5)

다) 소제(에바 10분의 1의 고운 가루에 기름을 섞을 것)(민 29:3).

(5) 나팔 절의 영적 의미

① 날짜가 주는 교훈

가) 나팔절의 날자는 유대 교회력으로 7월 1일이고, 민력으로는 정월 초하루이다.

나) 이 의미는 하나님의 구원 사역은 계속 되지만 인간의 역사는 새로운 기원의 수립이다.

다) 하나님께서는 그의 계획과 섭리 속에서 역사를 이끌어 가신다. 그러나 우리 인간은 그리스도의 구속 사역으로 죄악된 과거가 끝나고 이제 새로 지음을 받은 새 생명으로 계속 살되 영원한 하늘나라까지 연장된다.

② 재료가 주는 교훈

가) 여호수아 6:4-5절에 보면 '수양의 뿔'로 만든 '양각 나팔'이라고 했다.

나) 민 10:2절에 보면 '은 나팔 둘을 만들어' 라고했다.

다) 수양은 예수 그리스도의 구속의 희생을 말하며(요 1:29, 고전 5:7)은 나팔은 이스라엘의 속전'(민 3:40-51)으로 만들었다.

라) '은'은 구속의 속전이고, '나팔'은 복음의 소식이고, '둘'은 증인의 숫자이다.

마) 재료가 주는 교훈은 '우리를 구속하신 복음의 기쁜 소식을 증거하는 증인의 역할을 다하라'라는 뜻이다.

③ 용도가 주는 교훈

가) 나팔을 부는 용도가 민수기 10장 2절과 9절에 밝히 보여 주고 있다.

✓ 회중을 소집할 때 나팔을 불었다(2절).

✓ 진을 진행할 때 나팔을 불었다(2절).

✓ 대적을 치러 나갈 때 나팔을 불었다(9절).

나) 바울은 신약 성경에서 마지막 종말에 나팔 소리가 울릴 것을 말하며 그 근거로 4군데의 성경 말씀을 소개한다.

✓ 마 24:29-31절(큰 나팔 소리와 함께… 택한 자를 하늘 이 끝에서 저 끝까지에서 모음)

✓ 고전15:50-52)(나팔 소리가 나며 죽은 자들이 썩지 아니할 것으로…)

✓ 살전 4:16-17절(하나님의 나팔로… 살아남은 자도 저희와 함께 구름 속으로 끌어올려).

✓ 계 11:15-18절(일곱째 천사가 나팔을 불매… 세상 나라가 주와 그리스도의 나라가 되어)

7) 속죄일(The Day of Atonement)(레 23:26-32, 16:5-10, 30-34)

이 속죄일은 민간 력 1월 1일에 지켰다. 그리고 속죄일 내용은 레위기 16:-17:에서 세밀히 다루었다. 하나님께서 유대인들을 함께 모으실 때 그리스도를 그들에게 나타내실 것이고 '그들은 그들이 찌르는 자를 보게 될 것이다'.

이스라엘의 미래의 속죄일에 대해서는 스가랴 12:10-13:1절에 설명되어 있다.

(1) 서론

① 속죄일과 속죄 제사가 다르다는 것을 알아야 한다.

가) 속죄 제사

✓ 죄를 속하는 방법과 죄를 속하는 요소를 말한다.

✓ 구약의 속죄제사는 오실 그리스도를 예표하며, 신약은 하나님의 어린 양으로 오신 예수이시다.

✓ 속죄에 대한 방법과 내용을 말한다.

나) 속죄일

✓ 속죄일은 속죄 제사에 의하여 속죄 받는 날을 말한다.

✓ 속죄일은 시간적인 것을 말한다.

② 속죄일은 나팔절 다음에 오는 절기로 일곱째 달 10일에 지키는 절기이다.

③ 지금까지 생각해 본 모든 절기는 하나님께 대한 감사를 강조했지만 이 속죄일은 죄 씻음이 선포되는 날로 다른 절기와 구별된다.

(2) 속죄일에 대한 어의

① 히브리 원어로는('יוֹם הַכִּפֻּרִים' 욤 하킵페림)이라고 한다(레 23:27, 25:9).

가)(יוֹם, 욤)은 날이라는 뜻이 있으나 시간(Time), 시기(Period)로도 사용된다.

나)('הַכִּפֻּרִים 하킵페림)은 몇가지 합성어로 되어 있는데(הַ, 하)와('כָּפַר 카파르)와(ים, 임)이다.

✓ 'הַ(하)는 정관사 '그'(The) 이다.

✓ 'כָּפַר'(카파르)는 세가지 의미가 있는데

- '덮는다'(to cover) - 죄를 덮는다, 용서한다.
- '보상한다'(to expiate) - 속죄한다, 정결케 한다.
- '달랜다'(to appease) - 평화한다(화해와 화목을 의미).

다)(ים, 임)은 복수를 의미하는데 ' ~들'이라는 뜻이다.

② 현대 유대인들은 이 날을 Yom Kippur(욤 키퍼) 라고 부른다.

③ 신약 성경에는 '속죄'가 '화해'로 번역되어 있다(롬 5:11, 11:15, 고후 15:18-19)

(3) 속죄일의 기원

① 하나님 명령이었다(레 16:29-34, 23:26, 민 29:7).

② 성경에 속죄일을 지킨 사례가 있다.

가) 역대하 7:7-9, 겔 45:18, '솔로몬의 성전에 회중을 모았다.'

나) 에스라 3:1-6, 느 8:1, '포로에서 귀환하여 지켰다.'

다) 행 27:9 '초대 교회에서도 지킨 것 같다.'

라) 히 6:19, 9:7, 13, 10:1, 11:2, '히브리서에 기록되었다.'

(4) 속죄일과 희년

① 희년의 뜻

가) 희년이란 용어는 '기쁨'이라는히브리어로(יוֹבֵל, 요벨)로써 '양의 발, 뿔 나팔소리'를 의미한다.

나) 자유의 해(Year of Liberty)로써(레 25:10, 겔 46:7) 모든 빚을 탕감하고 노예를 해방시키며, 팔렸던 땅을 다시 찾는 선언이다.

② 희년의 시작

가) 희년의 시작은 속죄일이 끝날 때부터이다(레 25:8 ->, 칠 안식년 후에)

나) 7안식년 X 7 = 49년, 이듬해(50년 째)가 희년이다.

다) 화목, 구속, 자유, 그리고 즐거움의 상징인 희년은 속죄일의 축복된 결과요, 속죄일의 열매이다.

③ 희년은 땅의 안식을 가져왔다(레 25:11-12).

가) 땅의 안식은 모든 경작의 범위까지 포함된 것으로 안식년과 같다

나) 희년에는 씨를 파종하거나 심지도 아니했으나, 하나님이 풍성히 채우주셨다.

다) 안식년을 위하여 절약하는 것이 아니라 하나님께서 제 6년에 풍성히 채워주심을 믿는 신앙이다(레 25:20-21).

④ 희년이 주는 특권과 면제는 그들에게 가장 고귀한 것이다.

가) 희년은 권리와 자격의 동등을 선포하는 날이다

✓ 팔렸던 모든 땅을 원래 주인에게 돌려주었다.

✓ 모든 노예는 해방 되었다.

✓ 모든 빚을 탕감 받았다.

나) 가족 간의 즐거움을 찾는 것이다.

✓ 빚으로 말미암아 헤어졌던 가족들이 한데 모인다.

✓ 흩어진 가족들이 한 곳에 모여 즐거운 축제를 벌인다.

다) 희년은 다음과 같은 것도 예시해 준다.

✓ 영과 육의 노예생활이 끝나는 것이다(속죄일)

✓ 죄로 말미암아 잃어버렸던 것들과 재결합한다.

✓ 속죄의 시작과 마침이다.

✓ 과거, 현재, 미래의 걱정으로부터 해방이다.

✓ 후일 하늘나라에서 영원한 희년을 맞이하게 된다.

⑤ 속죄일을 지키는 방법(레 16:29, 23:29)

가) 속죄일은 매년 7월 10일에 지키도록 했다.

나) 이스라엘 백성들과 그들 주에 우거하는 객들이 지켰다. 여기 너희 중

에 우거하는 객이란 다른 곳에 살고 있는 이방인이 아니요, 이미 이스라엘에 살고 있는 이방인을 말한다.

다) 스스로 괴롭게 하며(육체의 향락을 버리고), 아무일도 하지 말아야 한다.

라) 이 속죄일의 집행자는 아론이었다(레 16:34).

이때 아론은 대제사장의 옷을 입고 지성소에 들어가게 된다.

⑥ 속죄일의 영적 의미

가) 속죄일은 나팔절(7월 1일)과 초막절(7월 15일) 사이에 있음을 알아야 한다. 나팔절은 '주님의 재림'을 말하며 초막절은 '1000년 왕국 세계'를 의미한다. 그렇다면 이 속죄일은 주님께서 왕권을 가지시고 이 땅에 재림 하시므로 사탄 권세를 물리치시고 구속의 완성을 이루심을 보여주는 것이다. 그러므로 나팔절 주님이 재림 하실 때 주와 함께 나타날 하늘의 백성들과 지상에서 변화되어 휴거되고 첫째 부활에 참여하여 주님과 함께 천년 왕국으로 들어갈 성도들에게 성취되어질 것이다.

나) 속죄일에는 두 마리의 염소가 필요했다(레 16:8-10)

이 두 마리의 염소는 모두 예수 그리스도를 상징하고 있다. 두 마리를 제비 뽑아 한 마리는 제단에 속죄물로 드려지고, 한 마리는 아사셀을 위하여 사막 무인지경으로 놓아 주었다.

다) 속죄일은 아론이 대 제사장의 옷을 입고 지성소에 들어간다.

이것은 우리들의 만민 제사장(벧전 2:9)의 예표로서 성소와 지성소의 휘장이 위로부터 아래로 찢어짐(히 10:20)으로 실현되어졌다. 이제 우리들도 은혜의 보좌 앞에 담대히 나아가게 되었다(히 4:6).

8) 초막절(The Feast of Tabernacles)(레 23 : 33 - 44)

초막절은 이스라엘 백성들이 출애굽하여 가나안에 입성하기 전까지 광야 장막 생활을 기념하는 절기(43절) 로서 종교 력 7월 15일부터 한 주간 동안 계속 되었다. 이들은 광야에 나아가 초막을 짓고 그곳에 거하며 지냈다.

또한 초막절은 모든 곡식을 추수하여 저장한 다음에 지킨 절기였기 때문에 수장절이라고도 한다. 이 절기는 이스라엘을 위한 미래의 초막절이 있으니 곧 왕이 영접을 받고 나라가 회복될 때이다. 스가랴 14:16-21절을 보면 이 사실을 분명히 알 수 있다.

이 절기의 영적 의미는 하나님이 유대인들에게 약속하신 미래의 천년 왕국을 말한다. 이 절기는 추수 후에 지키는데(39절) 이것은 그리스도께서 그의 지상왕국을 건설하기 전에 자기의 추수한 모든 것을 모으신다는 사실을 가르쳐 준다.

(1) 서론

① 일곱 절기 중 마지막 절기이다.

② 초막절을 장막절이라고도 하며 추수의 수확을 기념하기 위하여 수장절(출 23:16)이라고도 부른다.

③ 이 절기는 그들의 조상들이 40년간 광야에서 유랑하던 때를 기념하기 위한 절기이다.

④ 이 절기는 속죄일 다음에 오는 절기로써 7월 15일부터 22일까지 8일 동안 계속 지켰는데, 이 기간 동안에는 모든 백성들이 초막에 거하여 생활했으며, 과거 조상들의 광야 40년 생활을 기념하기 위함이다.

⑤ 모든 이스라엘 백성들은 삼대 절기를 지켰는데 곧 무교절(유월절), 칠칠절(오순절), 초막절(장막절, 수장절)이다.

(2) 초막절에 대한 어의

① 영어로는 'The Feast of Tabernacles 혹은 The Feast of Booths'라고 한다.

히브리 원어로는 חַג הַסֻּכּוֹת. 칵하숙코트'라고 한다(신 16:13-17).

가) 'סָכַךְ 샤카크'라는 어근에서 나온 것인데 이 어근의 뜻은 덮는다, 보호한다, 덮는 것을 둔다'는 뜻이다.

나) 'חַג 칵'은 절기, 제사, 축제'를 의미한다.

다) 'סֻכּוֹת 숙코트'는 '초막, 오두막, 장막'을 의미한다.

라) 그 오른 쪽에 정관사 'ה'·하'를 붙여서 חַג הַסֻּכּוֹת'칵 하숙코트'가 '초막절, 장막절'이라고 한다.

(3) 초막절의 기원

초막절의 기원은 학자들의 의견에 따라 다르다.

① Fabricant의 주장은 아브라함이 세웠다는 학설로 아브라함이 브엘세바에 정착할 때 일곱째 달로 그 자신과 그의 종들을 위해 초막을 세웠다고 한다.

② Goodmandm의 주장은 솔로몬 왕의 통치 시에 시작되었다는 학설로 솔로몬이 성전을 짓고 하나님께 성전 봉헌식을 가진 것이 초막 때였다는 것이다.

③ Edidin의 주장은 이스라엘 백성들이 바벨론 포로 가운데서 '이 절기를 지킨 것이다'라고 한다.

④ 많은 학자들의 주장으로 포로 후 시대에 기원을 두고 있는 학설인데 느헤미야 8:15-16절에는 포로에서 돌아온 이스라엘백성들이 느헤미야의 지도아래 이 절기를 지킨 것으로 볼 수 있다.

⑤ 가장 올바른 초막절의 기원은 이스라엘 백성들이 광야 40년 동안에 초막절을 지켰다는데 더욱 신빙성을 두어야 한다.

(4) 초막절을 지키는 방법

초막절을 지키는 방법에 대하여는 레 23:33-44절과 민 28:12-40절에 자세히 언급되고 있다.

① 이 절기는 8일 동안 지켰다(레 23:34, 39).

7월 15일부터 22일까지 8일간 지켰으며 첫날과 마지막 날은 성회로 모였고, 안식일도 아무 노동도 하지 말아야 한다.

② 이 절기 동안에는 여호와 앞에 즐거워했다(레 23:40).

모든 백성들은 이 절기 동안에는 아름다운 나무 실과와 종려가지와 무성한 가지와 시내 버들을 취하여 하나님 앞에 나와 그것을 흔들며 즐거워했다. 이것은 하나님의 인도하심과 보호의 손길에 대한 감사의 표시였다.

③ 칠일 동안 초막에 거해야 했다(레 23:42).

이 절기 동안에는 모든 백성들은 그들이 살던 집을 떠나 종려가지 등 무성한 잎으로 만든 초막에서 지내야 했다. 그것은 그들의 조상들이 광야에서 초막을 짓고 살았던 때를 기념하는 것이다.

④ 매년 이 절기를 지키는 것이다(레 23:41).

과거의 하나님의 은혜로운 손길이 현재로 이어지는 기쁨과 감사가 항상 되살아나게 하기 위한 것이다.

⑤ 이 절기 동안에는 매일 화제를 드려야 한다(레 23:36-37)

민수기 29:12-40절가지 읽어보면 자세히 기록되어 있다.

가) 첫째 날(민 29:13-16)

✓ 번제 : 수송아지 13, 수양 2, 일 년 되고 흠 없는 어린양 14.

✓ 소제 : 고운 가루에 기름을 섞고 수송아지 13마리에는 각각 에바

3/10을, 수양 두 마리에는 각각 에바 2/10를, 어린양 14마리에는 각각 에바 1/10을 합하여 소제로 드림.

✓ 속죄제 : 수염소 1마리.

나) 둘째 날

✓ 번제 : 수송아지 12, 수양 2, 일 년 되고 흠 없는 어린양 14.

✓ 소제와 전제 : 수송아지와 수양과 어린양의 수효를 따라 규례대로

✓ 속죄제 : 수염소 1마리.

다) 셋째 날

✓ 번제 : 수송아지 11, 수양 2, 일 년 되고 흠 없는 어린양 14

✓ 소제와 전제 : 둘째 날과 같음

✓ 속죄제 : 수염소 1.

라) 넷째 날

✓ 번제 : 수송아지 10, 수양 2, 일 년 되고 흠 없는 어린양 14.

✓ 소제와 전제 : 둘째 날과 같음

✓ 속죄제 : 수염소 1.

마) 다섯째 날

✓ 번제 : 수송아지 9, 수양 2, 일 년 되고 흠 없는 어린양 14.

✓ 소제와 전제 : 둘째 날과 같음

✓ 속죄제 : 수염소 1.

바) 여섯째 날

✓ 번제 : 수송아지 8, 수양 2, 일 년 되고 흠 없는 어린양 14.

✓ 소제와 전제 : 둘째 날과 같음

✓ 속죄제 : 수염소 1.

사) 일곱째 날

✓ 번제 : 수송아지 7, 수양 2, 일 년 되고 흠 없는 어린양 14.

✓ 소제와 전제 : 둘째 날과 같음

✓ 속죄제 : 수염소 1.

(5) 초막절의 영적 의미

① 역사적 배경에서 보는 교훈

가) 우리들의 삶은 궁극적으로 순례자의 삶이다(40년 광야생활)

나) 가나안 땅을 향한 광야 생활은 일시적인 이 세상과 영원한 하늘나라를

보여 준다.

다) 초막은 나뭇가지와 잎으로 덮는데 곧 시들어 버린다는 것이다(약 1:11, 벧전 1:24, 고후 5:1)..

② 농산물의 배경에서 보는 교훈

가) 추수의 기쁨과 감사로 지켰다. 하늘나라의 잔치를 예시한다(계 7:9-10).

나) 종려나무, 무성한 가지, 나무 실과, 시내버들을 가지고 흔들어서 여호와께 나와 즐거워했다.

✓ 종료나무 무성한 가지 : 광야 40년의 승리.

✓ 나무길과 : 광야 40년의 의·식·주 문제해결.

✓ 시내버들 : 성령충만.

③ 제사의 배경에서 보는 교훈

가) 이 절기는 8일 동안 드렸다(완전 승리를 의미).

나) 절기동안 70마리의 송아지가 드려졌다(율법의 완성을 의미).

(6) 여호와의 절기에 대한 도표

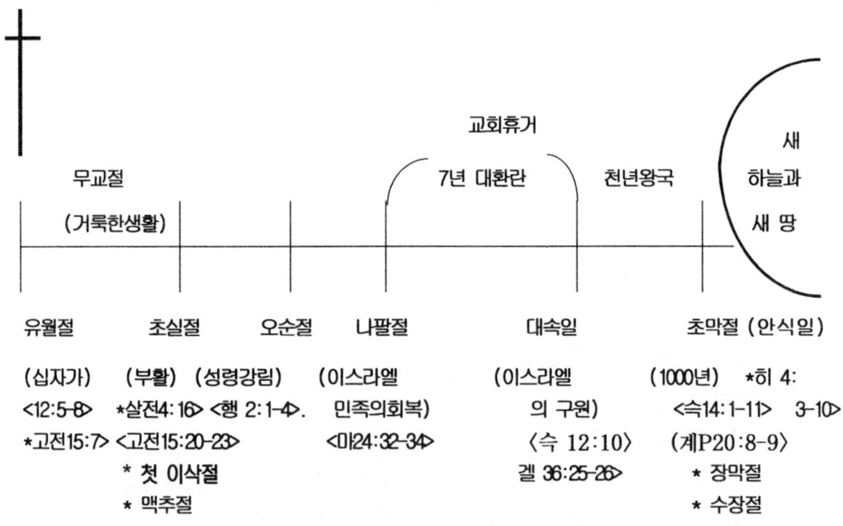

※ 구약 시대의 절기 ※

절기	절 차	유 형	참 고	비 고
유월절	•. 양을 잡아 구어, •. 가족과 함께 먹고, • 태움.	• 예수 그리스도의 구속의 역사를 말하며, • 예수 그리스도와 함께 죄인들의 연합을 말한다.	•애굽의 속박으로부터 인도함을 받은 것을 기억하여 기념하는 축제.	•레 23:5 •민 28:16 •신 16:1
무교절	• 무교병을 7일간 먹고, • 2일간은 곡식 단을 흔듬.. • 매일 번제를 드림. • 첫째날, 일곱째날은 성일로 모임	•자연적 죄에서 떠난 깨끗함과 믿는 자의 생명에 대해서 말한다.	•곡식은 농부들이 첫 봄에 수확한 것. •떡은 유월절의 부분이라고 제정.	•출 23:15 •레 23:6
초실절	• 곡식단을 거두어 gms들고, • 번제, 소제를 드리고, • 봉헌하기 전에는 먹지 않아야 한다.	백성은 금식하고, 쉬며 그리스도의 부활을 보이신다.	•곡식 수확에 대한 감사의 표현. •속죄제는 필요치 않음.	•출 23:16 •레 23:10 •민 29:26
오순절	•. 떡을 흔들고, •. 번제, 소제, 속죄제를 드리고, •. 백성은 쉼.	• 예루살렘 회심의 유형. • 갈보리의 첫 열매. • 두 떡 덩어리는 유대인과 이방인을 가리킴.	•곡식 수확의 마지막 날로 지정 하였고, •곡식의 첫 열매를 바침. •신약에서는 성령 강림절	•출 34:22 •레 23:15 •신 16:8
나팔절	•. 나팔 소리를 그치고, • 번제, 소제를 드림.	• 환희의 기쁨과 이스라엘의 재결함에 대하여 말한다.	•역사적으로 이 축제는 시나이 반도를 기념하는 것으로 생각함. •수양 뿔의 나팔은 'shofar' 라고부름	•레 23:24 •민 29:1
속죄일	• 백성은 금식하고, 쉬 며 •. 번제와 소제를 드리고, • 속죄를 위한 염소를 잡고, • 피를 뿌리고, • 아사셀 염소는 광야로 보낸다.	• 이스라엘의 현재의 비애와 미래의 기쁨을 말한다.	•이스라엘의 죄들이 사함 받는 날로 이날은 금식하며 일년중 가장 기쁜 날 이다. .	•레 16:3 •레 23:27 •민 29:7
초막절	• 초막에서 7일간 거주하며, •. 매일 번제와 소제를 드리고, 열덟 번째 날에는 성회로 모인다.	• 이스라엘의 천년 회복에 대해 말한다.	•광야의 천막생활을 기억.	•출 23:16 •레 23:34 •민 29:12 •신 16:13

3. 성막의 등잔과 진설병과 신성 모독죄(24:1-23)

언약 백성은 성소의 등잔에 기름이 떨어지지 않게 하고, 대 제사장은 그 등잔에 저녁부터 아침까지 정리하도록 했고, 진설병에 관한 규례도 지시했다.

이어 불경건죄로 하나님의 이름을 훼방하는 신성 모독 죄를 처벌하여 슬로밋 아들을 돌로 쳐 죽인다.

1) 등잔에 관한 규례(1-4)

여호와께서 모세에게 말씀하셨다. 너는 이스라엘 백성들에게 명령하여 불을 켜기 위한 감람을 찧어낸 순결한 기름을 가져와서 계속해서 꺼지지 않도록 등잔불을 켜 두어라

그리고 대제사장 아론은 회막안 증거궤(법궤) 휘장 밖에서 저녁부터 아침까지 한상 등잔불을 정리하라고 명령하셨다. 이것은 몇 가지의 영적 진리가 있다.

첫째 : 등잔의 기름은 성령을 말한다(살전 5:19).

둘째 : 등대는 성령 사역을 통한 복음의 진리를 세상에 비치는 주님의 사역과 성도들의 사역을 말한다(요 8:12, 1:9).

셋째 : 순전한 등잔대 위라는 것은 복음 전파하는 자는 다른 교훈을 전하지 말고 말씀의 해석과 전도와 선포가 순수해야 한다(갈 1:6-10).

2) 진설병에 관한 규례(5-9)

여호와께서는 또 아론에게 이렇게 말씀하신다. '너는 고운 가루를 가져다가 떡 열두 개를 굽되 각 덩이를 십 분의 이 에바로 하고, 순결한 여호와 앞 상위에 두 줄로 한 줄에 여섯 개씩 진설하라 그리고 정결한 유향을 만들어 각 줄 위에 두어 기념물로 여호와께 화제로 드려라' 그리고 떡은 아론과 그의 자손에게 주고 그들은 그것을 거룩한 곳(성막 안 뜰)에서 먹어야 한다. 이것의 영적 의미는 매우 중요하다.

첫째 : 누룩 없는 떡은 아무 죄도 없으신 우리 주님께서 십자가에서 죽으시고 우리의 죄를 용서하심이다(요 6:35, 48, 고전 11:24).

둘째 : 떡 열둘은 이스라엘 열두지파, 즉 하나님의 백성 이스라엘 민족과 자기 백성인 온 인류의 풍성한 양식이다(요 10:9-10)

셋째 : 유향은 생명의 떡이신 예수님의 희생과 하나님을 기쁘게 하심.

넷째 : 매 안식마다 교체해야 된다는 진설병은 신선한 말씀을 새롭게 공급해 주

시는 그리스도를 상징함이다.

3) 여호와의 이름을 모독한 죄와 상해 죄(10-23)

본문에서 슬로밋의 아들과 이스라엘 자손과의 불화로 슬로밋이 돌에 맞아 죽게 되는데 이것은 신성모독 죄이다. 그리고 상해죄에 관한 처벌은 동일한 방법으로 처벌하라는 복수법과 같은 것이다. 그러나 예수는 신약에서 '사랑의 법'을 주셨다(마 5:38-44).

4. 안식년과 희년의 법(25:1-55)

본장에서는 크게 두 가지로 나누어 생각할 것이다.

○ 안식년 및 희년의 규정(1-22)

○ 안식년과 희년의 토지 및 신분 보장(23-55)

1) 안식년과 희년의 제도(1-22)

안식년과 희년은 기본 성격이 율법에 일반적 속성에 비추어 볼 때 참으로 경이로울 정도로 획기적이고 적극적인 안식과 자유, 그리고 신앙 제일주의와 평등사상이 조화된 법이다. 안식년과 희년을 한마디로 요약하면 7년 및 50년을 주기로 생명을 일체 중단하고 한해 전체를 신앙 회복의 기회로 확보하는 동시에 그에 관련하여 형제와 형제끼리 얽힌 경제적 사회 불평등 관계도 원점으로 회복시킬 의무를 규정한 것이다.

① 안식년의 제도(1-7)

이스라엘 백성들은 가나안 땅에 들어간 이후로 7년째 되는 해는 그 땅을 개간하거나 파종해서는 안 되었으며(2-4), 저절로 난 곡물이나 열매라 할지라도 거두지 말고, 가난한 자와 객, 그리고 짐승들의 양식이 되도록 하여야 했다(5-7). 이러한 안식년은 매 7년 주기로 계속 되었다.

하나님께서 안식년 제도를 재정하신 이유는 하나님이 온 땅의 지주이시며 인간은 그 땅의 소작인이라는 사실을 깨닫게 하기 위함이며(23), 1년간의 안식을 통하여 영적 생활에 주력하게 하기 위함이다. 그리고 물질에 대한 탐욕을 억제하고 하나님의 섭리와 말씀에 의지해서 살아야 함을 가르치기 위함이다. 또한 풍성한 축복을 내리시는 하나님의 은혜를 기억하게 하기 위함이며 장차 도래할 하늘나라의 영원한 안식을 소망하도록 하기 위함이다.

② 희년의 제도(8-22)

제사장들은 안식년이 7회 반복되는 그 다음 해 속죄일(7월 10일)에 숫양의 뿔로 만든 나팔을 붊으로써 온 세상의 안식과 구원의 해인 희년을 선포했다. 이 희년에는 잃은 기업이 회복되고, 종이 되었던 자들이 자유를 누리며, 죄수들은 감옥에서 풀려나고, 빚진 자들의 부채는 탕감되고, 땅은 안식을 누리고, 그 땅의 모든 소산은 이스라엘 모든 백성의 소유가 되었다.

이 희년의 영적 의미는 예수 그리스도의 희생으로 인하여 죄와 사망으로부터 해방과 구원에 대한 복음의 기쁜 선포를 상징한다.

2) 토지 및 동족 대우에 관한 규례(23-55)

이스라엘 백성들은 하나님의 소작인의 자격으로 가나안 땅을 분배받았다. 그러므로 이 땅의 어느 것도 자신의 소유로 주장할 수 없다. 왜냐하면 우리는 자신이 소유한 것을 당장 잃어버릴 수도 있으며, 또한 세상을 떠날 때에는 아무것도 가지고 갈 수 없기 때문이다. 그러나 우리에게는 믿음을 통하여 더 낫고 영구한 산업이 예비되어 있음을 알 수 있다(히 10:34).

그리고 가난한 동족에 대한 보호 규례도 나온다. 이러한 규례들의 한결같은 강조점은 동족을 압제하지 말고, 불쌍히 여겨 자비를 베풀고 억압 상태에서 해방시켜 주라는 것이다.

5. 가나안 정착 이후 지킬 법(26:1-46)

레위기서는 사건보다는 이스라엘 백성들의 신앙 및 생활원리를 다루는 책이다. 이런 레위기를 마감하면서 본 장과 다음 장은 결론적으로 율법을 지키는 자에 대한 축복과 이를 무시하는 자들의 저주받은 것을 경고하고 있는 것이다.

1) 율법을 준행하는 자가 받음 축복(26:1-13)

이스라엘 백성들은 다음 세 가지를 반드시 지켜야 한다.

① 우상을 만들지 말라

하나님께서 이스라엘을 가나안으로 인도하신 것은 모든 우상을 버리고 하나님을 경외하는 신성국가를 만드는데 목적이 있다.

② 안식일을 지키라.

내 규례와 계명을 지킬 때 놀라운 복을 받을 것이다.

③ 성소를 공경하라

이것은 우상을 방지하고 이스라엘을 성결케 하고 오직 여호와의 신앙만을 고취시키려는 의도가 있는 것이다.

2) 율법에 불순종하는 자의 형벌(14-39)

불순종 자에 대한 재앙은 너무 무섭고 비참하다(16-17). 그리고 이렇게 징계를 받으면서도 회개하지 않는 자에 대한 형벌은 더욱 무서운 것을 시사한다(18-33). 결국 불순종자는 안식을 누리지 못할 것이다(34-39).

이러한 사실은 종교적으로 명성이 있고 특권을 주리고 있는 사람이라 할지라도 하나님께 반역하고 그의 명령을 준수하지 않을 때는 가장 비천한 자리로 낮아지는 불행을 당할 수밖에 없다는 것을 보여준다.

특별히 본문에 언급된 재앙과 경고들은 인간의 악한 행위에 대하여 하나님이 얼마나 공격적이며, 그의 선하심과 은혜에 대한 불경건한 범죄를 하나님께서 얼마나 미워하시는가를 잘 보여준다.

3) 하나님의 경고와 약속(40-46)

하나님께서는 '야곱과 맺은 언약'과 '이삭과 맺은 언약'과 '야곱과 은 언약'을 기억하신다. 단 죄를 범한 자가 회개하고 돌아왔을 때 이들을 향한 하나님은 신실하시다.

그러므로 회개한 자는 절대로 버림 받지 아니한다(43-44). 또한 회개한 자를 기억하고 회복하신다(42, 45). 이러한 사실은 하나님께서 원하시는 것이 제사가 아니라 상한 심령이며(시 51:17), 날마다 자신을 돌이켜보고 회개하는 마음의 자세를 갖는 것이 신앙인의 가장 기본적인 모습이라는 것을 교훈해 준다.

6. 서원 물에 관한 규례(27:1-27)

서원은 하나님께 받은 은혜에 대한 감사로 자기 자신을 하나님께 드리는 헌신의 행위를 말하며 사람에 대한 서원(2-8), 생축에 관한 서원(9-13), 집들과 땅에 관한 서원(14-25), 처음 난 초 태생에 관한 서원(26-27)이 기록되어 있다.

그리고 이후 바쳐진 것에 관한 규례(28-29),와 십일조에 관한 규례도 끝으로 나온다(30-34).

7. 온전히 바친 것에 대한 규례(27:28-29)

하나님께 '온전히 바쳐진 예물'은 절대로 팔거나 사지 못하도록 명령하고 있다. 만일 이렇게 했으면 죽이도록 규정하고 있다.

8. 십일조에 관한 규례(27:30-34)

본문은 땅의 소산과 가축의 십분의 일을 하나님께 바치도록 정한 규례이다. 구약시대에 십일조는 주로 제사장과 레위인과 같이 성소에서 일하기 때문에 기업을 얻지 못한 자와 성소의 낡은 부분을 수리하는 것에 충당되었다(민 18:21-32).

이것이 신약시대에도 그대로 적용되어 목회자를 돕고 교회를 단장하고 구제하는 데에 사용되고 있다.

민수기

1. 성경에서 민수기서의 위치

신, 구약 성경의 구성

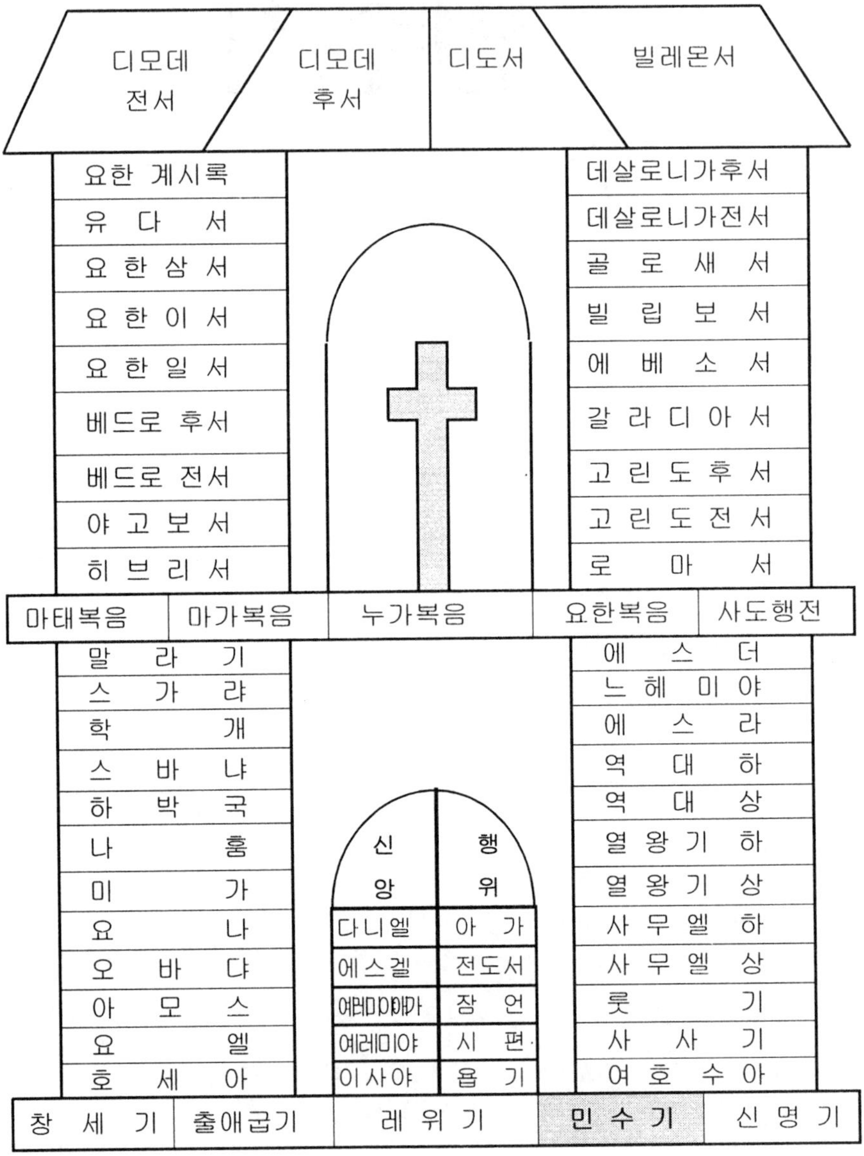

성경 역사 년대 표 (창세기 - 신명기)

창조 B.C.2166년 B.C.1805년 B.C.1405년

창조시대	족장시대	출애굽 광야시대				
창 1:-11:	창 12:-50:	출 1:-출11:	출12:-24:	출25:-민10:10	38년동안	민 16:-36:
• 천지창조 • 죄가들어옴 • 구원 방법 계시 • 죄의 결과 * 살인 * 음란 * 멸애	• 믿음의 사람 아브라함 • 순종의 사람 이삭 • 은혜의 사람 야곱 • 의로운 사람 요셉 * 하나님이 먼저 역사하심	• 애굽에 들어 감 (B.C.1876년 70명 (창 46:1-27) • 430년을 지냄 (출 12 : 40, 갈 3:17) • 모세의 출생 • 모세의 소명 • 10가지 재앙 * B.C. 1446년 1월 15일 고센땅 라암셋을 출발	• 유월절(출 12:) (십자가) • 홍해 (부활) (출 14:) • 마라의 쓴물 • 엘림 (출15:27) (성령충만) • 만나 (말씀) (출 16:) 메추라기 • 아말렉과 전쟁 (출 17:) (완전승리) • 이드로 방문 • 시내산 도착 • 시내산 율법전수(거룩한 생활)	• 1차 인구조사(속전) (출 38:26) • 성막완성 (1:1) 낙성식(1월1일) • 시내산에서. 유월절 지냄 • 레위기 전수 • 2차 군대계수(민1:1-46) (2월1일) • 성막 헌당식 (2월8일-19일) • 시내산 출발 2월 20일\ (민 10:11) 정탐꾼을보냄 (민13:-14:)	(기록이 없슴) (광야에서 방랑생활) o 20세 이상 모두 죽었음	• 고라일당 반역 (고라. 온. 다단) (민 16:) • 아론의 싹난 지팡이 (민 17:) • 미리암, 아론의 죽음 (민 20:) • 신명기 전수 • 3차 군대 계수 (가나안 땅 건너 오기 전 두달) • 요단 동편 분배 • 모세의 후계자로 여호수아를 지명 함

죄			구원		거룩한 생활			
복	죄	족장시대	구원의 준비	구원	거룩중심,	예배 중심,	교회중심	말씀중심
(창1:-2:)	(창 3:-11:)	(창 12:-50:)	(출 1: - 11:)	(출 12:-24:)	(출 25:-40:)	(레 1:-27:)	(민 1:-36:)	(신 1:- 34:)

2. 민수기서의 목차

Ⅰ. 진행의 준비(1:1-10:10)

1. 인구조사(1:1-54)
   1) 여호와의 명령과 군대 조직 명령(1:1-19)
   2) 각 지파별 계수 결과(1:20-46)
   3) 병역 의무에서 제외된 레위인(1:47-54)
2. 진영의 배진과 행진 순서(2:1-34)
   1) 유다의 진(1-9)
   2) 르우벤의 진(10-16)
   3) 에브라임의 진(17-24)
   4) 단의 진(25-31)
3. 레위 지파 계수와 분파별 직무(3:1-4:49)
   1) 아론 가문의 제사장 위임 및 임무(3:1-20)
   2) 게르손의 직무(3:21-26)
   3) 고핫의 직무(3:27-32)
   4) 므라리의 직무(3:33-39)
   5) 장자를 대신한 레위인(3:40-51)
   6) 성막 관리(4:1-49)
4. 부정과 의심을 제거하는 법(5:1-31)
   1) 부정한 자의 격리(5:1-4)
   2) 손해 배상 규정(5:5-10)
   3) 의문과 해결 규례(5:11-31)
5. 나실인의 헌신 규례(6:1-27)
6. 성막 봉헌과 진행 준비 완료(7:1-10:10)
   1) 족장들의 예물(7:1-9)
   2) 백성들의 예물(7:10-89)

3) 등불 점화와 레위인의 취임 예식(8:1-26)
4) 광야에서 처음 지킨 유월절(9:1-14)
5) 구름기둥과 불기둥(9:15-23)
6) 나팔 신호의 규례(10:1-10)

Ⅱ. 진행의 과정(10:11-25:18)

1. 시내산 출발(10:11-36)

2. 하나님께 대한 불평과 불만, 징계(11:1-12:16)

1) 다베라 사건(11:1-3)
2) 먹는 음식에 대한 불평(11:4-35)
3) 미리암과 아론의 비방(12:1-16)

3. 가나안 정탐꾼 12명(13:1-14:45)

1) 정탐꾼을 보낸 자체가 문제가 있다(13:1-16)
2) 정탐할 내용(13:17-24)
3) 정탐꾼들의 보고(13:25-14:45)

4. 여러 제사 율례(15:1-41)

1)제사에 관한 규례(15:1-21)
2) 속죄제 규례(15:22-31)
3) 안식일 규례(15:32-36)
4) 옷단 귀에 단 술(15:37-41)

5. 고라 일당의 반역(16:1-19:22)

1) 모세와 아론에 대한 고라 일당의 반역(16:1-18)
2) 모세의 영적 권위를 보여주시는 하나님(16:19-35)
3) 아론의 영적 권위를 지켜주는 하나님(16:36-17:13)
4) 제사장과 레위인, 그리고 정결의 규례(18:1-19:22)

6. 38년 후의 사건(20:1-25:18)

1) 므리바의 물 사건(20:1-20:13)
2) 길로 인한 에돔과의 협상(20:14-21)
3) 아론의 죽음(20:22-29)

4) 21장에 나오는 세 대적 자(21:1-3, 21-32, 33-35)
5) 불 뱀과 놋 뱀, 그리고 진행(21:4-20)
6) 발람의 어그러진 길(22:1-25:18).

Ⅲ. 축복의 땅(가나안 땅)에 들어갈 새 세대의 준비(26:1-36:13)

1. 가나안 정복 전쟁을 위한 준비(26:1-27:23)

1) 제 2차 인구조사(26:1-65)
2) 기업 상속법(27:1-11)
3) 모세의 후계자 임명(27:12-23)

2. 기본 율법의 재정리와 신앙의 재 각성(28:1-30:16)

1) 상번제(28:1-10)
2) 월삭(28:11-15)
3) 유월절(28:16-25)
4) 칠칠절(28:26-31)
5) 나팔절(29:1-6)
6) 대 속죄일(29:7-11)
7) 초막절(29:12-40)
8) 여자의 서원 규례(30:1-16)

3. 요단 동편 땅의 정복(31:1-32:42)

4. 출애굽 여정 회고와 가나안 땅의 분할(33:1-34:29)

1) 출애굽 광야 40년 생활 일지(33:1-56)
2) 가나안 땅의 경계와 분배령(34:1-29)

5. 레위인의 성읍과 도피성(35:1-35:34)

1) 레위 인들이 분할 받은 성읍(35:1-8)
2) 도피성(35:9-34)
① 하나님은 왜 도피성을 정하여 주셨는가 ?
② 도피성을 두신 목적
③ 도피성의 위치
④ 도피성과 그리스도의 모형

3) 여자의 재산 상속과 슬로브핫의 순정(36:1-13)

3. 민수기서의 서론

1) 민수기서의 책 이름

백성들의 인구조사 기록이라는 뜻의 한글 성경 제목인 민수기는 70인 역 성경의 제목 아리트모(Arithmai)에서 유래 되었다.

2) 기록자와 년대

저자는 광야에서 유랑하는 이스라엘을 이끌었던 모세이다. 그리고 기록 년대는 광야 체류 기간은 B.C. 1446년-1406년 말미이다.

3) 민수기서의 특징

민수기에는 두 차례의 인구조사가 상세하게 기록되어 있으며(1:1-54, 26:1-65), 대 지도자 모세가 광야 40년 생활의 마지막에서 사라지고 이스라엘 백성의 새로운 지도자로 여호수아가 부각되며 진행 준비, 진행방법, 축복의 땅의 설계 등이 기록되어 있다.

이 민수기에는 백성들의 끝없는 불평과 불신이 계속되지만 하나님의 오래 참으심과 계속 백성들을 보호하시고 사랑하시는 인내를 볼 수 있다. 또한 민수기서에는 대략 40년간의 역사 기록 중 거의 대부분이 출애굽의 제 2년과 제 40년의 사건에만 치중되어 기록하고 있고, 중간의 38년간은 생략하고 있다.

이 민수기서는 스데반이 순교를 앞두고 했던 긴 설교에서(행 7:1-60)말한 '우리 조상들이 광야 교회에 있었고'(행 7:38) 라는 표현에 비추어 볼 때 교회 론에 대해 말하고 있는 것이다.

Ⅰ. 진행의 준비(1:1-10:10)

민수기서는 출애굽한 후 1년 1개월이 경과한 출애굽 제 2년 2월 1일의 시점에서부터 시작된다. 이스라엘 민족은 시내산에 도착하여 하나님과의 새 계약을 맺었다(출 19:-24:). 그리고 하나님께서 주신 법대로 1년 만에 성막을 짓고, 낙성 봉헌(출 25:-40: 후 한 달간에 걸쳐 레위기에 포함된 각종 율법 수여를 갖춘다.

그리고 약속의 땅을 향하여 행군 하려고 하는 즈음 하나님의 명령에 의해 약 20일 동안 만반의 준비를 한다.(민 1:1-10:10)

이 준비 중에 1:1-4:49절까지는 외적인 준비이고, 5:1-10:10절까지는 내적인 준비로서 주로 율법을 다루고 있다

1. 인구조사(1:1-54)

본 장은 20세 이상의 장정을 계수하는 인구조사가 나온다. 그런데 이 인구조사는 이미 출 30:11-16, 38:26)에서 성막 건축을 위한 속전 징수에서 한 차례 있었다. 그러나 본 장에서는 군대에 나갈 기초 작업으로 20세 이상의 장정을 계수하는 것이다.

1) 여호와의 명령과 군대 조직 명령(1:1-19)

이제 이스라엘 백성들은 애굽 치하의 노예 집단의 민족이 아니라 성전을 통한 하나님 나라 건설의 전사로써 거룩한 백성들이다. 여호와께서 모세에게 명령 하셨다. 이 명령에 따라 모세는 순종했다. 20세 이상 싸움에 나갈 군대를 계수하는 것이다.

본문에서는 인구 조사 담당자의 임명과 계수 작업의 진행이 나온다.

2) 각 지파별 계수 결과(1:20-46)

① 르우벤 진(151,450명).
르우벤(46,500명), 시므온(59,300명), 갓(45,650명).

② 유다진(186,400명)
유다(74,600명), 잇사갈(54,400명), 스불론(57,400명).

③ 에브라임 진(108,100명)
에브라임(40,500명), 므낫세(32,200), 베냐민(35,400).

④ 단의 진(157,600명)

단(62,700명), 아셀(41500명), 납달리(53,400명).

(총계 603,550명) (레 2:48)

3) 병역 의무에서 제외된 레위인(1:47-54)

레위 인들은 인구조사의 대열에서 제외 되었다. 그들이 맡아 할 일은 따로 있었다.

첫째 : 성막 중심의 봉사를 통한 하나님의 거룩과 영광 보존.

둘째 : 일반 백성들과 하나님 사이의 중보 적 존재로서의 역할.

* 각 지파 진영의 배치

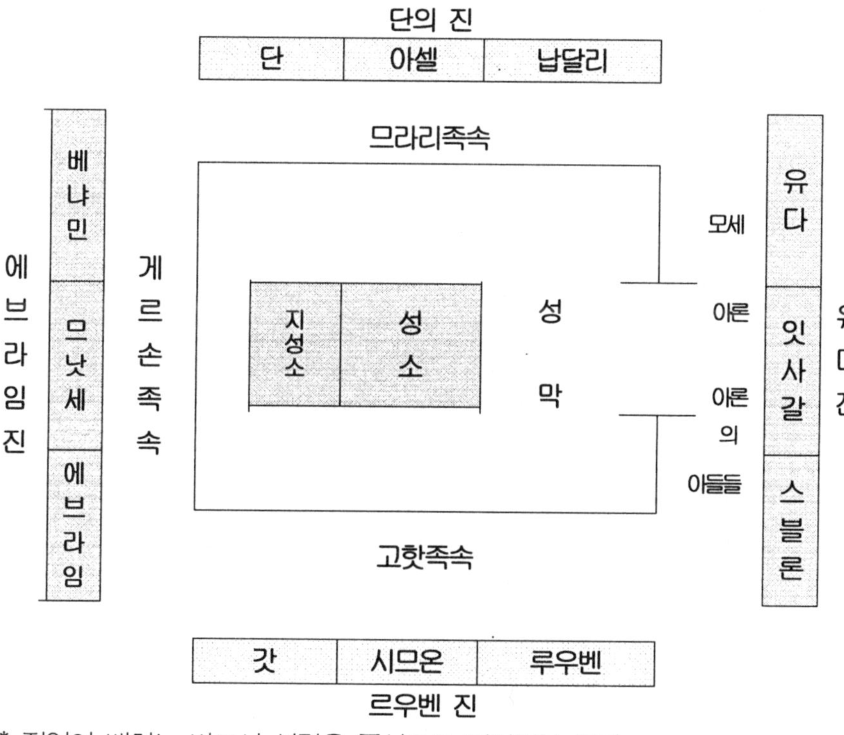

* 진영의 배치는 반드시 성막을 중심으로 배치해야 한다

⋆ 각 지파 진행의 순서

병자 잡족 → 단의 진 → 에브라임진 → 고핫 → 르우벤 진 → 게르손 므라리 → 유다 진 → 법궤

⋆ 진영의 진행은 구름기둥과 불기둥이 인도했다(출 13:21-22).

2. 진행의 배진과 행진 순서(2:1-34)

여호와께서 모세와 아론에게 명령 하시기를 '이스라엘 자손은 각각 그 기와 그 종족의 기호 곁에 진을 치되 회막을 사면으로 대하여 치라'고 하셨다.

✓ 네 방향의 기본 적인 진영에는 각각 하나의 진기가 있다(3, 10, 18, 25절).
✓ 그 진기 아래 각 지파를 상징하는 12개의 기가 있다.
✓ 네 진영의 '기'는 다음과 같다.

- 유다진영(3절) - 바탕이 녹색이고, 사자 모양의 그림.
- 르우벤 진영(10절) - 바탕이 붉은색이며, 사람의 두상 모양의 그림.
- 에브라임 진영(18절) - 바탕이 황색이고, 소 모양의 그림.
- 단의 진영(25절) - 바탕이 흰색과 붉은 색이며, 독수리 모양의 그림.

1) 유다 의진(186,400명)(3-9)

① 유다 진에 속한 지파는 '유다, 잇사갈, 스불론' 지파이다.
② 위치는 성막의 앞(동쪽)에 진영 된다.
③ 진영의 행진은 제 1대로 맨 앞에서 진행한다.

2) 르우벤 진(151,450명)(10-17)

① 르우벤 진에 속한 지파는 '르우벤, 시므온, 갓' 지파이다.

② 위치는 성막의 오른쪽(남쪽)에 진영 된다.

③ 진영의 행진은 제 2대로 성막 뒤에서 진행한다.

3) 에브라인 진(108,100명)(18-44)

① 에브라임 진에 속한 지파는 '에브라임, 므낫세, 베냐민' 지파이다.

② 위치는 성막의 뒤쪽(서쪽)에 진영된다.

③ 진영의 행진은 제 3대로 고핫의 성물 뒤에서 진행된다.

4) 단의 진(157,600명)(25-34)

① 단의 진에 속한 지파는 '단, 아셀, 납달리' 지파이다.

② 위치는 성막의 왼쪽(북쪽)에 진영 된다.

③ 진영의 행진은 제 4대로 맨 뒤에서 진행한다.

※ 이스라엘 자손들은 여호와께서 모세에게 명하신대로 다 준행하되 '기'(דגל, 데겔)를 달고, '진'(מחנה마하네)을 치기도하며, '진행(נסע, 나사) 하기도 하였다.

3. 레위지파 계수와 분파별 직무(3:1-4:49)

1) 아론의 가족과 레위인의 업무(3:1-20)

성막 중심의 야영과 행군 대형을 마무리 짓고 광야 행진을 위한 대략 준비를 마친 이스라엘에게 이제 행진의 가장 중심 역할을 하게 될 성막 관리자인 레위인 및 제사장들에 관한 계시가 주어진다.

아론 가문의 제사장 직 위임(1-3절)과 나답과 아비후는 다른 불로 여호와 앞에 나가므로 죽었고, 엘르아살과 이다말이 이 일을 감당한다. 또한 레위 인들이 감당해야 할 기본적인 임무(5-10)와 그들의 선택 이유 및 그들에 대한 하나님의 주권 선언(11-13절)이 있다. 그리고 레위 인들의 각 가문별 직임이 나온다.

2) 게르손의 직무(21-26)

게르손 가문의 1개월 이상 된 총 인원수는 7,500명인데, 그들의 고유한 업무는 '휘장과 장막 관리'이고, 그들의 거처 위치는 회막 뒤쪽(서쪽) 즉 지중해로 향한 쪽이다.

3) 고핫의 직무(27-32)

고핫 가문의 1개월 이상 된 총 인원수는 8,600명인데, 그들의 고유한 업무는 '지성소 휘장과 기타 주요 성물들, 그리고 법궤'를 운반한다. 그리고 그들의 거처할 위

치는 회막 왼쪽(남쪽)이다

4) 므라리의 직무(33-37)

므라리 가문의 1개월 이상 된 총 인원수는 6,200명인데, 그들의 업무는 '성막의 기둥과 받침 등, 주로 목재류(출26:26-37, 36:36-38)' 이다. 그들의 거처는 회막 오른쪽(북쪽)이다.

5) 장자를 대신한 레위인(40-51)

이스라엘을 처음 난 남자를 레위 인이 대신하되 이들이 대신할 수 없는 273명은 속전 반 세겔을 계산하여 드리도록 했다.

6) 성막 관리(4:1-49)

레위인의 속전은 '남자 1개월 이상'으로 드려야 하지만 성막에 나아가 봉사할 사람은 '남자 30세 이상과 50세 이하'이어야 한다. 이런 나이의 봉사자 중 고핫 자손들은 성막 안에 들어가 내부의 일들을 했다. 그리고 게르손 자손들은 고핫 족속들이 내부에서 쌓아 논 일들을 운반하는 일이다. 그리고 므라리 자손들은 주로 회막 곁의 물건을 운반케 하는 일들이다.

① 고핫 자손

봉사자 2750명이 성막 가구들을 어깨로 운반한다.(민 3:28, 4:34-37).

② 게르손 자손

봉사자 2630명이 성막 휘장 및 덮개, 줄 등을 수레로 운반한다(민 3:22, 4:38-41).

③ 므라리 자손

봉사자 3200명이 성막 기둥과 그 부속품들을 수레로 운반한다(민 3:34, 4:42-45).

4. 부정과 의심을 제거하는 법(5:1-31)

이제 광야 행진과 가나안 땅에 들어가려는 준비를 모두 마치고 출발하기 직전에 꼭해야 할 일이 있다. 그것은 광야에서나 가나안 땅에서 발생할지도 모르는 각종 부정한 자들에 대한 조처 방법이다. 그래서 몇 가지를 당부한 것이다.

1) 부정한 자의 격리(1-4)

여호와께서 모세에게 명하셨다. 부정한 자(문둥병 환자, 유출병 환자, 주검으로 부정케 된 자)는 집 밖으로 내어 보내어 진을 더럽게 하지 말라는 것이다.

2) 손해 배상 규정(5-10)

대인 관계에서 빚어지는 이웃에 대한 재산권 및 인권 침해를 해결하는 방안을 말한다. 즉 손해배상(7절)과 속죄제(8절)를 드려 이것을 없애야 한다.

3) 의문의 해결 규례(11-31)

본문에서는 화평과 신뢰로 화목해야 할 부부 사이에서(특히 여성) 순결에 대한 의심이 생길 때에 이것을 해결하는 법을 다룬다.

① 남편은 의심스러운 아내와 예물(보리 가루 에바 10분의 1)을 가지고 제사장에게 나아가 소제를 드린다. 이 때 소제에 기름도 또 유향도 섞지 않고 드린다.

② 제사장은 하나님의 공의로운 판결을 받기 위해 나온 의심받은 아내에게 쓴 물로 인한 저주의 영향력을 소개하고 그녀로 하여금 그녀의 결백을 맹세하도록 해야 한다(16-22). 그런 후 판결의 쓴 물을 마시게 함으로서 그녀의 순결 여부를 확인 한다(23-28).

5. 나실인의 헌신 규례(6:1-27)

나실 인이란 '그만두다'(음주, 타락, 음식 등), '구별하다' 혹은 '봉헌하다' 등의 뜻이다. 그런데 이런 말이 유래하여 '구별하여 하나님께 봉헌된 자' 또는 '세속적 욕망으로부터 분리된 성별한 영혼'을 가리킨다.

그리고 '나실 인'은 일정 기간 또는 평생 동안 자신을 세상으로부터 구별하여 하나님께 헌신, 봉사하기로 서원한 이스라엘 남, 녀를 가리킨다. 물론 나실 인은 자원하는 경우 외에도 부모의 서원, 하나님의 주권적 명령에 의해서 부름 받기도 했다. (삿 13:5, 7, 삼상 1:11, 눅 1:15)

본 장에는 '나실 인'들이 지켜야 할 것들을 기록한다.

첫째 : 포도나무의 산물 취식 금지(3-4절)

둘째 : 머리카락에 삭도를 대지 말 것(5절)

셋째 : 시체에 자신을 더럽히지 말 것(6절)

그리고 '일정한 기간의 나실인 서원이 만료된 자'에게는 본문 13-21절까지의 절차를 통해 '나실 인'이 되는 것이다. 특히 22-27절에서는 제사장의 축도가 나온다.

6. 성막 봉헌과 행군 준비 완료(7:1-10:10)

1) 족장들의 예물(헌금)(7:1-9)

족장들의 예물 합계는 수레 6개와 소 열두 마리이다.

모세가 이것을 회막 봉사 일에 사용하도록 나누어 주되 게르손 자손들에게는 수레 둘과 소 넷을 주었고, 므라리 자손들에게는 수레 넷과 소 여덟을 주었다. 그러나 고핫에게는 주지 않았고 그들은 성소의 직임을 감당할 때 어깨로만 메게 했다.

2) 백성들의 예물(헌금)(7:10-89)

각 지파의 백성들은 하루에 한 지파씩 12일 동안 예물을 드렸다. 모두 12지파가 12일 동안 드린 것이다. 이들이 드린 예물의 합계는 '은이 2400세겔, 금 120세겔, 소 36마리, 양 144마리, 염소 72마리'였다(84-89절).

3) 등불 점화와 레위인의 취임예식(8:1-26)

이 장은 성소 안에 등불을 밝히는 것과 등대의 제도에 기록되었으며(1-4절), 레위인의 정결예식이 있고(5-26), 레위인의 봉사 정년 연령이 나온다(23-26).

4) 광야에서 처음 지킨 유월절(9:1-14)

이 광야의 유월절은 출애굽하고 첫 번 지키는 유월절이다.

이제 출애굽한 지 만 1년이 되어 아빕월 14일(태양력 3-4월)이다. 이때는 성막이 완성되어 건축을 마쳤다(B.C. 1445년 1월 출 40:17). 그리고 민수기 1장에서 계수한 군대에 나갈 수 있는 20세 이상의 백성을 계수하기 15일 전이다.

하나님께서는 이 때 유월절을 지키지 못한 부정한 자나 기타 사람들을 위해 2월 14일에 꼭 지키도록 다짐 하셨다.

5) 구름기둥과 불기둥(9:15-23)

6) 나팔 신호의 규례(10:1-10)

하나님께서는 모세에게 '너는 은 나팔 둘을 만들되 쳐서 만들어 그것으로 회중을 소집할 때, 또 진을 진행 시킬 때, 또 대적을 치러 나갈 때 울려 불어라' 라고 했다.

여기에는 상당한 영적 교훈이 있다. '은'은 구속을 말하며, '둘'은 전도를 말하며, '쳐서 만든다'는 십자가를 말한다. 그리고 '나팔소리'는 복음을 말한다. 우리는 복음을 증거해서 많은 영혼을 구해야 한다. 그러기 위해서는 십자가 짊어질 것을 각오해야 하는 것이다.

Ⅱ. 진행의 과정(10:11-25:18)

1. 시내산 출발(10:11-36)

마침내 시내 광야를 출발한 백성들은 며칠 후 첫 번째 야영지인 바란 광야에 이른다. 따라서 이스라엘은 시내 광야에 도착한지 만 일 년에서 10일 모자라는 기간을 그 곳에서 머물렀음을 알 수 있다(출 19:1). 그리고 시내 광야에서 두 번째 유월절도 지켰다(민 9:1-12).

그리고 이들은 구름 기둥과 언약궤의 뒤를 따라 그들의 진지를 이동했다(33절). 그리고 그 뒤를 따라 유다진이 처음 앞장섰다. 그 뒤에 게르손과 므라리 자손들이 따랐다. 또 그 뒤에 르우벤 진이 갔다. 그 뒤는 고핫 족속이 성물을 메고 따랐고, 또한 그 뒤에는 에브라임 진이 따른다. 제일 후미에는 단 진이 따른다(11-28).

모세는 광야 길에 밝은 자기의 처남인 호밥에게 함께 동행해 줄 것을 요청한다. 호밥이 처음에는 거절했으나 결국 나중에는 함께 동행했다.(삿 1:16, 4:11)

하나님의 언약궤는 이스라엘의 앞서 행진 하였고(33절), 하나님의 구름은 강력한 사막의 햇볕으로부터 보호하셨으며(34절), 모세는 이동과 정지 때마다 기도했음을 알 수 있다(35-36절).

2. 하나님께 대한 불평과 불만, 그리고 하나님의 징계(11:1-12:16)

백성들은 시내 광야를 떠나 가나안을 향하여 진군하기 시작했다. 그러나 이런 진행 중의 이들의 모습은 하나님께 감사보다는 불평과 불만으로 가득 차 있음을 볼 수 있다.

1) 다베라 사건(11:1-3)

시내광야를 떠나 가나안으로 가던 백성들이 어떠한 이유인지는 모르나 하나님께 원망한다. 여호와께서는 불을 내려 진을 사른다. 모세는 즉시 기도한다. 여호와께서 모세의 기도를 들으시고 불을 꺼지게 하였다. 이곳 이름을 다베라 라고 칭했다.

2) 먹는 음식에 대한 불평(11:4-25)

섞여 사는 무리(애굽인 즉 육적인 사람들)의 발단으로 또 음식으로 인한 불평이

나온다. 이들과 이들의 말을 들은 사람들은 함께 가나안을 향해 여행하고 있으나 마음은 애굽(값없이 생선, 외, 수박, 부추, 파, 마늘을 먹었다)에 있었다.

8절에 보면 하나님이 주신 꿀맛이 나는 만나(출 16:31)를 불평하며 자기들 스스로 맷돌에 갈고, 절구에 찧기도 하고, 가마에 삶기도 한다. 그러나 그 맛은 '기름 섞은 과자 맛'밖에 나지 않는다.

10-15절까지는 '모세의 원망 섞인 기도'기 나온다. 이 기도의 내용을 보면 '내가, 나의, 나에게, 나더러, 심지어 내가 잉태하였나이까, 나를 죽여 달라'고 기도한다. 마침내 모세는 포기 하려고 한다. 우리는 하나의 교훈을 배워야 한다. 즉 '자기중심적인 기도는 결국 자기를 소멸하는 길로 인도한다'는 것을 알아야 할 것이다.

하나님께서는 모세의 기도에 응답하신다. 첫째는 장로 70인을 줄 것이고(17, 24절), 둘째는 이들에게 고기를 주겠다는 것이다. 이 응답은 즉시 이루어졌다. 첫째 응답은 24-25절에 나오고, 둘째 응답은 31절에서 나온다.

그런데 원망하던 백성은 '고기가 아직 잇 사이에 있어 씹히기 전에 여호와의 큰 재앙을 받았다. 이곳을 '기브롯 핫다아와'라고 칭했다. 즉 '탐욕의 무덤'이라는 뜻이다(시 78:25-32, 106:13-15).

3) 미리암과 아론의 비방(12:1-16)

여선지자이자 모세의 누이인 미리암(출 15:20-21)과 대제사장이자 모세의 형인 아론이 모세를 비방했다. 겉으로는 이방 여인 구스 사람(에디오피아인)을 처로 삼았다고 했으나 속으로는 지도권에 대한 불평이다.(2절) 하나님께서는 자신의 종을 보호하신다. 주님께서는 이렇게 말씀하셨다. '원수 갚는 것이 내게 있으니 내가 갚으리라'(롬 12:19)

미리암은 문둥병에 걸려 7일 동안 진 밖으로 쫓겨났고, 진은 7일간 지연되었다. 아론은 자신의 죄를 고백했다(11절). 모세는 이들을 위하여 기도했다(13절). '모세는 온유함이 지면의 모든 사람보다 승하더라(3절)라고 했다.

3. 가나안 정탐꾼 열두명(13:1-14:45)

신앙인은 전적으로 하나님을 의지하고 하나님께 순종하는 삶을 살아야 한다. 이스라엘 백성들은 씻을래야 씻을 수 없는 큰 죄악을 범한다. 출애굽 1세대가 한 달이면 갈 수 있는 길을 40년이나 걸려 갔고, 그나마 출애굽 1세대의 사람들은 20세 이상이 여호수아와 갈렙 단 두 사람만 빼고 모두 광야에서 죽어 출애굽 2세대들만 가나안 땅에 들어간 것이다.

1) 정탐꾼을 보낸 자체가 문제가 있다.(13:1-16)

본문 1-3절까지를 보면 '정탐꾼'들은 하나님의 명령에 따라 뽑혀 간 것으로 되어 있다.

그러나 우리들은 그것이 아닌 것을 알게 될 것이다. 하나님께서는 일찍이 가나안 땅을 이스라엘 민족에게 준다고 말씀하셨다(출 3:8-10). 그래서 이곳에 살고 있는 사람들이 누구인 것까지도 알고 계셨다. 그런데 이스라엘 백성들은 이것을 믿지 못하고 정탐꾼을 보낸 것은 잘못이라고 지적한다(신1:20-23).

여호와께서는 백성들의 요구를 들으시고(신 1:21) 모세에게 각 지파에서 한명씩 뽑아 정탐꾼으로 보내라고 했다.

유다지파에서는 갈렙이, 에브라임 지파에서는 호세아(여호수아)가 선택 되었다.

2) 정탐할 내용(13:17-24)

모세는 정탐꾼들이 탐지하고 올 것을 지시한다. 거민의 강약, 다소, 땅의 호, 불호, 성읍의 진영, 산성, 토지의 후, 박, 수목의 유, 무, 그리고 담대할 것과 실과를 가져올 것.

이들은 사십일 동안 탐지하되 신 광야 즉 가데스 바네아(남쪽)부터 북쪽의 최북인 하맛 어귀 르홉까지 탐지했다. 그리고 남쪽 헤브론과 에스골(헤브론 북서쪽 5km) 골짜기에서 포도송이와 석류와 무화과를 취하여 왔다.

3) 정탐꾼들의 보고(13:26-14:10)

정탐꾼들의 보고는 두 갈래로 갈라졌다.

10명의 보고는 '우리가 탐지한 땅은 좋은 곳이지만 그들이 강해 우리들은 메뚜기 같다'고 보고한다.

2명 여호수아와 갈렙은 '그들은 강하게 보이지만 하나님께서는 그들에게서 떠나셨다. 그래서 우리들은 넉넉히 이길 수 있다'고 보고했다.

이 두 장은 믿음의 중요성을 강조하며 히브리서 11장과 똑같은 것이다.

① 12명의 정탐꾼의 보고 내용 비교

	10명의 정탐꾼	2명의 정탐꾼
1	우리는 올라가서 그 백성을 차지하지 못하리라(민 13:31)	우리는 올라가서 그 땅을 취할 수 있다(민 13:30).
2	그 땅 거민은 강하고 성읍은 견고하다(민 13:28)	그 땅 백성을 두려워 말자(민 14:9)
3	땅을 악평함(민 13:32)	땅을 아름답다 함(민 14:28)
4	그들의 신장은 장대하다 (민 13:32-33)	그들의 보호자는 그들에게서 떠났다 (민 14:9)
5	우리는 메뚜기같이 보인다 (민 13:33)	여호와는 우리와 함께 하신다 (민 14:9)

② 10명의 정탐꾼들의 반역사건의 특징

- 하나님의 능력보다 원수의 강한 것만을 생각했다(민13:31-32)
- 다수의 불신자가 소수의 의인들의 주장을 눌렀다(민 13:25-31)
- 우매한 백성들에 의해 불신이 극대화 됨(민 14:1)
- 지도자들에게 정면으로 도전했다.(민 14:2, 10)
- 당을 만들고 우두머리를 세웠다.(민 14:4)
- 이제껏 베푸신 하나님의 은혜를 전적으로 무시함(민14:2-3, 10)
- 미래보다 현재 상태를 더 중요시함(민 13:25-33)
- 현재 상태를 무시하고 과거 죄 된 생활을 그리워함(민 2:2-3)
- 미래에 대한 하나님의 약속을 노골적으로 불신함(민 14:4-10)
- 회개를 하려고 했으나 오히려 반역을 더함(민 14:44)

③ 여호수아와 갈렙의 철저한 신앙

- 하나님의 약속에 근거한 긍정적 신앙(민 14:7-8)
- 승리할 것을 철저히 믿는 신앙(민 13:30)
- 하나님께 철저히 순종하려는 신앙(민 14:9, 신 1:36)
- 약속의 말씀에 대한 굳은 믿음의 신앙(민 14:7-8)
- 하나님 보호하심을 믿는 철저한 신앙(민 14:9)

- 하나님께서 함께 하심을 철저하게 믿는 신앙(민 14:()
- 대적을 두려워하지 않는 철저한 신앙(민 14:9)
- 하나님을 온전히 좇으려는 신앙(민 14:24)

④ **하나님 없이 싸우려고 하는 어리석은 백성들**(39-45)

인간의 본성은 얼마나 변덕스럽고 가련한지 모른다. 이 민족들은 모세를 통하여 하나님의 처분을 들었다. 백성들은 가나안 산지로 올라가면서 이들이 하나님께 범죄 했음을 시인했다(39-40절). 그러나 이들의 시인과 고백은 행동으로 바뀌지지 않았다.

이들은 하나님 없이 그들만이 싸워 가나안 땅을 정복할 것으로 착각 했다. 모세의 권면에도 고집을 부렸다(41절). 이들은 크게 대패했다. 우리는 자기들 힘으로 스스로 무엇을 하려고 생각하는 잘못을 버려야 한다. 여호와의 언약궤와 모세는 진을 떠나지 아니했는데 자기들의 열심과 주장은 매우 어리석고 실패할 수밖에 없는 것이다.

※ 우리는 이 정탐꾼들의 정탐 후 백성들에게 보고하는 과정에서 불 신앙적 보고가 가져온 엄청난 죄에 대한 결과를 볼 수 있다.

그것은 '땅을 탐지한 날 수 사십일의 하루를 일 년으로 환산하여 사십년간 너희가 너희의 죄악을 질지니…. 20세 이상은 이 광야에서 모두 죽을 것'을 선언하셨다(민 14:26-35)

그래서 이들은 한 달쯤이면 넉넉히 갈 수 있는 길을 38년 동안 광야를 헤매고 다녔고, 20세 이상은 모두 죽고 애굽 제 2세들만 가나안 땅에 들어가게 된 것이다.

4. 여러 제사 율례(15:1-41)

하나님을 올바로 섬기기 위해서는 여러 제사 율례를 알아야 한다.

그래서 모세는 광야 40년 생활에서 이 제사법들이 필요하기 때문에 재차 강조하고 있는 것이다.

1) 제사에 관한 규례(1-21)

이 부분은 세 가지를 말하고 있는데 1-12절까지는 '제사에 사용되는 제물의 분량'과 13-16절까지는 '타국인에 대한 제사 규례'가 더 나아가 17-21절은 '첫 열매의 제사에 대해' 말하고 있다.

2) 속죄제 규례(22-31)

여기에서는 '회중 전체가 그릇 행하였을 때' 드리는 속죄제(22-26)가 있고, 또 '개인이 범하였을 때' 드리는 속죄제(27-29)가 나오고 또한 '고의로 범한 죄는 용서 받지 못한다'(30-31)는 규례가 나온다.

3) 안식일 규례(32-36)

안식일을 기억하고 거룩하게 지킨 것은 이미 여러 차례 말씀하셨다(창 2:3, 출 20:8-11). 그런데 여기에서는 안식일 날 '나무' 하는 것을 발견하여 고의적으로 안식일을 지키지 않았으면 죽이라고 지시한다.

4) 옷단 귀에 단 술(37-41)

이스라엘 백성은 거룩한 백성이다. 그래서 이 거룩함을 나타내기 위해 옷단 귀에 술과 청색 끈을 달도록 지시한 것이다.

5. 고라 일당의 반역(16:1-19:22)

본 장부터 19장까지는 38년의 광야 방랑의 원인이 되었던 가데스 바네아 반역 사건이 있은 지 38년이 거의 끝나가는 무렵 발생한 두 가지 반역 사건을 기록하고 있다.

신약 성경 유다서 11절에서 이런 말이 나온다. '화 있을진저 ... 고라의 패역을 좇아 멸망을 받았도다'. 모세의 권위와 아론의 제사장 직분에 대항하여 반역하는 자는 모세의 사촌 고라와 르우벤 자손 다단, 아비람, 온이 합당하여 반역한 것이다.

1) 모세와 아론에 대한 고라 일당의 반역(16:1-18)

고라는 교만하고, 오만 불손한 사람이고, 명예욕도 강했다. 그리고 하나님께서 주신 신분과 지위에 감사하지 않고 백성들을 선동하여 자기를 따르도록 하는 재간이 있는 자였다. 그래서 고라는 성막에서 수종드는 일에만 만족하지 않고 제사장이 되기를 바라는 욕망을 품었다(10절).

그래서 자기의 사촌인 모세와 아론을 대적하기 위하여 르우벤의 자손들 즉 다단과 아비람과 온을 꾀어 모세의 권위에 도전 한 것이다. 그러나 모세는 이 말을 듣고 먼저 하나님께 기도하고, 반역자들을 향하여 이렇게 말했다. '너희들은 향로를 취하고, 내일 향로에 불을 담고, 그 위에 향을 두라'고 했다. 하나님께서는 각각 자기들에게 맞는 은사를 주셨다(엡 4:15-16, 고전 12:14-18). 그래서 우리들은 이 은

사에 맞추어 충성스럽게 일만 하면 된다.

그런데 다단과 아비람과 온은 모세의 부름에 응하지 아니하고 오히려 비방 한다(12-14절). 우리들은 영적 권위에 순종할 줄 알아야 한다.

2) 모세의 영적 권위를 보여주시는 하나님(19-35)

모세는 다시 기도하고 하나님의 말씀대로 이 잘못된 고라 일

당을 회중에서 떠나라고 했다(20-24절). 모세의 말을 듣고 떠난 사람들은 살았지만 떠나지 않은 250명은 지진이 나서 모두 죽게 된다(25-35절).

3) 아론의 영적 권위를 지켜주시는 하나님(16:31-17:13)

① **반역자들의 향로와 아론**(16:36-40)

모세는 아론의아들 에르아살에게 향로 250개를 모아서 향로를 쳐서 제단을 싸는 편철을 만들라고 명령했다. 누구든지 제단에 오는 사람은 언제나 놋단을 싼 판철을 볼 것이며 이것을 보는 사람마다 참혹한 심판을 받는 것을 상기하게 될 것이다.

② **백성들의 원망과 아론의 역할**(16:41-50)

분향하던 250명이 여호와께서 불이 나와 모두 죽은 다음날에 이스라엘 온 회중들은 회개 하기는 커녕 오히려 그 마음이 무지하여 강퍅하여져 모세와 아론을 더욱 더 원망한다.

여호와께서 모세에게 이렇게 말씀하신다. '너와 아론은 이 회중에게서 떠나라 내가 순식간에 그들을 멸하겠다'(45절) 이 말을 들은 모세는 즉시 기도했다. 그리고 아론에게 너는 즉시 향로를 가지고 그들에게 가서 속죄하라 그들에게 염병이 시작 되었다. 아론이 그렇게 했을 때 염병이 그쳤다(48절).

이에 이스라엘 온 회중들은 회개 하기는 커녕 오히려 그 마음이 무지하여 강퍅하여져 모세와 아론을 더욱 더 원망한다.

여호와께서 모세에게 이렇게 말씀하신다. '너와 아론은 이 회중에게서 떠나라 내가 순식간에 그들을 멸하겠다.'(45절) 이 말을 들은 모세는 즉시 기도했다. 그리고 아론에게 너는 즉시 향로를 가지고 그들에게 가서 속죄하라 그들에게 염병이 시작 되었다. 아론이 그렇게 했을 때 염병이 그쳤다(48절). 이 일로 고라의 일로 죽은 자 외에 염병에 죽은 자가 일만 사천 칠백명이였다.

③ 아론의 싹난 지팡이(17:1-13)

이제 여호와께서는 모세의 영적 권위도 지켜 주셨지만(16:19-35) 본장에서는 아론의 영적 권위도 지켜 주신다. 즉 하나님께서는 아론의 제사장 직이 신적 권위에 의해 주어진 고유한 직분임을 밝히고 있다.

하나님께서는 각 지파의 이름이 새겨진 지팡이를 각 지파에서 하나씩 가져오게 하신다(1-7절), 그리고 아론의 지팡이에서 싹이 난 사실(8-9절), 아론의 싹난 지팡이를 증거 궤에 보관하는 장면(10-11절), 마지막으로 두려움에 떠는 백성들이 나온다.

여기 지팡이에 순이 돋는 것은 '그리스도의 부활'을 보여주는 영적 교훈이다. 하나님께서는 '모세의 권위'와 '아론의 권위'를 되찾아 주셨다. 그러나 권위에 반대하는 무리들은 죽게 된다. 오늘 날에도 '주의 종의 권위는 지켜져야 할 것이다.

4) 제사장과 레위인 그리고 정결의 규례(18:1-19:22)

이스라엘 민족은 일반 다른 민족과는 다른 민족이다. 이들은 형성 과정부터 독특한 민족이다. 그래서 하나님은 이런 이스라엘 민족에게 신앙생활의 정확무오한 지침이 되도록 신앙생활과 관련된 일체의 사항을 율법이라는 법에 규정해 주었다.

그래서 모세는 그간 광야 38년 생활에서 흩어졌던 제사장 및 레위 인에 관한 규례를 재정리하여 요약하고 있는 것이다.

즉 18장에서는 이들의 기본 직무(1-7절)를, 제사장들의 생활 보장을 위한 규정(8-10절)을, 일반 레위 인들의 생활 보장(21-22절)을 말하고 있다.

그리고 19장에서는 정결용 잿물 조법(1-10절), 잿물의용도와 사용법(11-19절), 영원히 지킬 정결 규례(20-22절)를 말하고 있는 것이다.

6. 38년 후의 사건(20:1-25:18)

이스라엘은 가데스 바레아에서의 반역(13:-14:)으로 한 달 동안에도 넉넉히 갈 수 있는 길을 무려 38년이나 걸려 이제 이곳(역시 가데스 바네아)에 도착했다. 이곳에 도착한 때는 B.C. 1406년 1월 이었다.

1) 므리바의 물 사건(20:1-13)

1절에는 이런 말로 시작된다. '정월에 이스라엘 자손 곧 온 회중이 신 광야에 이르러서 백성이 가데스에 거하더니 미리암이 거기서 죽으매 거기 장사 하니라' 여기 민수기 20장에는 두 사람이 '죽는다'라고 씌어 있는데 아론(24절)과 미리암(1절)이다. 이들은 모세의 형과 누이였으며 특히 출애굽부터 광야 생활에서 모세와 함께 크게 헌신하던 자들이었다.

회중들이 물 때문에 또 모세와 아론을 공박한다. 이들은 하나님께 기도하고 하나님의 지시를 받는다. 그리고 모세는 하나님의 말씀대로 행했다. 그런데 하나님께서는 모세에게 위엄 있게 말씀하신다. '너희가 나를 믿지 아니 하고…. 하시니라'(12절)

우리는 여기에서 엄청난 사건을 보았는데 그것은 영도자 모세 가 여기까지 오되 가나안 땅에 들어가지 못한다는 하나님의 말씀이다. 왜 하나님께서 이런 말씀을 하셨을까 ? 그것은 38년 전 '반석'을 쳐서 물이 나오게 한 사건과 연관되어 있다.

출애굽기 17:1-7절에서 백성들은 물 까닭에 하나님을 원망하고 모세를 원망했다. 이 때 역시 여기와 비슷한 광경으로 하나님께서는 백성들에게 물을 먹이셨다. 그런데 이 두 사건에서는 우리들이 꼭 알아야 할 영적 교훈이 나온다. 출애굽기와 민수기에 나오는 '반석'은 예수 그리스도이시다(고전 10:4). 그리고 바위에서 나오는 '물'은 성령(요 7:37-38)의 모형이다. 그리고 씻는 물은 하나님의 말씀(요 15:3, 엡 5:26)을 상징한다. 그리스도는 한번만 죽는 것이다(출 17장). 모세가 두 번 바위를 친 것은 자기감정이고, 영적 모형에 맞지 않는다(12절). 그래서 하나님께서는 모세에게 '반석에게 명하여 물을 내라'고 말씀하신 것이다.

※ 가데스 바네아의 두 이적 비교

성 경	출애굽기 17장	민수기 20장
명 령	반석을 치라(6절)	반석에게 명하라(8절)
시 행	반석을 침(6절)	반석을 두 번 침(11절)
결 과	물이 나와 백성이 마심 (6절)	물이 나와 백성들이 마셨으나 모세와 아론은 심판을 받음(11-13절)
영 적 의 미	그리스도께서는 우리들의 죄를 사하시기 위하여 십자가에 한번 돌아가심 (요 12:24-25, 히 9:12)	고난 받으신 주님은 다시 고난을 받으실 필요가 없음 (히 6:6, 10:10-12)

모세가 반석을 두 번 쳤을 때 그는 하나님께 불순종 한 것이다. 그래서 하나님이 모세를 심판 하시고 약속의 땅을 들어가지 못하게 하신 주된 이유는 그가 자신을 높였고, 하나님을 영화롭게 하지 않은 것이다.

우리가 하는 모든 일에 하나님께 영광을 돌리지 않으면 하나님은 우리를 처리 하실 것이며 우리는 그가 우리를 위해 계획하신 축복들을 잃을 것이다.

2) 길로 인한 에돔과의 협상(20:14-21)

이스라엘 백성들은 현재 가데스 바네아에 있다. 그리고 가나안 땅으로 가야 한다. 그래서 모세는 에돔 족속의 영토를 통과하기 위하여 협상을 한 것이다(14-17절). 그러나 에돔왕은 이것을 거부한다. 에돔은 이스라엘과 혈연관계인 형제 민족이다(14절). 그리고 어떠한 말을 해도 그들에게 주지 않을 것을 밝히고(19절) 반대한 것이다. 그리고 무력으로 이스라엘 진로를 차단했다.

이런 불편한 대접을 받은 모세는 그러나 이들과 대결하지 않고 하나님께서 말씀하신대로 될 것을 알고 순순히 길을 돌아갔다(신 2:1-8절).

3) 아론의 죽음(22-29)

아론은 출애굽 40년 5월 1일(123세)에 죽음을 맞이한다. 아론은 하나님 예언에 따라(12절) 가나안에 입국하지 못했다(24절). 그리고 호르 산에서 그의 아들 엘르아살에게 대제사장 직을 넘기고 그곳에서 죽은 것이다(25-28절). 백성들은 아론을 위하여 30일간 애도 한다(29절).

4) 21장에 나오는 세 대적 자(21:1-3, 21, 32, 33-35)

① 아랏과의 전쟁

남방에 거하는 아랏 왕이 이스라엘의 몇 사람을 쳐서 잡아갔다. 하나님께 허락받은 이스라엘은 아랏을 쳐서 이겼다.

② 아모리와의 전쟁

이스라엘이 아모리 왕 시혼에게 당신의 땅을 통과할 수 있도록 요청했으나 오히려 그들이 공격을 했다. 그러나 그들은 패했다.

③ 바산과의 전쟁

바산 왕 옥이 전쟁을 벌였으나 모세가 승리했다.

5) 불뱀과 놋 뱀(21:4-9)

길과 먹는 음식으로 원망하는 백성들에게 여호와께서 불뱀(아리바 광야에 집단으로 군거하는 뱀)을 보내어 물어 죽게 했다. 백성들은 모세에게 자기들의 잘못을 자백하고 모세는 하나님께 기도하고 놋뱀을 만들었다. 이 놋뱀은 요 3:14절의 주님의 말씀 중에서 '예수 그리스도' 자신이심을 니고데모에게 가르치신다.

※ 놋뱀의 치유와 그리스도의 구원

① 불뱀에 물린 자는 누구나 놋 뱀을 쳐다보아야 산다.
죄인들은 누구나 그리스도를 믿어야 구원을 얻는다(요 3:16, 롬 3:23-24)

② 놋뱀의 재료는 놋으로 만들었다.(놋은 심판을 의미)
그리스도는 성도들을 대신하여 심판을 받았다.(사 53:4-5, 마 27:46)

③ 놋뱀은 장대 높이 달렸다.
그리스도는 십자가에 달려 돌아가셨다.(마 27:35-50, 요 3:14)

④ 놋뱀을 보는 자는 치유를 받는다
그리스도를 믿는 자는 구원을 받는다.(요 3:15-16)

⑤ 놋뱀으로 인한 치유는 하나님의 은혜이다.
그리스도를 믿는 자는 구원을 얻는다. 이것은 하나님의 은혜이다(엡 2:8).

⑥ 놋뱀을 쳐다보면 즉시 치유를 받는다.
그리스도를 믿을 때 즉시 구원을 받는다.(요 5:24) 놋뱀을 쳐다보면 즉시 치유를 받는다.
그리스도를 믿을 때 즉시 구원을 받는다.(요 5:24)

⑦ 놋뱀을 쳐다보는 것 외에 다른 것이 고침에 더할 수 없다.
그리스도를 믿는 것 외에 행실이나 다른 조건이 없다(요 8:32, 34)

6) 발람의 어그러진 길(22:1-25:18)

이스라엘 백성은 이제 그 저주의 기간이 끝났다(민 14:22-25). 출애굽 제 2세대 중심으로 새로운 정복 행군을 시작하게 된다. 그 즈음 본 장에서부터 24장까지는 모압왕 십볼의 아들 발락이 이방 선지자 복술가인 발람을 이용하여 이스라엘을 저주해 달라고 부탁함과 동시에 전능하신 하나님께서 이들을 막으시는 광경이 기록되어 있다.

이 복술가 발람에 대한 신약 성경의 표현은 '타락한 선지자 혹은 어그러진 길로 간 선지자'(유1:11, 계 2:14)로 표현되고 있다.

① **발락 왕이 첫 번째 발람에게 사자를 보냄**(22:1-14)

발락은 미디안(아브라함의 세 번째 아내의 아들, 창 25:2-4) 장로들에게 이스라엘 백성들의 강함을 듣고 복술가 발람에게 와서 이스라엘을 저주해 달라고 부탁한다. 그러나 하나님께서 발람에게 발락이 보낸 사자들과 같이 가지 말라고 지시하신다.

② **발락 왕이 두 번째 발람에게 사자를 보냄**(22:15-41)

발락은 앞서 보낸 사자보다 더 높은 귀족을 발람에게 보내되 물질과 명예까지 주겠다고 했다. 발람은 이것을 뿌리치지 못했다.

하나님께서는 발람이 타고 가는 당나귀에게 하나님의 사자들을 보게 했고, 길에서 갈 것을 거절하는 당나귀의 모습을 보고 오히려 당나귀를 때리는 발람에게 하나님께서는 나귀의 입을 열어 말하게 하신다.

여호와의 사자는 발람에게 말했다. '보라 네 길이 내 앞에 패역하므로 내가 너를 막으려고 나왔더니'(32절). 그러나 발람은 하나님께 흥정하고 있다. '당신이 이를 기뻐하지 아니하시면 나는 돌아가겠나이다'(34절) 여호와는 귀족들과 함께 가라고 하셨다.

물질과 명예심이 강한 인간은 미천한 나귀보다도 못해 하나님의 음성을 듣지 못하고 오히려 짐승에게 책망을 받는다. 그래서 성경은 '발람의 어그러진 길'(유다서 1:11)이라 표현했다.

③ **이스라엘에 대한 발람의 예언**(23:1-24:25)

발락은 발람이 이스라엘을 저주하기를 원했다. 그러나 발람은 입을 열 때마다 이스라엘을 축복한다.

- 첫 번째 예언(23:1-12) - 이스라엘은 특별한 백성

  발락과 발람은 하나님이 원하시지 않는 제단과 제물을 가지고 하나님을 그들의 편으로 매수하려고 하는 어리석은 생각과 행동을 한다. 그러나 이들은 이스라엘이 특별한 민족으로 하나님께 부름 받아 다른 나라들로부터 구별되었음을 말한다(신 26:18-19, 32:8-9, 레 20:26)

- 두 번째 예언(23:13-30) - 이스라엘이 하나님께 용서받음.

  발락의 생각에 아마 발람이 이스라엘을 저주하지 못하는 것이 이스라엘의 수효가 많아 겁을 먹고 하지 않는 것으로 착각하여 비스가 산꼭대

기로 데려가 이스라엘의 진의 끝만 살짝 보여 저주하라고 했다. 그러나 하나님의 강권적인 역사로 1차 때와 똑같이 이스라엘만 축복한다.

○ 세 번째 예언(24:1-14) - 이스라엘이 하나님의 축복을 누림

이번엔 발락이 발람에게 직접 저주할 것을 요구하나 오히려 발람은 하나님의 신에 감동되어 이스라엘을 향하여 축복한다.

○ 네 번째 예언(24:15-25) - 이스라엘의 장래의 영광

이 부분은 발람이 먼저 자기를 소개한다. 그리고 야곱에게서 한 별과 한 홀이 나와 결국 이스라엘이 모압과 에돔과 아말렉을 쳐부수고 승리할 것을 예언한다. 그리고 가인 족속이 점차 쇠진하여 앗수르의 포로가 되리라는 사실과 앗수르와 에벨이 멸망할 뿐 아니라 그들을 괴롭힌 자들도 망하게 될 것이다. 그리고 발락과 발람이 헤어진다.

④ 끈 질진 사단(발람)의 공격(25:1-18)

발람은 발락의 유혹에 쉽게 포기하지 않는다. 하나님의 공격으로 발람은 발락의 요구에 응하지 못했으나 발락이 던져놓은 재물과 명예의 욕심에 계속 끌리고 있다. 그래서 헤어지면서 하나의 방법을 발락에게 귀띔하고 간 것이다(31:16절).

그것은 이스라엘 진영을 혼란시키도록 하는 방법으로 모압 여인과 음행을 자행하도록 한 것이고, 우상 숭배에 깊이 빠지도록 한 것이다. 이와 같은 영·육의 타락이 진행되어(1-3) 결과적으로 모세는 이스라엘 사사들에게 바알브올에게 속한 사람은 죽이도록 했고(5절), 염병에 걸려 죽으니 모두 2만 4천 명이었다(9절).

신약 성경에서는 이것들을 정확하게 지적하고 있다(벧후 2:15-16, 유다 1:11, 계 2:14).

Ⅲ. 축복의 땅(가나안)에 들어갈 새 세대의 준비(26:1-36:13)

1. 가나안 전쟁을 위한 준비(26:1-27:23)

이제 새 세대들이 가나안 땅에 들어가기 위하여 준비해야 한다. 이 준비로 먼저 인구를 조사했다. 그리고 므낫세 지파와 슬로브핫 딸들의 소청에 의해 하나님께서 이들에게도 기업을 분배해 줄 것을 허락하시는 것이다.

1) 제2차 인구조사(26:1-65)

하나님께서는 이스라엘 진영을 재정비하고 약속의 땅을 정복하기 위한 군대를 조직하기 위하여 본문에서 20세 이상 된 자를 계수했다.

① 계수함을 받은 자의 총수

20세 이상의 총수는 6십만 1730명인데 이 숫자는 1차 때 조사보다1820명이 줄어든 숫자이다. 몇 가지 특징이 있다.

첫째 : 유다 군에 속해 있는 지파들이 증가되었다. 이것은 야곱의 축복의 성취라 할 수 있다(창 49:9-12).

둘째 : 므낫세와 에브라임은 요셉의 아들로서 두 진을 이루었는데 므낫세는 숫자가 늘었고, 에브라이은 숫자가 줄었다. 이것도 에브라임 진의 교만에 의한 것일 것이다.

셋째 : 시므온 숫자는 감소되었는데 이들은 바알브올의 우상 숭배로 죽은 2만 4천명(25:9)이 거의 이 지파일 것이다.

② 기업 분배령

제 1차 인구조사는 '이스라엘 군대를 재정비하는 목적'이지만, 제 2차 인구조사는 '기업을 분배하기 위한 목적'(53절)이다.

③ 구별된 레위인의 계수

레위 지파는 하나님을 섬기는 대가로 하나님께서 친히 그 기업이 되어 주셨고(신 10:9, 12:12), 각 지파의 땅 일부를 할애 받았기 때문에(수 14:4) 비교적 풍요한 생활을 영위할 수 있었다.

2) 기업 상속법(27:1-23)

광야 생활에서 아들 없이 딸들만 남기고 죽은 므낫세 지파 슬로브핫의 딸들이 모세에게 기업을 요구하여 하나님의 응답으로 기업을 받는다. 여기에서 하나님 앞에서 남녀의 인권이 동등함을 보여준다. 그리고 모세는 므리바의 물 사건(20:2-13)으로 가나안 땅에 들어가지 못하지만 후계자 여호수아를 세울 것을 지시한다.

2. 기본 율법의 재 정리와 신앙의 재 각성(28:1-30:16)

이 부분은 새로운 것이 아니라 이미 있는 여러 규례를 함께 모아 편집한 것이다.

1) 상번제(매일)(28:1-10)

① 매일 두 번(아침, 해질 무렵)드린다. 각 예배에 3시간이 소요됨

② 번제(수양. 아침 한 마리. 저녁 한 마리)와 소제(고운가루, 기름, 유향, 소금)와 함께 화제로 드림.

* 번제는 주님의 구속사역을 기념하는 것이고, 소제는 우리들의 매일 매일의 거룩한 삶을 상징한다.

2) 월삭(월 1회)(28:11-15)

① 매달 초하루부터 2-3일간 계속된다.

② 수 염소 하나로 속죄제를 드린다.

③ 이 외에 수송아지 2, 수양 1, 흠 없는 수양 7과 소제물과 전제물을 드림.

* 지난 한 달의 생활을 깨닫고 하나님께 감사와 영광을 돌린다.

3) 유월절(무교절)(28:16-25)

① 이는 유월절 어린양에 관한 제사가 아니라 유월절 이후 정월 15일부터 7일간 지켜야 하는 무교절을 지키는 것이다.

② 1월 15일-21일까지 매일 무교병을 먹으며(17절), 첫 날은 성회로, 아무 노동도 하지 않으며(18절), 번제와 소제를 매일 드리며(19-21절), 속죄제를 드리고(22절), 상번제를 계속 드린다(23절)

③ 다시 제 7일에는 성회로 모이고 노동을 금한다(25절).

④ 이때 사용되는 제물은 수송아지 2, 수양 1, 어린양 7, 수염소 1 이다.

4) 칠칠절(오순절, 맥추절, 초실절)(26-31)

① 처음 익은 열매로 '새 소제'를 드리고, 번제, 소제, 상번제를 드린다.

② 제물은 수송아지 2, 수양 1, 어린양 7, 수염소 1이다.

5) 나팔절(29:1-6)

① 7월 1일(히브리 일반력 정월 초하루)

② 이것은 곧 다가올 대 속죄일(7월 10일)의 회개와 초막절(7월 15일)의 축제를 준비하도록 예고한다.

③ 제사는 상번제, 월삭, 나팔절의 특별 제사를 드린다.

④ 제물은 수송아지 1, 수양 1, 어린양 7, 수 염소 1이다.

6) 대 속죄일(29:7-11)

① 7월 10일(히브리 일반력 1월 10일)

② 이것은 대 제사장이 속죄의 피를 들고 지성소에 들어가 온 회중의 개인적인 죄와 민족적인 죄를 속죄한다.

③ 이 날은 노동을 중지하고 자신의 마음을 괴롭게 한다(레 16:29-31).

④ 제사는 나팔 절에 드렸던 제사는 물론 이 외에 레 16장에 나타난 제사를 드린다. 대제사장을 위한 속죄제(레 16:3-5), 대제사장 가족을 위한 속죄제(레 16:6), 온 백성을 위한 속죄제 등이다. 또 두 염소를 취하여 하나는 하나님께 속죄제로, 또 하나는 아사셀 위하여 광야로 보낸다(레 16:7-10)

⑤ 제물은 수송아지 1, 수양 1, 어린양 7, 수염소 2이다.

7) 초막절(수장절, 장막절)(29:12-40)

① 7월 15일(히브리 일반 력 1월 15일)부터 한 주간

② 광야 40년을 생각하며 집에서 장막을 짓고 기념한다(레 23:42-43).

③ 이 날은 축제의 날이다.

④ 수송아지 수의 감소를 본다. 즉 수송아지가 첫날에는 13마리, 그 후 하루에 한 마리씩 감소한다. 그래서 제 7일에는 일곱 마리이다. 그러나 제 8일에는 정상 시 드리던 수인 한 마리가 된다(36절)

⑤ 상번제는 어떠한 일에도 꼭 지킨다.

⑥ 제물은 수송아지 71, 수양 15, 어린양 105, 수 염소 7마리이다.

8) 여자의 서원 규례(30:1-16)

① 우선 서원은 강제성이 아니므로 서원을 안 해도 되지만 일단 서원한 것은 하나님 앞에서 지켜야 한다.

② 시집가기 전 서원 경우(3-5), 결혼 전 서원하고 결혼한 경우(6-8), 과부나 이혼녀의 서원(9), 결혼 생활 중 서원(10-16)등.

3. 요단 동편 땅의 정복(31:1-32:42)

미디안 족속은 그두라가 낳은 아브라함의 후손이다(창25:2). 이들의 여인들은 발람의 궤계를 좇아 이스라엘 남자들을 유혹하여 우상 숭배와 음행의 죄를 저지른 자 들이다. 그래나 하나님의 약속에 이들의 공격은 없었지만 모압과 결탁하고 이스라엘 남자들을 죄 짓게 만든 고로 하나님의 보응을 피할 수 없게 되었던 것이다.

전쟁에서 돌아온 군인들도 정결의식을 갖게 하고, 전리품도 분배하며, 하나님의 은혜에 감사하며, 전쟁에서의 승리를 감사케 한다

정복한 왕들은 원래 제비뽑아 분배하도록 하라고 하나님의 지시가 내려졌었다(26:52). 그러나 르우벤과 갓 지파가 이미 정복된 요단 동편 땅을 목축에 좋음으로 자기들에게 달라고 요청한 것이다. 모세는 자칫 잘못 하면 파쟁이 생길 위험에서 조건을 걸고 문제를 해결시킨다.

그것은 요단 서편 땅의 정복 전쟁에 오히려 선봉을 나설 것과 또한 서편 땅의 분배권을 포기하겠다는 약속이다. 그래서 모세는 백성들을 설득하여 북쪽 아모리 족의 땅인 길르앗 정복에 특별히 공을 세운 므낫세 반 지파에게도 요단 동편 땅을 허락한다.

4. 출애굽 여정 회고와 가나안 땅의 분할(33:1-34:29)

이스라엘 백성들은 출애굽 한 라암셋에서부터 가나안에 들어가기 전 진 쳤던 모압 평지까지는 1주일 정도 밖에 걸리지 않는 짤막한 거리다. 그러나 그들은 40년이나 걸렸다. 즉 광야에서 40년 동안 방황생활을 했던 것이다.

1) 출애굽 광야 40년 생활일지(33:1-56)

일 자	장 소	주 요 사 건
출애굽1년 1월15일	라암셋	출애굽 시작(출 12:37, 민33:3)
2월15일	신광야	만나와 메추라기가 내림(출 16:1, 4-36)
3월	시내산	**율법 수여와 성막 건축(출 19:1-40:17)**
출애굽2년 2월 20일	시내산	시내산 출발(민 10:11)
	가 데 스 바네아	가나안 땅을 정탐함(12명) 열 정탐꾼들의 불신과 광야 40년 방황생활 시작(민 13:1-14:35)

(38년 동안의 광야 방랑 생활)		
고라일당의 반역 아론의 싹난 지팡이		38년 광야 생활이 거의 끝날 무렵 (16:1-17:13)
출애굽 40년 1 월	가데스 바네아	미리암이 죽음(민 20:1) 백성들의 원망과 모세와 아론의 실수 (민 20:10-13)
5월 1일	호르산	아론의 죽음(민 33:38)
11월 1일	모압 평지	신명기 말씀 전수(신 1:3) 모세의 죽음(신 34:1-8)
출애굽 41년 1월 11일	요단강	요단강 도하(수 3:14-17)
1월 14일	여리고평지	가나안 땅에서 첫 유월절(수 5:10)

2) 가나안 땅의 경계와 분배령(34:1-29)

- 남 - 아라바만에서 지중해에 이르는 신 광야(34:1-5)
- 북 - 지중해에서 호르산을 거쳐 하살에난에 이르는 산지(34:29)
- 동 - 하살에난에서 사해에 이르는 요단강(34:10-12)

※ 가나안 땅은 9지파 반에게 분배하고(두 지파 반에게는 요단 동편에서 나누어 주었다), 대표자를 제비뽑으라고 지시한다.

5. 레위인의 성읍과 도피성(35:1-36:13)

레위지파는 다른 각 지파에서 각종 가축을 사육할 수 있는 들과 성읍들을 각 지파들이 할애해 주도록 했다. 그래서 얻은 성이 모두 48개였으며(6-7절) 이중 6개 성은 도피성이었다.

1) 하나님은 왜 도피성을 정하여 주셨는가?

① 하나님은 생명을 사랑하시기 때문이다(창 9:5-6, 요 3:16).

② 하나님은 인간의 실수를 용서하신다.(시 86:5, 130:4)

③ 하나님은 사람이 범한 실수와 죄는 대제사장의 중보에 의해서 사해 주신다(레 4:31, 히 7:26-27).

④ 하나님은 고범 죄는 용서치 않으시는 공의로우신 분이시다(민 15:30-31).

⑤ 하나님은 인간의 연약함을 잘 아신다.

⑥ 인간은 하나님이 정하신 규례 안에서만 보호 받을 수 있다.

⑦ 하나님은 연약한 자가 실수로 인해 처벌 받는 것을 원치 않으신다(시 103:9-14).

2) 도피성을 두는 목적

이 도피성은 요단 동편에 세 곳, 요단 서편에 세 곳, 모두 여섯 군데에 두었는데, 곧 부지중에 살인 한 자로 하여금 그리로 피하여 생명을 보존하기 위한 조치였다(9-12절).

이 도피성은 인간의 생명을 귀하게 여기시는 하나님의 배려라고 할 수 있으며, 한편 이것은 장차 죄로 죽을 수밖에 없는 인간의 도피처가 되어 주신 그리스도의 십자가를 상징하고 있다. 특히 이 도피성 제도는 이방인까지도 혜택을 받을 수 있었는데 이것은 모든 인류가 그리스도의 십자가로 말미암아 구원을 얻게 될 것을 예표 한다(고전 1:24).

3) 도피성의 위치

① 요단 동편

✓ 므낫세 지파를 위한 바산 골란(북)

✓ 갓 지파를 위한 길르앗 라못(중앙)

✓ 르우벤 지파를 위한 베셀(남)

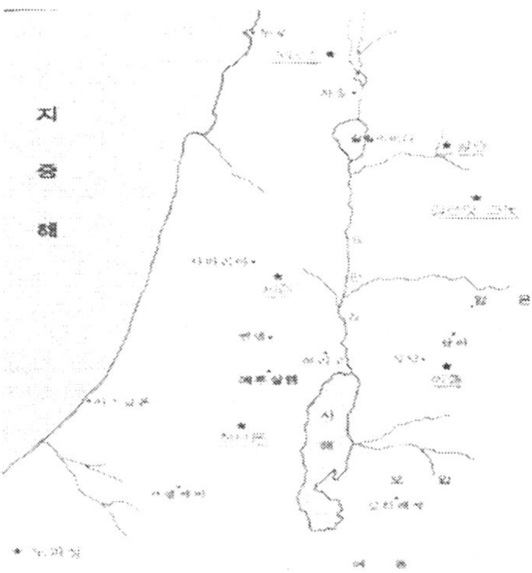

② 요단 서편

✓ 갈릴리 지역 게데스(북)

✓ 에브라임 산지 세겜(중앙)

✓ 유다 산지 기럇 아르바 곧 헤브론(남)

4) 도피성과 그리스도의 모형

① 도피성은 하나님께서 정하셨다(민 35:10-11)
그리스도는 하나님께서 창세전부터 예정 하셨다(벧전 1:20).

② 도피성은 그릇 살인한 자가 도피함(민 35:11).
그리스도는 죄인이 그리스도 안에서 죄 씻음 받고 자유케 됨(요 3:16).

③ 도피성은 이스라엘 백성, 타국인, 객 등이 피할 수 있음(민 35:15).
그리스도는 누구든지 믿으면 구원을 받을 수 있음(요 3:16).

④ 도피성 안에 있을 때 구원 받음(민 35:25).
그리스도 안에서만 구원 받음(요 15:4-7, 롬 6:25).

⑤ 도피성은 대제사장이 죽기까지 그의 보호 아래 있게 됨(민 35:25).
대제사장이신 예수 그리스도의 긍휼를 입음(히 4:15-16, 7:24-28).

⑥ 도피성은 대제사장의 죽음으로 자기 당에 돌아감(민 35:28).
대제사장이신 그리스도의 죽음으로 인한 구원과 자유(요 8:34, 롬 4:24-5).

5) 여자의 재산 상속과 슬로브핫의 순종(36:1-13).

므낫세 지파의 슬로브핫의 요청인 여성 상속법에 관해서는 이미 한 차례 말이 있었다(27:1-11). 이곳은 또 다른 문제인데 므낫세 지파의 두령들은 슬로브핫의 딸들이 다른 지파에 시집 갈 경우 므낫세 지파의 기업은 줄어들고 시잡 간 그 지파의 기업은 늘어날 것인데 이것은 불공평하다고 문제를 제시한 것이다(1-4)

그래서 하나님께서는 슬로브핫의 딸들은 므낫세 지파 내에서만 시집 가도록 하심으로 이 문제를 해결 시킨 것이다(5-9절). 그래서 슬로브핫의 딸들이 므낫세 지파의 남자들에게만 시집을 간 것을 기록하고(10-12절), 40여년의 기나긴 광야 생활의 여정에 대한 기록이 끝난다. 이렇게 민수기서에서 보여준 교훈을 한 마디로 말한다면 '하나님께 대한 전적인 순종' 이라고 할 수 있다.

신명기

1. 성경에서 신명기서의 위치

신, 구약 성경의 구성

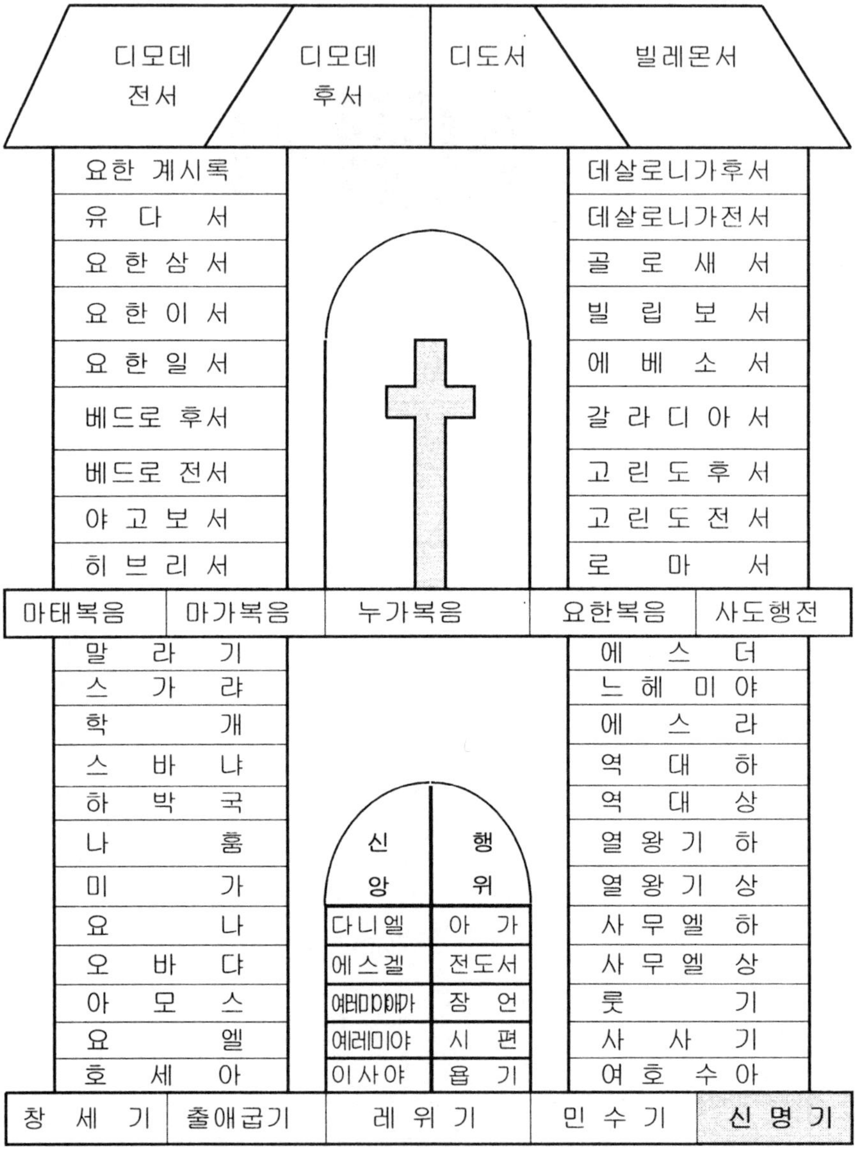

성경 역사 년대 표 (창세기 - 신명기)

창조시대 (창조 – B.C.2166년)	족장시대 (B.C.2166년 – B.C.1805년)	출애굽 광야시대 (B.C.1805년 – B.C.1405년)				
창 1:–11:	창 12:–50:	출 1:–출11:	출12:–24:	출25:–민10:10	38년동안	민 16:–36:
• 천지창조 • 죄가들어옴 • 구원 방법 개시 • 죄의 결과 ＊ 살인 ＊ 음란 ＊ 명예	• 믿음의 사람 아브라함 • 순종의 사람 이삭 • 은혜의 사람 야곱 • 의로운 사람 요셉 ＊ 하나님이 먼저 역사하심	• 애굽에 들어 감 (B.C.1876년 70명 (창 46:1–27) • 430년을 지냄 (출 12 : 40, 갈 3:17) • 모세의 출생 • 모세의 소명 • 10가지 재앙 ＊ B.C. 1446년 1월 15일 고센 땅 라암셋을 출발	• 유월절(출 12:) (십자가) • 홍해 (부활) (출 14:) • 마라의 쓴물 • 엘림 (출15:27) (성령충만) • 만나 (말씀) (출 16:) 메추라기 • 아말렉과 전쟁 (출 17:) (완전승리) • 이드로 방문 • 시내산 도착 • 시내산 율법전수(거룩한 생활)	• 1차 인구 조사(속전) (출 38:26) • 성막완성 (1:1) 낙성식(1월1일) • 시내산에서, 유월절 지냄 • 레위기 전수 • 2차 군대 계수(민1:1–46) (2월1일) • 성막 헌당식 (2월8일–19일) • 시내산 출발 2월 20일\ (민 10:11) 정탐꾼을보냄 (민13:–14:)	(기록이 없음) (광야에서 방랑생활) o 20세 이상 모두 죽었음	• 고라일당 반역 (고라, 온, 다단) (민 16:) • 아론의 싹난 지팡이 (민 17:) • 미리암, 아론의 죽음 (민 20:) • 신명기 전수 • 3차 군대 계수 (가나안 땅 건너 오기 전 두달) • 요단 동편 분배 • 모세의 후계자로 여호수아를 지명 함

죄			구원		거룩한 생활			
복 (창1:–2:)	죄 (창 3:–11:)	족장시대 (창 12:–50:)	구원의 준비 (출 1: – 11:)	구 원 (출 12:–24:)	거룩중심, (출 25:–40:)	예배 중심, (레 1:–27:)	교회중심 (민 1:–36:)	말씀중심 (신 1:– 34:)

2. 신명기의 목차

Ⅰ. 모세의 1차 설교 - 하나님께서 하신 일을 기억하라(1:1-4:43)

*** 뒤를 돌아보라(과거)**

1. 모세가 설교한 때와 장소(1:1-5)
2. 행정 기구 조직(1:6-18)
3. 가데스 바네아에서 일어난 일을 회고함(1:19-46)
4. 정복하지 말 곳과 정복할 곳(2:1-3:11)
   1) 에돔 족속은 공격하지 말라(2:4-8)
   2) 모압, 암몬 족속과는 싸우지 말라(2:9-23)
   3) 헤스본 왕 시혼을 정복하라(2:24-37)
   4) 바산왕 옥을 정복함(3:1-11)
5. 정복지 분배와 모세의 간구(3:12-29)
6. 율법을 가, 감하지 말고 지키라(4:1-40)
7. 요단 동편의 세 도피성(4:41-43)

Ⅱ. 모세의 2차 설교 - 하나님께서 하신 일을 지키라(4:44-26:19)

*** 위를 쳐다보라(현재)**

1. 십계명의 개요 설교(4:44-11:32)
   1) 모세의 제 2차 설교 서론(4:44-5:6)
   2) 십계명 강론과 모세의 중재 사역 회고(5:6-33)
   3) 여호와를 경외하고 사랑하라(6:1-11:32)
2. 각종 율법에 대한 설명(12:1-26:19)
   1) 신앙생활과 관련된 법들(12:1-16:17)

2) 정치, 사업 생활에 관한 법들(16:18-20:20)
3) 몇 가지 생활 규례(21:1-23)
4) 선민으로서의 바람직한 생활(22:1-25:19)
5) 제 2차 고별 설교의 결론(26:1-19)

Ⅲ. 모세의 3차 설교 - 하나님께서 하실 일을 바라보라(27:1-30:20)

＊ 앞을 바라보라(미래)

1. 가나안에 들어가 첫 번째 할 일(27:1-26)
2. 축복과 저주를 받을 자(28:1-68)
3. 하나님의 은혜 예고와 배반자의 징벌(29:1-30:20)
   1) 29장에서 보여주는 교훈(29:1-29)
   2) 회개에 따르는 복(30:1-20)

Ⅳ. 모세의 마지막 사역들(31:1-34:12)

1. 모세의 후계자 여호수아(31:1-30)
2. 모세의 노래와 최후의 교훈(32:1-52)
3. 모세의 축복(33:1-29)
   1) 축복의 서론(33:1-5)
   2) 12지파의 축복(33:6-25)
   3) 축복의 결론(33:26-29)
4. 모세의 죽음(34:1-12)
   1) 모세의 임종(34:1-8)
   2) 모세에 대한 추모(34:9-12)

3. 신명기의 서론

1) 신명기의 책 이름

본서의 이름은 히브리어로 하데바림(הדברים) 에서 유래 되었는데 이 말은 '그 말씀들' 이라는 뜻이다. 우리 성경의 이름 '신명기'란 영어 성경 제목을 따라 신명기라 했다.

2) 기록자와 년대

본서는 가나안 땅을 점령하기 직전에 있는 출애굽 2세를 위한 모세의 고별 설교이다. 그러므로 저자는 모세가 확실하며, 쓴 연대는 대략 이스라엘 백성이 광야 40년의 유랑이 끝날 무렵 B.C. 1406년에 씌어졌다.

3) 신명기의 특징

본서는 과거 역사의 회고 및 율법의 재해석을 통해 출애굽 제 2세대, 더 나아가 후손들에게 믿음과 헌신을 촉구하는 간증, 강해, 설교물이며, 가나안 정복시대 직후는 물론 앞으로 다가올 왕정 시대의 왕과 선지자에 대한 규례까지 예언적 관점에서 구체적으로 제시하고 있다.)

Ⅰ. 모세의 1차 설교 - 하나님께서 하신 일을 기억하라(1:1-4:43)

*** 뒤를 돌아보라(과거)**

모세는 첫 번째 설교에서 먼저 출애굽 이후 40년간 일어났던 과거의 사건을 회상하고 있다. 물론 과거의 생활은 죄이다. 그러나 과거를 무시하고서는 절대로 현재를 이해할 수도 미래를 준비할 수도 없다.

1. 모세가 설교한 때와 장소(1:1-5)

모세는 출애굽 40년 11월 1일에 아라비아 광야(사해부근)에서 첫 번째 설교를 외쳤다. 이미 요단 동편에 있는 아모리 왕 시혼과 바사왕 옥을 물리치고 루우벤과 갓과 므낫세 반 지파에게 땅을 분배한 후의 일이다.

여호수아에 의해 이루어질 가나안 입성을 약 두달 앞둔 때이기도 하다. 결국 이 때는 지난 40년 간에 걸친 광야 생활을 총정리 하고 앞으로 새롭게 전개될 가나안 땅에서의 삶을 준비하는 때이다. 즉 2개월 10일 후면 가나안 땅에 들어간다.

2. 행정 기구 조직(1:6-18)

이스라엘 백성은 출애굽 제 1년 3월에 호렙 산에 도착했다(출 19:1). 거기서 하나님과 언약을 맺고, 십계명을 받고, 율법과 성막에 관한 계시를 받고, 더 나아가 성막을 건축하여 예배와 제사 의식을 확립했다(출 25:1-27:21). 그 후 이스라엘은 호렙산을 떠났다. 그때가 출애굽 2년 2월 20일이다. 그러므로 호렙산 근처에 머물러 있던 기간이 거의 1년 동안이었다. 그리고 38년간 광야 생활을 하고 이제 출애굽 40년 11월 1일에 아라바 광야에서 첫 번째 설교 전에 조직을 말하고 있는 것이다.

조직을 위하여 천부장, 백부장, 오십부장, 십부장, 패장(유사와 비슷하다. 수 2:2)을 선발하여 조직을 짰다(1:15절).

3. 가데스 바네아에서 일어난 일을 회고함(1:19-46)

본문은 이스라엘 백성들이 과거 40년 동안 방황할 수밖에 없었던 일들을 회고한다.

- 가데스 바네아에서 가나안을 정탐한 사실(19-25)
- 이스라엘 백성들의 불순종과 반역(26-33)
- 하나님의 징계 사실(34-40)
- 이스라엘 백성들의 무분별한 행동(41:46)

과거 출애굽 1세들은 가나안 원주민들과 전쟁을 하기 위해 정탐꾼 12명을 가나안에 보냈다. 그러나 정탐꾼 중 10명은 불신앙의 보고를 했고, 여호수아와 갈렙은 신앙적인 보고를 했다(민 13:25-14:3).

이런 연고로 출애굽 1세들은 열흘에 갈 수 있는 길을 40년간 방황했고, 20세 이상 백성들은 모두 죽었다(민 14:4-35)

하나님께서는 백성들의 범죄를 분명히 물으신다. 그러나 끝까지 사랑하시고 약속하신 것은 하나도 빠짐없이 지키신다.

4. 정복하지 말 곳과 정복할 곳(2:1-3:11)

앞장의 1장과 본장 2장 사이는 무려 38년의 간격이 있다. 즉 이들은 가데스바네아 반역 사건 이후 이스라엘은 홍해 길을 돌아가서 세일 산 근처 에돔 산악 지대에서 약 38년 동안 방황 생활을 한 것이다(1-3절). 그 후 이스라엘 백성들은 다시금 가나안을 향해 진군할 것을 명령 받았다(민 20:1-29).

1) 에돔 족속을 공격하지 말라(4-8)

에돔은 에서의 후손으로서 에서가 이스라엘 백성들의 선조 야곱과는 형제이며, 하나님께서 에서에게 긍휼을 베푸셨다(창 25:23, 36:6-43). 그러나 이스라엘에게는 40여 년 동안 전혀 부족함이 없었다(7절).

2) 모압 족속과 암몬 족속으로 싸우지 말라(9-23)

모압은 롯의 큰 딸이 롯에게서 낳은 모압의 후손들이다(창 19:30-38). 그리고 구속사 적인 측면에서 모압은 특별한 의미가 있다. 모압 족속의 여인 중 룻은 흉년을 피해 베들레헴을 떠나 모압 땅으로 간 나오미의 며느리로서 장차 예수의 가문을 이어갈 보아스와 결혼한 여인이다(룻 4:13-17).

암몬은 롯의 작은 딸이 롯에게서 낳은 암몬의 후손들이다.(창 19:38).

3) 헤스본 왕 시혼을 정복하라(24-37)

모세는 헤스본 왕 시혼을 친 것을 회고한다(민 21:21-32). 하나님께서는 시혼을 공격하라고 하셨다(25-26절). 이 시혼이 속한 아모리 족속은 이미 아브라함 때부터 멸망당하기로 예정되어 있었던 곳이다(창 15:21). 그러므로 하나님께서는 400년 동안 유보해 오신 그들에 대한 심판을 이제야 단행하신 것이다.

4) 바산왕 옥을 정복함(3:1-11)

바산왕 옥은 당시의 거인족인 유일한 잔존자로 체구가 매우 장대한 인물이다. 그러나 하나님께서는 어린 아이들까지 완전히 전멸 시켰다. 너무 잔인해 보이지만 하나님의 공의로운 심판은 조금도 숨길 수 없다.

5. 정복지 분배와 모세의 간구(3:12-29)

모세는 요단 동편의 땅을 르우벤과 갓과 므낫세 반지파에게 분배하여 나누어 주었다. 그리고 이들에게 요단 건너 서쪽 땅을 점령할 때 앞장서서 싸울 것을 약속받은 것이다(민 32:).

그리고 모세는 하나님에게 진지하고도 조심 있게 간구했다. 즉 가나안 땅으로 건너가서 그 땅을 보게 해 달라는 간구였다. 그러나 하나님께서는 단호히 거절 하셨다(23-29). 지난날의 단 한 번의 실수(민 20:3-13).가 모세의 가나안 입성을 금지한 것이다. 하나님의 지도자로서의 하나님의 영광을 나타내지 못한다면 많은 백성들에게 죄의 여파를 남기기 때문에 하나님께 거절당한 것이다.

6. 율법을 가, 감하지 말고 지키라(4:1-40)

'너희는 가감하지 말고 내가 너희에게 명하는 너희 하나님 여호와의 멸령을 지키라'(2절)고 권고 한다. 모세는 하나님의 말씀 곧 규례와 법도들의 완전성과 충족성과 거룩성을 가르친다. 이 율법은 순수하고 온전하게 보존하려는 의도에서 경계한 말이다.

모세의 권고는 인생의 참된 지혜가 어디에 있는지 또 인생의 가장 시급하고 죄를 청산하는 시급한 문제는 여호와의 말씀에 순종하는 것임을 강조하고 있는 것이다. 이렇게 하나님의 말씀에 순종하고 그대로 지킬 때 하나님께서 약속하신 생명의 축복을 누릴 수 있게 되는 것이다(롬 7:10-13).

그리고 우상 숭배하지 말 것을 강조하면서 호렙 산에서 모세에게 명하실 때 너희들은 아무 형상도 보지 못했다는 것이다(4:15).

아무 형상도 섬기지 말 것(16-18)과, 자연을 숭배하지 말 것(19)과 , 그리고 우상 숭배의 결과(20-31)와, 오직 하나님만 섬기라(32-40)고 강조한다.

우리는 왜 우상을 섬기지 말아야 하는가 하면 첫째, 하나님은 영이시요 초월적 존재이시니 신령과 진정으로 예배 드려야지(요 4:24) 어떠한 형체나 형상을 만들어서도 안 되며, 둘째는 우상을 단지 인간이 만든 조형물에 불과한 것으로 가장 보잘 것 없는 것 이고(사 45:20, 행 17:29, 고전 8:4), 셋째는 우상 숭배는 하나님을 모독하는 것이고(롬 1:23, 25), 넷째는 우상숭배는 하나님의 징계를 면치 못하기 때문이다.

7. 요단 동편의 세 도피성(4:41-43)

- 도피성의 위치-베셀(르우벤 지파), 길르앗 라못(갓지파), 바산골란(므낫세 지파)
- 도피성 지정의 목적 - 부지중에 오살한 자를 위함.

Ⅱ. 모세의 2차 설교 - 하나님께서 하신 일을 지키라(4:44-26:19)

* 위를 쳐다보라(현재)

모세의 두 번째 설교는 이스라엘 과거 시내 산에서 하나님께로부터 받은 율법(출 20장 이하)에 관한 강론이라는 특징을 지닌다.

즉 하나님을 섬기는 법, 거룩한 백성의 예배 법, 지도자들의 관한 법 사회생활에 관한 법 등이다.

모세의 두 번째 설교에서 가장 핵심 적인 것은 '쉐마'라 부르는 6:4-6절이다. 이것은 모세의 두 번째 설교의 종합이라 해도 과언이 아닌데 오늘 날까지 예배, 종교, 선교, 교육 등의 지표가 되는 아주 중요한 구절이다.

한편 2차 설교는 5:7-11:32절까지에서는 율법의 핵심 내용, 목적, 가치, 중요성, 그것에 대한 순종과 불순종의 상반된 결과 제시 등 전체적 개관을 다루고, 12:1-26:19절에서는 후반부로서 율법의 세부 내용을 다루고 있다.

1. 십계명의 개요 설명(4:44-11:32)

1) 모세의 제 2차 설교 서론(4:44-5:6)

이 모세의 두 번째 설교는 과거 시내 산에서 하나님께로부터 받은 율법에 관한 강론이다. 그리고 이것을 시작한 곳은 벧브올 맞은편 골짜기인데 이곳은 이스라엘 백성들이 요단 동편 아모리 인의 두 왕 곧 헤스본 왕 시혼과 바산왕 옥과 싸워 승리한 곳이고 가나안 땅이 미주 바라보이는 곳이다.

모세는 두 번째 설교 내용에서 과거 이미 주셨던 십계명(출 20:2-17) 기록을 재차 언급한다. 율법을 행하라, 호렙산 언약의 의미, 그 당시 상황을 이야기하고 있다. 호렙 산 언약은 과거 언약을 맺었던 것과는 다르다. 과거 맺은 언약은 하나님과 어느 개인의 언약이지만 호렙산 언약은 하나님과 민족과의 언약이다.

2) 십계명 강론과 모세의 중재 사역 회고(5:6-33)

이 부분은 이스라엘이 가나안에 입성한 후에 준행해야 할 율법을 되살펴 보는 것이며, 이 율법의 근간인 십계명에 대하여 우선적으로 강론하는 것이다. 그리고 말씀의 전달자로서 과거 사역했던 것을 회고한다.

여기서 다시 십계명에 대하여 말하고 있는 모세는 출애굽기 20:3-17절에서 전달해 준 십계명과 그 내용이 두 군데가 차이가 있는데 그것은 다음과 같다.

첫째 : 4계명이다. 출애굽기에서는 '하나님의 창조 사역'에서 안식일을 말하였는데 여기서는 '구속사 적 의미'에서의 안식일을 강조하고 있다. 더 나아가 오늘 날에는 '그리스도의 부활'이 강조되어 주일로 승화 발전한다.

둘째 : 10계명이다. 여기에서는 '이웃의 것을 탐내지 말아야 할 대상' 가운데 '밭'이 포함되어 있는데 그것은 가나안 정착이 가까워졌기 때문에 첨가된 조항이다.

여기에서 보듯이 하나님의 말씀에는 변함이 없는데 그 적용에 있어서는 시대와 상황에 따라 재해석되어야 하며, 또한 성경의 해석이 문자적으로만 고찰 되어서는 안 된다. 그러므로 우리는 하나님의 말씀을 대할 때 항상 그 진정한 영적 의미를 찾기에 노력해야 한다.

그리고 과거 모세가 하나님으로부터 율법을 수여 받을 때 백성들 사이에서 중재 역할을 했다(출 20:18-21). 이것을 상기시키며 이 말씀들은 하나님의 말씀인 것과 그리고 이 율법에 자발적으로 순종할 것을 촉구한 것이다.

3) 여호와를 경외하고 사랑하라(6:1-11:32)

모세는 제 2세대들에게 분명히 이야기 한다. 너희들에게 준 율법의 목적이 오고가는 모든 백성들에게 영원히 여호와를 경외하도록 하기 위한 것이며, 그 결과 여호와께서 그들의 열조들과 언약하신 축복을 누릴 수 있도록 하기 위한 것임을 밝힌다.

① 율법의 대강령(6:4-9)

유명한 쉐마(Shema) 본문4-9절을 주었다. '너는 마음을 다하고 성품을 다하고 힘을 다하여 네 하나님 여호와를 사랑하라'(5절). 이 말씀을 자녀들에게도 부지런히 가르쳐야 한다.

'하나님은 질투하시는 하나님이시다'(15절). 하나님은 자기 백성에 대하여 질투하실 권리를 가지신다(수 24:19, 약 4:5). 예를 들어 맛사에서 시험한 것같이 하지 말라는 것이다(16-19절). 그리고 후대 자손들에게 이 모든 말씀들을 가르치고 교육시킬 것을 부탁한다(20-25절).

※ 율법의 대 강령

- 하나님의 말씀을 마음에 새겨야 한다(6절).

  하나님의 말씀을 확실히 기억하고, 자신의 모든 감정과 의미에서 하나님의 뜻이 드러나야 한다.

- 자녀에게 하나님의 말씀을 부지런히 가르쳐야 한다(7절).
  부모는 가정에서 철저한 신앙 교육을 실시하여 그의 자녀들이 생명의 말씀을 지켜 행하도록 해야 한다.
- 하나님의 말씀을 항상 전파해야 한다(7절).
  가정이나 사회생활에서 우리들의 대화에 중심이 되어야 하며 말씀을 모르는 자에게 전해야 한다.
- 하나님의 말씀을 기호로 삼아야 한다(8절).
  말씀이 우리들의 생활의 지침이 되어야 한다.
- 하나님의 말씀이 우리 생활에 적용되어야 한다(9절).

② 성별된 이스라엘(7:1-26)

하나님께서는 이스라엘 백성들이 가나안을 정복할 때에 그 땅 거민을 완전히 섬멸하고 그들과 교류를 나누지 말라는 명령과 가나안 족속의 단과 우상을 파괴하라는 명령을 내렸다(1-5절). 그리고 하나님의 백성들은 세상과 구별된 삶을 살도록 촉구하고 있다(6-11절).

왜 이렇게 가혹하게 명령을 내렸을까? 거기에는 이유가 있는데 첫째는 그 민족들이 사악해서 심판 받을 때가 된 것이고(창 15:16, 신 9:4-5),

또 하나는 이들을 그 땅에 남겨두면 그 민족들이 이스라엘을 죄 가운데 빠뜨릴 위험이 있기 때문이다.

'분리의 원리' 이것은 성경 전체를 통하여 흐르는 원칙이다. 하나님은 어둠에서 빛을 분리하셨고(창 1:4), 물에서 궁창을 분리하셨으며(창 1:7), 다른 민족으로부터 이스라엘이 구별되게 하셨다(출 23:20-23, 34:11-16).

하나님은 교회에게 분리될 것을 명령하셨다(고후 6:14-7:1, 계 18:4). 불러냄을 받은 존재들이다. 세상적 교회와 교인들이 하나님의 일을 방해하며 타락으로 빠지게 만든다.

③ 하나님을 잊지 말라(8:1-10:22)

이스라엘 백성들에게는 과거 40년이 광야 유랑 생활에서 끝나는 것은 아니다. 한 걸음 더 나아가 이스라엘 백성들을 연단하는 하나님의 섭리가 있음도 알아야 한다. 그리고 징계를 통하여 자신들의 미약과 하나님의 풍성한 사랑과 은혜를 체험하는 계기가 되어야 한다.

이제 곧 그야말로 젖과 꿀이 흐르는 가나안 땅에 들어갈 터인데 그곳은 물도 많고 각종 과일을 비롯한 농산물이 풍부하며 소출하기에 비옥한 토지일 뿐만 아니라 각종 광물질이 풍부하다. 이럴 때 너희는 교만하지 말고, 방종하지 말고, 다른 신을 섬기지 말고, 하나님의 사랑과 은혜를 잊어버리지 말고, 겸손하게 그리고 성실하게 살라는 것이다.

과거 출애굽 1년 시내 산에서 있었던 금송아지 우상 숭배 사건(출 32:1-6)을 회고 하면서 이것은 하나님의 권위에 정면으로 도전 한 것이며 하나님의 거룩하신 영광을 금수의 형상으로 바꾸었다는 것이다.

더 나아가 너희는 디베라, 맛사, 기브롯핫다아와 사건을 회상하며 또한 가데스바네아의 반역 사건을 회상한다. 그리고 너희는 항상 하나님을 거역했다는 것이다(9:24절). 그래서 이럴 때마다 모세는 중보기도를 했음을 상기시키고 있다(9:25-27).

또 하나님이 이러한 은혜는 이스라엘의 의로움 때문이 아니라 하나님의 무조건적 은총에 있음을 계속 강조한다. 그러므로 너희는 '마음을 다하고 성품을 다하여 네 하나님 여호와를 섬기라'는 것이다.

④ **그리심산의 축복과 에발산의 저주**(11:1-32)

신명기서에는 4:44에서 26:19절까지가 모세의 제 2차고별 설교이다. 그런데 그 중 4:44절부터 11:32절까지는 율법의 세부 내용이 아니라 율법의 원리, 목적, 율법의 준수 이유, 준수 시 마땅한 자세, 순종에 따르는 결과 들을 다루고 있다.

본 11장은 이 부분들의 결론으로서 순종하면 축복이고, 불순종하면 저주라고 말하면서 장차 이 민족을 인도하시며 가나안 땅에 들어가되 그리심 산에서 축복을 선포하고, 에발산에서 저주를 선포하라고 하나님께서 말씀하셨다(29절).

모세는 백성들에게 하나님을 사랑하고, 그의 규례와 법도를 준수하도록 하기 위해 애굽에서 이스라엘 백성을 구원하신 일과 징벌을 받은 고라 일당(민 16:1-3, 31-32)에 대해 회고한다. 그리고 농사하는 일에도 애굽보다 가나안 땅은 그 조건이 월등하게 좋은 것을 말한다. 그리고 '쉐마 본문'(6:4-9)을 상기시킨다.

특히 하나님 말씀에 순종하면 다음과 같은 축복을 받는다는 것이다.

첫째 : 장차 이스라엘이 정착할 땅에서 이른 비(10-11월)와 늦은 비(3-4월)를

내리신다(14절).(히 4:16)

둘째 : 가나안 땅에서의 삶이 장구하리라(21절). '하늘이 땅을 덮는다'는말은 '영원토록'이란 뜻이다(사26:3, 12)

셋째 : 어떠한 원수의 강력한 세력 가운데서도 번영하며, 부강해진다는 것이다(23절).(사 49:25)

넷째 : 대적들이 두려워하게 된다(25절).(수 2:24, 삼하 3:1) 즉 영적으로 세상과 사단의 세력이 하나님의 약속과 도우심을 입은 성도들을 결코 완전히 넘어뜨리지 못한다(시 118:6, 롬 8:31)

모세는 4:44-11:32절의 결론을 내리면서 '하나님의 말씀 순종'에 대한 결론을 내린다. 즉 순종하면 '축복'이고, '불순종'하면 '저주'라는 것이다. 모세는 그리심산과 에발산을 선택하고 축복과 저주를 선언하는 의식을 지시한다.

이 두 산은 세겜(아브라함이 처음으로 단을 쌓은 곳(창12: 6-7)을 가운데 두고 좌우로 갈라진 약 900m쯤 되는 산이다. 여기서 축복과 저주를 선포하는 곳이다. 이 그리심산과 에발산에 세우라는 지파의 이름은 신 27:12-13절에 기록되어 있고 실제 행한 것은 여호수아 8:30-35절에 있다.

2. 각종 율법에 대한 설명(12:1-26:19)

1) 신앙생활과 관련된 법들(12:1-16:17)

선민들이 가나안 땅에 들어갔을 때 그들의 신앙생활을 어떻게 해야 할 것을 가르쳐준 모세의 설교이다.

① 하나님이 정해 주신 예배 장소와 신앙생활 규제(12:1-13:18)

우선 가나안 땅에 들어가면 그곳 사람들이 섬기는 우상들을 모두 파괴하고 제거하라는 명령이다(12:2-3). 그리고 하나님께 예배드릴 때에 하나님께서 지정하신 장소(성막)에서만 제물을 드리라는 것이다. 이들은 이미 하나님을 예배하는 방법과 제사 제도를 받았었다(레 1:-7:). 그러나 40년이 지난 지금은 각 지파나 각 가족 단위로 규례를 행했다. 이것은 하나님의 법을 어기는 행위이다. 그러므로 하나님의 예배는 반드시 성소에서 지키라는 것이다.

그리고 제물용이 아닌 식용 짐승은 자기 처소에서 잡아먹되 피만은 먹지 못하도록 규정하고 있다. 더 나아가 이방의 우상 숭배를 하지 말라고 한번 더 강조하면서 '하나님의 말씀을 가감하지 말라'고 명령한다.

② 음식과 십일조 규례(14:1-29)

우선 선민은 이방인들처럼 자해하지 말라고 권고한다(14:1-2) 그리고 이어 정한 음식과 부정한 음식에 대하여 말한다.

이것은 레위기 11장의 내용을 재언급한 것이다. '내가 거룩하니 너희도 거룩할지어다'(레 11:45). 이 말은 신구약 전체의 가장 핵심적인 교훈이다. 그리고 십일조에 관해 말하는데(22-29절) 이미 십일조 규례를 말했었다(레 27:30-34, 민 18:21-32). 그러나 본문에서 제 2의 십일조를 명령하는데 이것은 '매 삼년 끝에 즉 3년과 6년'에 십일조를 떼어서 구제 사업에 사용하라는 것이다(28, 29절).

③ **면제, 종의 해방, 초태생에 관한 규례**(15:1-23)

모세는 백성들에게 말한다. 매 7년마다 돌아오는 안식년에는 이웃과 형제가 진 부채를 독촉하지 말고 면제해 줄 것이고, 안식년이 가까웠다고 하여 꾸어주는 일에 인색하지 말고 구제하는 일에 힘쓰도록 하라고 권면한다(1-11절).

※ **구제에 관한 교훈**

첫째 : 하나님의 모든 율례는 근본적으로 인간을 향한 하나님의 자비와 사랑에서 기인하고 있다(사 10:2).

둘째 : 성도는 가난한 이웃과 형제에 대하여 자비와 긍휼을 베풀고 물질로 인해 곤경에 처하지 않도록 도와주어야 한다(고후 9:7).

셋째 : 세상에는 항상 빈부의 격차가 있기 마련이다(마 26:11).

넷째 : 구제할 때 인색한 마음으로 해서는 안 된다(롬 12:8).

다섯째 : 자비와 긍휼을 베푸는 자는 하나님의 자비와 긍휼을 입게 된다(잠 11:24).

종에 대한 규례는 출 21:1-11절에서 언급되어 있으나 여기는 재해석으로 12-15절은 동족으로 종이 된 자를 제 7년째 되는 해에 해방하라는 규정이고, 16-18절은 자유하기를 원치 않는 자에 대한 규례이다. 그리고 초태생 규례는 다음과 같은데 초태생은 하나님께 드리되 흠이 있는 것은 하나님께 드리지 못하고, 짐승의 피는 먹지 말고 땅에 쏟으라는 규례이다.

④ **유대인의 3대 절기**(16:1-17)

유월절(무교절)은 이스라엘 백성들이 애굽의 노예 생활에서 구원해 내신 것을 기념하는 절기로서 아빕월(태양력 3, 4월) 14일 저녁부터 일주일간 계속되었다. 유월절과 무교절은 한 주간에 걸쳐 동시에 지켰다. 유월절 다음 날부터 무교절이 진행되는데 누룩 없는 떡을 계속 먹었으며 제 7일에는 성회로 모였다(출 12:1-28, 43-51, 23:15, 레 23:9-14).

칠칠절은 일명 오순절 혹은 맥추절, 초실절 이라고도 불린다.(출23:16, 34:22) 모세는 유월절이 끝나는 날부터 7주가 지난 다음 날에 예물을 하나님께 드리면서 이 절기를 지키라고 명령했다.(9,10절) 그리고 과거 애굽에서의 노예 생활을 기억하고 풍요로운 은혜를 주신 하나님께 감사하며 불우한 이웃과 함께 이를 기념하라고 명한다.

초막절은 일명 장막절 혹은 수장절이라고도 했는데 모든 곡 물을 수확하여 저장한 후 7일 동안 이 절기를 지켰다.

2) 정치, 사업 생활에 관한 법들(16:18-20:20)

① 재판의 규정(16:18-17:7)

모세는 백성들이 재판할 때에 불의를 좇지 말 것과 우상을 세우지 말라고 당부한다(16:18-22). 하나님께 흠 없는 제물을 드리라는 가르침과 다른 신과 우상을 경외해서는 안 됨을 교훈 한다. 그리고 우상 숭배자가 발견되면 다음과 같은 순서로 처벌한다.

첫째 : 자세히 조사할 것(2-4절).

둘째 : 밝혀지면 성문으로 끌고 갈 것(5절).

셋째 : 두세 사람의 증인을 세울 것(6절).

넷째 : 돌로 치되 증인이 먼저, 백성이 돌로 치고, 사형에 처함(5, 7절).

② 재판의 상소와 왕정 제도(17:8-20)

이 부분은 모세 오경 중 본문에만 나오는 특별 내용이다. 즉 지방 재판정에서 판결하기 어려운 문제는 중앙 성소의 제사장과 재판장에게 이첩하고 송사의 당사자들은 그 판결에 절대적으로 복종해야 한다.

그리고 왕의 자격(14-15절)과 왕이 지켜야 할 금지 규정(16-17)과 왕의 통치 방법, 즉 율법 서를 등사하여 이 말씀대로 그리고 좌로나 우로나 치우치지 말고 통치하라(18-20절)는 명령이다.

③ 레위인 제사장과 선지자에 대한 제도(18:1-22)

레위인들은 전적으로 하나님 일에 헌신하는 자들이다. 그래서 그들의 생계는 하나님께서 책임지셔야 한다(마 6:31-33). 이 부분은 백성들이 제사장과 레위인들에게 마땅히 바쳐야 하는 십일조에 관한 상세한 내역과(1-4절) 지방에서 중앙 지역으로 전출할 경우를 다루고 있다(6-8절).

또한 모세는 가나안의 가증한 풍습을 본받지 말도록 당부하면서 그들을 위해 하나님께서 하나님의 계시를 밝혀 줄 참 선지자를 세우실 것이며 이들은 하나님의 대안을 제시해 줄 것이다(15-19절). 그러므로 너희는 참 선지자와 거짓 선지자를 구별하라고 방법을 가르쳐 준다(20-22절).

이것은 대 제사장이신 예수 그리스도에 관한 예언이라고 할 수 있다. 이는 인류를 구속할 메시아가 이스라엘 민족의 혈통에서 나실 것을 그려낸 것이다(히 9:11).

④ **도피성과 위증에 관한 규례들**(19:1-21)

도피성 제도에 대해서는 수차례 기록했다(4:41-43, 출 21:13, 민 35:6, 9-15, 22-28). 그러나 가나안에 입성하면 세 곳에 또 설치해야 하기 때문에 여기서 또 기록하고 있는 것이다.

이미 요단 동편의 세 고을을 보면 남쪽은 르우벤 지파를 위 해 베셀에, 중앙은 갓지파를 위해 기르앗 라못에, 북쪽에는 므낫세 반지파를 위하여 골란에 세우도록 지시했고(4:43), 본문에서는 요단 서쪽에 세 곳인데' 납달리 산지 게데스, 에브라임산지 세겜과 유다산지 헤브론'(수 20:7)이다.

또 본문에 보면 시기 및 도피성의 구별 방법(1-3절)에 대하여 세밀하게 말하고 있다.

또 기업의 경계를 표시하는 경계표를 옮기지 말라고 말한다(14절). 증인을 세우는데 두세 사람을 세워 엄격하게 위증을 못하도록 철저하게 가르친다.

⑤ **전쟁에 대한 규례**(20:1-20)

징집 대상	20세 이상의 이스라엘 남자 (민 1:2-3, 26:2)
징집 면제 대상자	• 레위지파 족속들 (민 1:47-49) • 새 집을 짓고 낙성식을 못한 자 (신 20:5) • 포도원을 만들고 과실을 못 먹은자 (신 20:6) • 약혼하고 그와 결혼하지 못한 자 (신 20:7) • 겁쟁이 (신 20:8) • 결혼 후 1년이 되지 못한 자 (신 24:5)
	• 진 중에서 성결해야 함 (민 31:19-20, 신 23:9-14)

전쟁 시 준수 사항	• 전쟁 전 먼저 평화를 선포함 (신 20:10-11) • 대적 중 남자는 다 죽이고 여자와 유아와 육축을 취함(신 20:14) • 가나안 땅의 대적들은 모두 죽임 (신 20:16-18) • 과목은 작벌하지 않음 (신 20:19-20) • 전쟁 노획물은 분배하여 가짐 (민 31:11-12, 25-47 신 20:14

3) 몇 가지 생활 규례(21:1-25:19)

① 범인이 드러나지 않은 살인사건 처리 규례(21:1-9)

고의 적인 살인은 그에 대한 상당한 보응을 받지만 시체를 발견 하였어도 살인자가 누구인지 알지 못할 때 처리하는 법의 순서가 기록되었다.

- 피살자의 위치로부터 가장 가까운 성읍의 장로들을 속죄 의 식의 집행자로 세운다(1-3절)
- 장로들이 아직 부리지 아니하고 멍에를 메지 아니한 암송아지를 취한다(3절)
- 장로들이 물이 흐르나 한 번도 경작하지 아니한 골짜기로 송아지를 끌고 가서 그 골짜기에서 송아지의 목을 꺾는다(4절).
- 이때 제사장들이 입회한다. 그리고 장로들은 송아지 위에서 물로 손을 씻으며 자기 백성들은 무관함을 맹세한다.(5-7절)
- 그리고 기도한다(8절)

② 아내로 삼을 수 있는 전쟁 포로(21:10-14)

가나안 7족속을 제외한 전쟁 포로 중 결혼하기를 원하는 여인과는 절차를 밟아 결혼을 할 수 있다.

- 집에 데리고 와서 머리와 손톱을 깎는다.
- 포로의 의복을 벗기고 부모를 위하여 1개월간 애곡한다.

③ 장자의 상속권과 불효자 처벌 규정(21:15-21)

원래 하나님은 일부일처제를 만드셨다(창 2:18-25). 그러나 인간이 악해져서 일부다처제가 생겼다(창 4:19). 그러나 장자 상속권은 변함이 없이 다

처리할지라도 장자의 상속권을 준 것이다. 또한 불효자는 장로에게 데려갈 것이고, 장로들은 부모의 호소를 들은 뒤에 자식의 패역이 확인되면 사람들이 돌로 쳐서 죽이도록 했다.

④ **주검의 처리**(21:22-23)

나무 위에 달린 시신을 처리하는 규례로서 나무 위에 달린 주검을 밤이 되기 전 당일에 장사하라는 명령이다. 이와 같은 규례는 망자의 주검을 소홀히 해서는 안 된다는 사실을 잘 보여준다.

물론 이 규례가 주어진 근본 목적은 죽은 시체가 사람들에게 공포심을 조장할 뿐만 아니라 이스라엘 백성들이 부정한 것으로 여겨졌기 때문에 그 시체로 인하여 의식법상 가나안 땅이 부정하게 되는 것을 방지하기 위하 조처였다. 하지반드시 주인을 찾아 줄 것과 만 결과적으로 그 시체가 장사될 수 있게 되었다는 것은 주검에 대한 하나님의 긍휼을 나타낸다 하겠다.

4) 선민으로서의 바람직한 생활(22:1-25:19)

이 부분은 광범위한 여러 분야에서 이스라엘 백성에게 선민으로서의 바람직한 생활 자세를 규정하는 제 규례를 비교적 자유롭게 편집한 것이다. 그리고 여기 나와 있는 율법들은 거의 대부분 이미 각각 다른 상황과 문맥에서 이미 주어졌던 것을 한데 모은 것이다.

하나님께서는 하나님과 인간, 또한 인간과 인간의 사이에서 '공의 · 순결 · 사랑'이 실천되기를 원하시며 명령하고 계신다.

① **이웃 사람과 자비의 정신**(1-8)

본문은 길 잃은 가축을 발견한 자는 절대로 그냥 지나치지 말고 반드시 주인을 찾아줄 것과 혹 주인이 누구인지 모르거나 또는 멀리 사는 사람이면 주인이 찾을 때까지 자기 집에 보관했다가 돌려줄 것(1-3), 그리고 이웃의 안타까운 처지를 도와줄 것(4)과 자신의 사소한 부주의로 이웃이 해를 당하지 않도록 주의할 것(8)을 명시하고 있다.

또한 어미 새의 그 새끼 혹은 새의 알을 동시에 취하지 말도록 당부하고 있다. 하나님은 자연을 질서 있게 창조하신 후 인간을 만들어 당신을 대신해 자연을 다스리도록 임무를 맡기셨다(창 1:28). 따라서 인간은 자기 마음대로 자연을 훼손하거나 아니면 자기의 이기적인 욕심을 채우기 위해 자연의 질서를 파괴할 수 없고 오직 하나님의 뜻에 맞게 자연을 지키고 가꾸어야 한다.

② **창조 질서의 보존**(22:9-12)

첫째 : 남녀의 의복을 서로 바꾸지 말라는 것이다. 가나안인들의 무란한 제사 의식에서 유래한 관습을 경계한 것으로 의식적인 남녀의 구분이 없어짐으로 인하여 생길 수 있는 성적인 방종과 불경건한 행동을 방지하기 위한 조처이다.

둘째 : 포도원에 두 종류를 뿌리지 말라(혼합주의 경계).

셋째 : 소와 나귀를 겨리하여 갈지 말라(신앙인과 불신앙인의 불합리).

넷째 : 양털과 베실을 섞어 짠 것을 입지 말라(혼인주의 경계)

다섯째 : 겉옷 네 귀에 술을 달라(구별된 삶을 살라).

③ **혼인 순결과 성범죄 처벌 규정**(22:13-30)

남편이 아내에게 부정하다는 누명을 씌우려 할 경우(13, 14) 처녀의 부모는 처녀의 '처녀인 표'를 성읍 장로들에게 보인다(15-17). 그러면 성읍 장로들은 그것이 사실로 밝혀질 경우 남편에게 태장을 가하고 그 장인에게는 백 세겔을 주는 벌금형을 부과함은 물론 평생 아내를 버리지 못하도록 조처한다(18-19). 그러나 이와 달리 아내에게 처녀의 표가 없으면 그녀는 극형에 처해진다(20, 21). 그리고 22-30절은 성범죄 처벌 규정인데 5가지로 그 조처에 대하여 언급하고 있다.

첫째 : 어떤 남자와 유부녀가 간통을 했을 경우(22) - 두 사람 모두 사형에 처한다.

둘째 : 약혼한 처녀가 성읍 내에서 남자에게 강간을 당한 경우(23, 24) - 두 사람 모두 사형에 처한다.

셋째 : 약혼한 처녀가 들에게 강간당한 경우(25-27) - 남자는 사형을 당하고 여자는 무죄이다.

넷째 : 정혼하지 아니한 처녀를 남자가 강간한 경우(29) - 남자가 처녀의 아비에게 은 50세겔을 주고 그 여자를 아내로 삼아야 한다.

다섯째 : 아비의 후실을 취하는 경우(30) - 두 사람 모두 사형에 처한다(레 20:11).

④ **총회에 들어오지 못하는 사람**(23:1-8)

여호와의 총회 즉 이스라엘이 하나님께 드리는 공동예배나 공식집회에 참석할 수 없는 사람은 다음과 같다.

첫째 : 고환이 상한 자나 음경이 잘린 자(1).

둘째 : 사생자(불법적인 성 관계로 태어난 자)(2)

셋째 : 암몬 족속과 모압 족속(3-6).

넷째 : 에돔 사람과 애굽 사람(7-8).

하나님은 흠이 있거나 또는 도덕적 결함이 있으며, 또 하나님을 대적하고 당신의 백성을 괴롭힌 자들을 여호와의 총회에서 제외하심으로써 하나님을 신령과 진정으로 예배하도록 교훈하신다(요 4:24).

또한 하나님을 예배하는 자는 도덕적으로 순결해야 할 뿐만 아니라 하나님의 대적은 결코 하나님의 축복의 반열에 참예할 수 없음을 교훈한다.

⑤ **진중 성결 규례**(23:9-14)

이 부분은 두 가지로 나누어 생각한다.

첫째 : 의식적인데서 오는 부정의 제거이다(9-11). 즉 남자들은 성적인 꿈 등으로 인하여 무의식적으로 사정, 곧 몽정을 했을 경우, 해질 때까지 진 밖에 있다가 저녁 때 목욕한 뒤에야 비로소 진으로 들어올 수 있다.

둘째 : 자연적인 부정의 제거이다(12-13). 즉 백성들은 생리 작용으로 인하여 배설하는 경우 반드시 진 밖에 변소를 만들고 배설한 다음에는 흙으로 덮어 불결함을 제거해야 한다.

⑥ **공동체 생활 규례**(23:15-25)

첫째 : 종이 주인에게서 도망했으면 돌려보내지 말고 원하는 곳에서 살도록 하라.

둘째 : 창녀와 남창이 번 돈은 하나님께 바칠 수 없다.

셋째 : 이스라엘 내에서 고리 대금 업자를 금지하라.

넷째 : 굶주린 이웃에게 자비와 긍휼을 베풀라.

다섯째 : 하나님 앞에 서원한 것은 꼭 지켜라.

⑦ **이혼에 대한 규례**(24:1-4)

본문은 남자가 아내를 위한 뒤 수치스러운 일을 발견했을 때는 이혼 증서를 써 주고 이혼할 수 있다는 규례(1) 및 이혼한 여자는 다시 재혼할 수 있다는 규정(2), 그리고 이혼하여 다시 남의 아내가 되었던 여자는 어떤 경우에도 다시 전 남편과 결합할 수 없다고 규정(3, 4)하고 있다.

한편 여기서 '수치 되는 일'이 무엇인지는 정확히 알 수 없다. 그러나 '간음'은 아니다. 왜냐하면 간음죄는 사형에 해당되기 때문이다(신 22:13-21). 그렇다면 그것은 다른 사람이 볼 때 객관적이면서도 충분한 사유를 의미한다고 볼 수 있다.

한편 신약 성경에서는 두 가지로 말하고 있다.

첫째 : 음행 문제로 이혼할 수 있다(마 5:32).

둘째 : 신앙문제로 이혼할 수 있다(고전 7:15).

⑧ **공동체절 사회 규범**(24:5-9, 16)

이 부분은 '권익보호 조항'과 '형사처벌 조항'과 '공중위생 조항' 등으로 되어 있는데 구체적인 내용은 다음과 같다.

첫째 : 갓 결혼한 자는 1년간 병역 의무 및 각종 공무에서 면제되었다. 이는 새로 이루어진 가정이 아름답고 견고하게 이루어지기를 위한 배려이다.

둘째 : 맷돌의 전부나 위짝만이라도 담보해서는 안 된다. 이는 가난한 자의 생존권을 보장하기 위한 배려이다.

셋째 : 유괴범은 반드시 극형에 처한다. 이는 다른 사람의 인격을 보호하고 인간 생명의 가치를 귀중하게 여길 뿐만 아니라 타인의 생명을 담보로 자신의 이익을 추구하려는 사악함을 방지하기 위한 조치이다.

넷째 : 문둥병자는 완치될 때까지 반드시 공동체에서 격리되어야만 한다(레 13, 14장)

⑨ **담보의 규정과 불우한 이웃을 위한 규정**(24:14-22)

본문은 어떤 물건을 담보할 것인지 채권자가 직접 간섭하지 말고' 등으로 전적으로 채무자의 뜻에 맡기며(10, 11), 만약 그가 가난한 자이거든 생활필수품이나 겉옷 등은 해가 지기 전에 되돌려 주도록(12, 13) 해야 한다.

그리고 불우한 이웃을 위한 규례는 다음과 같다.

첫째 : 품꾼의 삯을 해가 지기 전에 지불하라(14-15).

둘째 : 객이나 고아의 송사를 억울하게 말고 과부의 옷을 저당잡지 말라(17-18)

셋째 : 가난한 사람들의 양식을 위하여 곡식이나 과실을 거둘 때 그 일부는 일부러 남겨두도록 하라(19-22).

⑩ **태형제도와 긍휼정신과 계대 결혼 법**(25:1-10)

본문은 재판관이 재판하여 태형에 해당하는 범죄로 확정된 자에게는(1) 그 죄의 경중에 따라 태형을 가하되(2) 40대 이하까지만 가하도록 규정한다.

일반적으로 이러한 태형 역시 형벌 조항이기 때문에 태형이 죄 값의 지불이라는 면도 없지 않으나 율법의 정신에 비추어 보면 태형은 사실 범죄자로 하여금 자기 죄를 깨닫고 개심하여 새로운 삶을 살도록 하는데 그 근본 모적이 있었다.

그리고 긍휼의 정신이란 비록 짐승이라 할지라도 주인의 유익과 편익을 위해 수고하는 짐승에게 정당한 대가를 주도록 한 것이다. 따라서 인간사회에서 고용주가 고용인에게 그 수고와 노력의 정당한 대가를 지불해야 함은 지극히 당연하다.

그럼에도 불구하고 노동자들이 정당한 대우를 받지 못하며, 심지어 비인격적인 수모를 당할 뿐만 아니라 부의 정당한 분배가 이루어지지 않는 것은 심히 안타까운 일이 아닐 수 없다.

또한 계대 결혼법이란 만약 형제 중에 기업을 이을 자녀(민 27:4, 36:8)가 없이 죽은 자가 있으면 그 형이나 동생이 죽은 형제의 아내를 취하여 죽은 형제의 가문과 기업을 이을 수 있는 자녀를 낳게 해주는 계대 결혼에 관한 규례로서 계대 결혼 제도의 목적(5, 6), 계대 결혼의 의무를 불이행하는 자에 대한 조치(7-10) 등에 대해 언급하고 있다.

이상과 같은 계대 결혼 제도는 죽은 형제의 대를 이어주고 형제의 기업을 보호해 준다는 원대한 목적 이외에도 다른 측면이 있었다. 곧 이스라엘 여인이 이방인과 결혼하는 것을 방지함은 물론 자녀도 없이 불쌍하게 된 미망인을 보호하는 사회보장적인 차원이다.

⑪ **경계해야 할 여자의 품행**(25:11-12)

본문은 자기 남편이 다른 사람과 싸우다가 곤경에 처했을 때 비록 자기 남편을 그 위기로부터 구하기 위해서였다 할지라도 상대 남자의 생식기, 곧 음낭을 잡았을 경우에는 그 여인의 손을 찍어 버리도록 규정하고 있다. 사실 아무리 자기 남편을 구하기 위한 처사였다 하지만 상대 남자의 생식기를 잡는다는 것은 여성으로서의 품위와 정숙함을 깨뜨리는 행동이다.

⑫ **공정한 상거래**(25:13-16)

본문은 공정한 상거래에 관한 규례로 레 19:35, 36절을 보완하고 있다. 이러한 본문은 공정한 저울과 공정한 도량형을 사용하라는 명령(13-15)과 부정한 도량형을 사용한 상거래는 하나님께 가증하다(16)는 경고이다.

⑬ 아말렉을 진멸하라(25:17-19)

아말렉은 에서의 손자로(창 36:12) 그의 후손은 주로 가나안 남방 산지에 거하면서 애굽의 국경지대와 시내 반도 등을 배회하며 약탈을 일삼았다. 그런데 에돔 족속이 하나님의 긍휼하심을 입었던 점에 의거할 때(신 2:4, 5:23, 7, 8) 아말렉 족속도 하나님의 긍휼하심을 입어야 마땅했다. 그럼에도 불구하고 하나님은 그들을 완전히 도말하도록 명령하신 것이다(19).

5) 제2차 고별 설교의 결론(26:1-19)

모세는 제 2차 설교의 결론에서 '율법의 대 강령'인 '하나님 사랑'과 '이웃 사랑'을 다시 강조하고 있다. 즉 장차 백성들이 하나님께서 기업으로 주신 가나안 땅에 들어가서 첫 열매를 거두게 되면 그것을 하나님께 봉헌하라고 명령했다. 그리고 이렇게 신앙 고백을 한다.

- 하나님께서 조상들에게 약속하신 가나안 땅을 주심을 감사한다(3,9절).
- 하나님께서 우리들을 강하고 크게 만들어 주심을 감사한다(4-5절).
- 자기들을 애굽에서 인도하여 주심을 찬양한다(6-8절).
- 토지와 모든 소산이 하나님 것임을 고백한다(10-11절).
- 그리고 제 2의 십일조 즉 안식년을 기준하여 제 3년과 제 6년 째 해에 십일조를 하여 구제하겠다는 신앙고백이 여기에 따른 하나님의 축복을 요구할 수 있었다(15절).

이제 제2의 설교의 결론으로 하나님의 모든 율법을 힘써 지킬 것과 하나님께서 너를 보배로운 백성으로 인정하고 여호와의 성민으로 되게 할 것을 확인한다.

Ⅲ. 모세의 3차 설교 - 하나님께서 하신 일을 바라보라(27:1-30:20)

* 앞을 바라보라(미래)

이제 모세는 세 번째 설교를 한다. 이 세 번째 설교의 주제는 '백성들이 하나님의 말씀에 순종하므로 거룩한 삶을 살아가야 한다'는 것이다.

1. 가나안에 들어가 첫 번째 할 일(27:1-26)

백성들은 가나안에 들어가면 에발산에 회를 바른 돌비를 세우라고 했다. 그리고 하나님께서 번제와 화목제를 드릴 것을 지시했다. 그리고 선포되는 하나님의 말씀에 귀를 기울일 것을 지시한다(1-10절).

그 후 축복과 저주를 선포해야 한다. 그리심산에 세울 지파는 시므온, 레위, 유다, 잇사갈, 요셉, 베냐민(이들은 레아와 라헬이 낳은 자)이고, 에발산에 세울 지파는 르우벤, 갓, 아셀, 스불론, 단, 납달리(이들은 빌하와 실바가 낳고, 르우벤은 아버지의 범죄자이고, 스블론은 레아의 막내아들)이다. 그러나 이들은 상징이지 실제 축복받을 자와 저주 받을 자가 결정된 것은 아니다.

그리고 레위인들은 12가지의 저주(14-26)를 낭독해야 한다.

- 우상을 만들어 은밀히 세우는 자(15)
- 부모를 경홀히 여기는 자(16)
- 이웃의 지계표를 옮기는 자(17)
- 소경으로 길을 잃게 하는 자(18)
- 억울케 하는 자(19)
- 계모와 구합하는 자(20)
- 짐승과 교합하는 자(21)
- 자매와 교합하는 자(22)
- 장모와 구합하는 자(23)
- 이웃을 암살하는 자(24)
- 무죄자를 죽이려고 뇌물을 받는 자(25)
- 율법의 모든 말씀을 실행치 아니하는 자(26절)

2. 축복과 저주를 받을 자(28:1-68)

율법에 순종하면 축복을 받을 것이고, 율법에 불순종하면 저주를 받을 것이다.

① 순종하는 자의 축복(1-14)

- 개인적인 축복(1-6)
- 민족적인 축복(7-14)

② 불순종하는 자의 저주(15-68)

- 개인적인 저주(15-19)
- 민족적인 저주(20-68)

3. 하나님의 은혜 예고와 배반자의 징벌(29:1-30:20)

1) 29장에서 보여주는 교훈(29:1-29)

모세는 본 29장과 다음 30장에서 이스라엘 백성들과 '모압 평지 언약'을 맺고 있는 중이다. 모세는 출애굽 2세들에게 과거 '시내산 언약'의 내용을 재해석하며 이 백성들에게 하나님의 말씀에 순종할 것을 약속 받고 있는 것이다. 약속을 받고 있는 대상은 누구들인가?

① 백성 중 남자만 아니라 여자와 젖먹이까지 모두이다(10-11).

② 이스라엘 각 지파의 우두머리뿐 아니라 율법을 지키고자 맹세한 이방인과 종까지 모두 참여했다(11).

③ 모세 당시 생존한 사람뿐만 아니라 장차 태어날 후손들까지 모두 포함되고 있다(14-15).

이상과 같은 사실은 오늘 날 우리들에게 다음과 같은 법을 교훈한다.

첫째 : 하나님의 언약은 인류 모두에게 해당된다.

둘째 : 하나님의 언약은 남녀노소, 계급, 민족, 나라 등에 제한을 받지 않고 영향을 미친다(롬 4:23-24, 골 3:11).

셋째 : 그리스도의 대속 사역은 누구에게나 차별이 없으며 믿음으로 그 공로를 힘입을 수 있다는 것이다.

그리고 하나님과 언약을 체결한 백성들이 언약을 깨뜨리고 불순종하는 죄를 범했을 때 당할 징벌을 생각해야 한다. 백성들은 강퍅한 마음으로 하나님께 범죄하지 말아야 하고(16-19절), 그럼에도 불구하고 강퍅히 행하는 자는 하나님께서 이미 예고한 저주로(28:15-68) 징계하시리라고 경고하신다.

2) 회개에 따르는 복(30:1-20)

율법에는 하나님의 두 속성 즉 '공의와 사랑'이 있다. 율법을 범하는 자에게 '하나님의 공의의 속성'이 나타나지만 회개하는 자에게는 '하나님의 사랑의 속성'이 나타난다.

하나님께서는 죄에 대하여는 철저하게 징계하신다. 그러나 회개하고 돌이키는 자에게는 큰 축복을 내리시는 분이다. 이런 의미에서 율법은 죄인을 징벌하고 심판하기 위해 있는 것이 아니라 오히려 하나님의 사랑에 기초한 약속 있는 계명임을 보여주는 것이다(겔 33:11, 요일 1:9).

본문에서는 회개한 자에게 임할 회복의 축복을 말하고 있다(3-10절).

- 하나님께서 언약하여 긍휼을 베푸신다(3-4절)
- 기업을 회복하고 열조보다 더 번성케 한다(5절)
- 생명을 얻게 하신다(6절)
- 대적과 핍박 자에게 저주를 내리신다(7절)
- 자녀와 재물과 건강의 축복을 얻게 하신다(8-10)

하나님의 율례는 어려운 것도 먼 것도 아니며, 하늘이나 바다에 있는 것도 아니며, 우리의 입과 마음에 있는 것이다(11-14절). 하나님께서는 백성들에게 '생명과 복' 그리고 '사망과 화'를 제시 하셨다(15절).

그리고 하나님께서는 백성들에게 '생명과 복을 선택하고, 사망과 화'를 선택하지 않도록 당부하고 있는 것이다(16-20절).

그리고 모세는 세 편의 설교 결론으로 너희는 '생명'을 선택해야 한다. 그러기 위해서는 '하나님을 사랑하고, 말씀에 순종하고, 그에게 복종하라'고 당부했다. 여기서 '복종' 이란 히브리어로 'דבק, 다바크'라고 하는데 이 뜻은 '연합하다, 밀착하여 달라붙다'이다.

Ⅳ. 모세의 마지막 사역들(31:1-34:12)

이 부분의 기사는 옛 지도자 모세의 죽음과 새 지도자 여호수아의 등장으로 이제 출애굽 시대가 막을 내리고 가나안 정복 시대가 개막되기까지의 역사를 다루고 있다. 이 일들은 모두 B.C. 1407년 11월이며 이것은 가나안 입성을 두 달 열흘 정도 앞두고 모압 평지에서 일어난 일이다.

1. 모세의 후계자 여호수아(31:1-30)

모세는 백성들 앞에서 나는 하나님의 심판으로 인하여 더 이상 너희들을 인도할 수 없으므로 하나님께서 나의 후계자로 여호수아를 세우실 것을 말하면서 여호수아를 온 백성 앞에 세운다.

그리고 여호수아에게 '너는 마음을 강하게 하고 담대히 하라 너는 이 백성을 거느리고 가나안에 들어갈 것이다'라고 격려한다(7-8절).

지금 모세가 이야기하는 이 놀라운 약속은 여호수아 1:6-8절에서 반복되고 있으며 히브리서 4장에서도 확인되고 있다.

모세가 지금까지 강론한 율법을 기록하여 제사장들과 장로들에게 주는 장면과 그것을 안식년의 초막절마다 낭독하고 또한 후손들에게 가르치라고 당부한다(9-13절). 더 나아가 장차 백성들이 가나안에 들어가면 나를 배신하고 멸시하리라고 예언한다. 그리고 그 결과 백성들이 하나님의 재앙을 받게 될 것이다. 너는 '모세의 노래'(32장)를 지어 백성들에게 부르게 하라고 명령하신다(14-23).

이제 모세는 율법을 책에 써서 레위 사람에게 가져가서 언약궤 곁에 두어 증거가 되게 하라고 명한다. 그리고 '모세의 노래'를 지어 백성들이 부르게 할 수 밖에 없는 이유를 밝힌다(27-30).

2. 모세의 노래와 최후의 교훈(32:1-52)

1) 하나님의 고귀한 품격과 이스라엘의 패역한 성격(1-6)
2) 이스라엘에 대한 하나님의 지극하신 사랑과 백성들의 배은망덕(7-14).
3) 지금까지의 하나님의 사랑(11-14)을 저버리고 배신한 이스라엘의 죄악을 낱낱이 고백함(15-18).
4) 하나님의 심판이 엄중하게 내릴 것을 노래함. 그리고 그 심판은 전적으로 이스라엘의 배신과 패역함 때문에 임한 것으로서 여호와께서 이스라엘에게 베

푸셨던 모든 것을 진노의 불로 소멸하는 심판이다(19-25).

5) 여호와께서 열국을 심판의 도구로 사용하셨을지라도 그것은 결코 열국을 위한 것이 아니라 단지 이스라엘을 불같은 연단 속에서 정금 같게 하시기를 위한 것임을 밝힌다(26-43).

모세의 최후의 교훈은 백성들이 하나님의 율례를 명심하여 지킬 것과 이것을 다음 세대에게 가르치라는 것이다. 그리고 모세의 임종이 느보산에서 있을 것을 이야기 한다.

3. 모세의 축복(33: 1-29)

1) 축복의 서론(33:1-5)

모세는 하나님의 말씀을 듣고 느보산에 올라가 12지파에게 축복을 하기 전 하나님과 이스라엘 12지파의 언약관계를 상기 시킨다. 이로 보건데 모세는 죽음을 앞에 두고도 백성들이 하나님 앞에서 복된 삶을 살 수 있도록 최선을 다하는 모습을 볼 수 있다.

2) 12지파의 축복(33:6-25)

① 르우벤 지파 - 종족 보존의 축복이다(6).
② 유다지파 - 통치권의 축복이다(7).
③ 레위 지파 - 영적 지도자의 축복이다(8-11).
④ 베냐민 지파 - 안전한 보호의 축복이다(12).
⑤ 요셉 지파 - 물질적 축복이다(13-17).
⑥ 스블론 지파 - 진취적인 무역업의 축복이다(18-19)
⑦ 잇사갈 지파 - 평온한 농경 생활의 축복이다(18).
⑧ 갓 지파 - 광대한 영토의 축복이다(20-21)
⑨ 단 지파 - 계략과 용맹의 축복이다(22).
⑩ 납달리 지파 - 풍요한 축복이다(23).
⑪ 아셀 지파 - 기름진 옥토의 축복이다(24-25).

이 축복의 내용을 보면 옛날 야곱의 축복(창 49장)보다 450년 후의 축복인데 보다 발전된 모습을 볼 수 있다. 그리고 이 지파 중 시므온 지파가 빠졌는데 이것은 시므온 지파의 분깃은 유다지파의 분깃에 포함되었기 때문이다.

3) 축복의 결론(33:26-29)

모세는 이스라엘에 대한 하나님의 은총(26-27)과 복을 누릴 백성(28-29)으로 표현한다. 오늘 날 우리 성도들은 세상 사람들보다 풍요롭고, 사회적 지위가 높아서 행복한 것이 아니라, 생명과 복이 되시는 근원적 하나님이 함께 하시므로 행복한 자들인 것을 믿어야 할 것이다.

4. 모세의 죽음(34:1-12)

본장은 신명기서의 마지막 장인 동시에 모세오경 전체의 마지막 장이다.

이제 모세의 죽음으로 출애굽 시대라는 한 시대는 지나가고 여호수아라는 한 시대가 온다. 그래서 신명기 34장은 마지막인 동시에 새로운 한 시대의 시작과 같은 것이다. 모세시대는 여기까지이다. 그러나 하나님의 구속사는 끝난 것이 아니라 더욱 더 진전될 것이다.

1) 모세는 하나님께 간절히 기도했다.(34:1-8)

모세는 하나님께 간절히 기도했다. '나를 젖과 꿀이 흐르는 그 가나안 땅에 들어갈 수 있도록 허락해 달라고'(신 3:21-29). 그러나 하나님은 허락하지 않으셨다. 모세의 사역은 여기에서 끝이 난다.

이 하나님의 백성들을 지상의 안식할 곳으로 인도할 자는 여호수아이다. 그러나 하늘의 안식할 곳으로 인도할 자는 예수 그리스도이시다. 단지 모세는 엘리야와 함께 그 언약의 땅을 변화산에서 방문만 한 것이다(마 17:1-8).

한편 여호수아는 '지혜의 신(성령)'이 충만한 사람이다. 성령의 충만한 사람이 가면 하나님께서는 또 한 사람을 보낸다. 그런데 모세는 쇠약해져서 교체된 것이 아니다. 모세(율법)는 여기까지이다. 그 다음은 여호수아(복음)이다. 이것은 하나의 구속사 흐름의 상징이다.

하나님께서는 므리바의 물(민 20:24) 사건으로 실수한 책임을 물어 모세를 여기까지, 그리고 가나안 땅만 쳐다보게 하고 그곳으로 들어가지는 못하게 했다. 그리고 모세의 장례도 무덤도 혹시 백성들 중 우상 숭배를 염려하여 하나님께서 처리하셨다.

2) 모세에 대한 추모(34:9-12)

모세가 죽자 훌륭한 지도자를 위해 백성들은 30일이나 애도했다(8절). 그리고 그와 같은 지도자가 없음(10절)을 고백한다. 훌륭한 지도자는 사후에 그 진가를 알 수 있다.

신명기서는 이렇게 끝이 난다. '그 후에는 이스라엘이 모세와 같은 선지자가 일어나지 못하였나니 모세는 여호와께서 대면하여 아시던 자요 여호와께서 그를 애굽 땅에 보내사 바로와 그 모든 신하와 그 온 땅에 모든 이적과 기사와 모든 큰 권능과 위엄을 행하게 하시매 온 이스라엘 목전에 그것을 행한 자더라(10-12)

성경으로 집짓기 (1)
창세기 - 신명기

2010년 10월 20일 1판 1쇄 인쇄
2010년 10월 25일 1판 1쇄 발행
엮은이 장 시 춘
발행자 심 혁 창
발행처 **도서출판 한글**
서울특별시 서대문구 북아현동221-7
☎ 02) 363-0301 / 영업부 02-362-3536
FAX 02) 362-8635
E-mail : simsazang@hanmail.net
등록 1980. 2. 20 제312-1980-000009

△ 파본은 교환해 드립니다

IN GOD WE TRUST

정가 15,000원

*

ISBN 97889-7073-325-6-93120